청바지
인류학

Global
Denim

청바지
인류학

다니엘 밀러 · 소피 우드워드 편저

오창현 · 이하얀 · 박다정 옮김

한국어판 출간에 부쳐

내가 처음으로 청바지를 주제로 조사를 계획하고 있을 즈음 운 좋게도 서울에서 강연 제의를 받았다. 개인적으로 수년간 한국 드라마를 보아왔기에 서울은 어느 정도 익숙하고 잘 안다고 느끼는 곳이었다. 서울에 도착해 거리 한편에 서서 지나가는 사람들 중 청바지를 입고 있는 사람들을 무작위로 세기 시작했다. 이는 전 세계 주요 도시들을 방문할 때마다 내가 하는 작업이자 일종의 실험이다. 서울에서 역시 절반 이상의 사람들이 청바지를 착용하고 있는 것으로 나타났고, 다른 모든 대안이 될 만한 의상들을 합한 것만큼 청바지가 일상이고 보편적인 혹은 흔한 옷이 되었다는 나의 가설이 설득력을 얻는 순간이었다. 하지만 당시 청바지를 주제로 하는 연구는 전혀 없었고, 모든 연구는 실제 극소수의 사람들만이 착용하는 하이패션과 오트 쿠튀르 의상에만 집중되어 있었다.

두번째 서울 방문은 국립민속박물관에서 청바지를 주제로 한 전시 개막에 도움을 주기 위한 것이었다. 해당 전시는 청바지의 전체 역사를 아우르는 대단히 훌륭하고 모범적인 전시였다. 또한 청바지의 전 지구적 편재성에 주목하고 한국을 포함한 세계 전역에서 청바지가 차지하는 중요성을 잘 보여주었다. 한국 문화산업의 높은 제작 수준은 한국

TV 프로그램과 음악, 패션 등이 동아시아 전역에서 유행하고 인기를 누리는 것으로 증명되고 있는데, 본 전시의 세련되고 인상적인 전시 기법 역시 이를 잘 보여주는 것이었다. 뿐만 아니라 이 전시는 세계 최초로 청바지의 전 지구적 편재성을 강조하고, 나아가 한국이 현재 어떻게 전 세계적 발전을 이해하는 선봉에 서게 되었는지를 보여주는 사례이기도 했다. 그리고 '한류' 문화에 오랜 관심을 가져온 나에게 이러한 사실은 조금도 놀라운 일이 아니었다.

인류학자로서 나에게 이 주제는 대단히 중요한 어떤 것을 이야기한다. 그 어떤 것이란 바로 우리가 전 세계 대다수 사람들이 실제 행하는 무언가에 대해 이해할 필요가 있다는 것이다. 하이컬처 예술만이 아닌 평범한 삶의 세계들 말이다. 처음 청바지를 주제로 조사를 시작했을 때, 사람들이 왜 청바지를 입는가에 대한 답은 대단히 불분명했으며, 이를 근거로 일상적 삶에 대한 이해를 이야기한다는 것은 상당히 도전적인 작업이었다. 하지만 우리 연구는 바로 청바지를 입는 평범한 사람들이 우리가 존경하기 원하는 사람들이며, 이러한 평범한 사람들의 실천에 대한 관심이야말로 현대 교육의 핵심이 되어야 한다고 도전한다. 마지막으로, 이 책을 번역하기 위해 수고와 노력을 아끼지 않은 한국어 번역자들에게도 감사의 마음을 전한다.

2017년 6월
다니엘 밀러

차 례

9

**핏하지 않은 청바지:
브라질에서 저가 청바지
마케팅하기**

로사나 피네이루 마차도

서론

데님 청바지가 전 지구적으로 존재한다는 주장은 더는 새롭지 않다. 청바지 착용과 마찬가지로 데님의 생산, 디자인, 교역 또한 분명히 전 지구적으로 확장되고 있다. 글로벌 데님 프로젝트Global Denim Project를 진행하면서, 우리는 청바지의 영향력이 전 지구적으로 미치고 있다는 점을 점점 더 명확하게 인식할 수 있었다. 다니엘 밀러는 학회 참석차 해외에 나갈 때마다 얼마나 많은 사람들이 청바지를 착용하는지 알아보고자 거리를 지나가는 사람들 100명을 무작위로 세기 시작했다. 이 조사는 서울과 베이징에서 이스탄불과 리우데자네이루에 이르기까지 상당히 넓은 지역에서 실시되었다. 밀러의 조사와 해외 데님 조사들(Synovate 2008)을 통해, (남아시아와 중국의 농촌 대부분을 제외한) 대다수 국가에서 대다수 사람들이 일정 기간 동안 청바지를 착용한다는 점을 알 수 있었다. 그러나 청바지의 전 지구적 편재성遍在性에도 불구하고, 데님에 대한 학문적 관심은 미비했다. 역사학적인 연구가 아닌 사회과학적 연구는 매우 적으며, 출간된 지 12년이 된 저널 『패션이론Fashion Theory』에는 데님을 다룬 논문이 한 편도 없다.

데님에 관한 선행 연구는 직물 기술, 마케팅, 소비자 인지, 국제 데님 시장, 역사 분야에서 이루어졌다. 우선, 직물 화학과 기술 분야의 연구는 섬유 소재의 성능을 분석한다(Tarhan and Sarsiisik 2009). 염색을 포함해(Card et al. 2005), 재생 데님 제품의 처리(Hawley 2006) 등 섬유의 질적인 측면과 관련된 연구이다(Chowhary 2006). 이와 동시에 두 번째 분야인 마케팅과 브랜드에 관한 연구가 진행되었다. 이는 특정 지역에서의 청바지와 브랜드에 대한 소비자들의 인식을 다룬다(Wu and Delong 2006). 세번째는 청바지 생산과 노동환경을 다룬 연구이다(Bair and Gereffi 2001; Bari and Peters 2006; Crewe 2004; Tokatli 2007; Tokatli and Kizilgun 2004).

마지막은 아마도 가장 큰 분야일 것 같은데, 데님의 역사적 표상에 관한 연구이다(Tinlayson 1990; Marsh and Trynka 2002; Sullivan 2006). 청바지가 특정 세대와 가치와 연관된 미국의 아이콘(Reichs 1970)이자 대중문화의 일부가 되어간 과정을 다룬다. 이러한 역사적 서술은 일종의 상식이 되어 청바지의 전 지구적 편재성을 설명하는 틀로써 보편적으로 수용되고 있다. 이러한 관점을 수용하지 않는 사회과학적 연구는 거의 없으며, 특히 질적 연구나 민족지적 연구는 더더욱 없다. 피스케(Fiske 1989)는 청바지의 의미와 청바지의 착용이 (특히, 미국인다움과 관련해 사람들이 대중문화의 모순을 극복하는 매개물로서) 서로 경합하는 방식을 논의한다. 본서는 민족지적 관점이 강하지만, 동시에 전 지구적 현상을 이해하려고 시도한다. 본서에서 말하는 "전 지구"가 세계 모든 나라를 지칭하는 것은 아니라는 점은 주지할 필요가 있다. 사실 전 세계 모든 나라를 다루는 일은 단행본을 넘어서는 작업이다. 한센(Hansen 2005)이 잠비아에서 청바지의 중요성에 대해 언급한 바 있다. 그러나 본서에서는 아프리카나 중동 국가에 대한 논문이 실려 있지 않다.

유명 디자이너들이 만들어 극소수만이 입는 패션 의상에 관한 수많은 책이나 논문과 비교하면, 데님을 다룬 주목할 만한 사회과학적 연구는 매우 적다. 이것은 의상 및 패션 연구에서 나타나는 중대한 역설이 아닐 수 없다. 즉, 전체 인구와 패션업계에서 차지하는 비율이 높은 의상이 오히려 중요한 연구대상이 되지 못하고 있는 것이다. 본서는 가시적인 화려함을 벗어나 일상으로 관심을 돌리려 한다. 글로벌 데님 프로젝트의 초창기 논문인 「청바지 선언문」(Miller and Woodward 2007)에서 우리는 데님이 "보이지 않지만 명백한"이라는 표현에 매우 적합한 주제라고 지적했다. 분명 너무 당연하기에 또 어디나 존재하는 물건이기에, 우리는 데님의 존재와 중요성을 간과해왔다. 본서는 바로 현대의상과 패션을 지배하는 청바지라는 전 지구적 현상에 주목한 첫번째 출판물이다.

물론 무언가가 존재하기 때문에 학계가 그것을 연구해야 한다고 말하는 것은 전혀 매력적이지 않다. 본서는 상당히 다른 주장을 전개할 것이다. 데님에 대한 연구, 구체적으로 청바지에 대한 연구가 중요한 것은, 다른 어떤 주제보다 패션과 의상에 대한 통찰력을 제공하고 이해를 증진시켜 줄 수 있기 때문이다. 우리는 인류학에서 출발해, 어디나 존재하는 물건을 지루해하거나 당연시하는 대신 세계와 우리의 관계 전반을 이해하려는 시도의 중요한 출발점으로 삼을 것이다.

나아가 본서는 데님이 아니라, 바로 "글로벌" 데님에 관한 것이다. 이처럼 우리 관점을 데님 전체로 확장하는 연구 방식은 글로벌 현상으로서 데님의 존재, 동시에 데님의 특수성과 고유성을 이해할 수 있게 해준다. 「청바지 선언문」(2007)에서 우리는 사회과학자로서, 특히 인류학자로서 미묘한 지역적 맥락, 즉 한국인과 아르헨티나인, 상류층과 하류층, 가게 점원과 공장 노동자가 상이하게 행동하는 방식에 대한 구체적인 자료에 근거해 논지를 전개했다. 문제는 이러한 지역적 연구가 전 지구적인 데님 현상을 설명하는 데 전혀 도움이 되지 않는다는 데 있다. 전 지구적인 것은 지역 사례연구들의 총합 이상이다.

바로 이 문제 때문에 글로벌 데님 프로젝트가 탄생한 것이다. 글로벌 데님을 연구하기에는 현재 학계의 연구와 방법론이 미흡하다고 생각했다. 우리는 근본적으로 다른 무언가가 필요했다. 프로젝트를 시작한 이래, 우리는 설명하려는 현상의 규모에 맞는 학술조사를 구상했고 새로운 수행 방법을 찾으려 노력했다. 데님 연구가 제공해줄 것으로 기대되는 깊은 통찰력을 얻기 위해, 여러 지역과 다양한 학문 분야의 사람들을 모으고 특정 쟁점을 중심으로 공동작업을 수행해야 했다. 또 이 목표를 달성하기 위해 학술적인 기여를 가능하게 하는 "오픈 소스Open Source" 시스템을 창안했다. 사실 민족지를 전사하기 위한 약간의 비용 외에 글로벌 데님 프로젝트를 위한 기금을 전혀 조성하지 않았기 때문에, 우리는 "오픈 소스" 모델을 채택할 수밖에 없었다. 그러나 필요는 창조의 어머니라 했던가? 우리는 인터넷을 효율적으로 활용해 글로벌 데님 프로젝트를 독립적인 실체로 만들었고, 글로벌 데님 현상을 깊이 이해하려는 데 관심 있는 사람이면 누구나 참여할 수 있게 했다. 실제로 공식 조직을 만드는 대신에 우리는 협업과 토론을 증진할 수 있는 방향을 모색해나갔다. 우리는 이러한 분위기가 향후 수년간은 지속될 것으로 기대하지만, 이미 (지금부터 본서에서 알리려고 하는) 분명한 결과들이 나타나고 있다. 「청바지 선언문」을 통해 프로젝트의 기반을 닦았다면, 본서는 그 기반을 공고히 하고 다음 단계를 준비하게 해줄 것이다.

세상을 향해 무작정 요청하는 일은 상당한 모험이다. 우리는 전 세계에서 이 주제에 관심을 갖고 활동 중인 여러 분야의 전문가들이 프로젝트에 참여해주기를 바랐다. 그런데 놀랍게도 이러한 일이 실제로 일어났다. 본서에 수록된 논문은 모두 우리의 요청에 응한 여러 학자들로부터 받은 것이다. 또 본서에 실린 논문뿐 아니라 2010년 6월 10일 현재 데님에 대한 독립 연구가 스무 개 이상 진행 중이다.[*] 이 중 일부는 프로젝트 이전부터 진행 중이었고, 나머지는 프로젝트가 제기한 문제의식에서 비롯되었다. 이들 독립 연구에는 역사가, 사회학자, 지리학자, 인류학자가 참여하고 있으며, 본서에 실린 논문이 다루지 못한 터키, 일본, 스웨덴 등지의 사례를 다루고 있다. 우리는 매우 지역적인 현상과 전 지구적인 현상을 동시에 다루는 본서뿐 아니라, 직물 자체와 그함의에 집중하는 『텍스타일Textile』의 특별호(2011)도 준비하고 있다. 또 몇몇 저명한 학자들과의 공동작업보다는 위키wiki 같은 완전한 오픈 소스를 지향하는 한층 더 급진적인 글쓰기 방법들을 논의해나갈 것이다.

본서의 가치는 주제를 다루는 방법론, 의도, 관점뿐 아니라 무엇보다 글로벌 데님에 대한 독창적인 통찰력을 제공해준다는 점에서 찾을수 있다. 이를 위해 먼저 「청바지 선언문」에서 제시했던 이론적인 문제들을 개괄한 뒤, 이 문제들이 각각의 논문에서 어떻게 발전되는지를 살펴볼 것이다. 우선 「청바지 선언문」은 의상에 대한 전 지구적인 설명과 지역적 설명을 관련짓는 방식과, "가시적이지 않지만 명백한" 문제를 설명하고 극복하는 방식을 질문했다. 두번째, 전 지구적 동질화 현상에 대해 글로벌 데님이 갖는 함의를 검토했다. 우리가 제기한 세번째질문은, 우드워드(Woodward 2007)를 일부 인용하자면, 결국 "동질적인

---

[*] www.ucl.ac.uk/global-denim-project_옮긴이

반응을 만들어내는 근대성의 구체적인 측면이 실제 존재하는가?"이다. 예를 들면 다음과 같다. 글로벌한 세계의 거대함을 점점 더 의식하게 되는 것과 사람들이 의상을 선택할 때 느끼는 일종의 불안감은 서로 연결되어 있는가? 그리고 이러한 불안감 때문에 사람들은 튀거나 특이한 옷을 꺼리고 대신 평범한 옷인 데님을 선택하는가?(Clarke and Miller 2002; Woodward 2005; Woodward 2007)

네번째 질문은 데님 자체의 독특한 속성에서 비롯되었다. 데님에 주목한 이유가 데님의 전 지구적 편재성에 있는 것만은 아니기 때문이다. 데님은 몇 가지 이유로 독특하다. 가장 분명한 특징은 데님의 디스트레싱distressing* 가공에서 드러난다. 디스트레싱이 발달한 시기가, 방랑생활을 하며 상대적으로 빈곤했던 히피들이 청바지를 다 낡아 맨살이 보일 때까지 입어, 청바지가 가장 인격적이고 내밀한 의상으로 자리 잡은 1970년대였다는 데 주목할 필요가 있다. 또 이 기간 동안 청바지는 더 부드러워졌고 더 개인적인 것이 되었다. 모순적이게도 청바지는 전 지구적 보편성을 갖는 동시에, 각 개인의 개성을 가장 잘 표현해주는 의상이다. 마지막 질문은 글로벌 데님 프로젝트, 곧 여러 학문 분과가 자발적으로 참여해 여러 지역에서 수행한 프로젝트들 간의 협업이 "부가가치"를 창출했는가, 그렇다면 그 가치는 상술한 질문들에 답하는 데 어떻게 도움을 줄 수 있는가이다.

앞의 질문들이 함의하는 바와 데님 청바지에 관한 초기 분석을 함께 정리해보면, 다른 의상이 보여주지 못하는 세계의 무언가를 청바

---

* 디스트레싱이란 인공적인 행위로 가구나 직물 등의 대상을 낡아 보이게 만드는 기법을 말한다._옮긴이

지가 표현해왔다는 점을 알 수 있다. 마치 세계가 확장되듯이 청바지도 확장되고 있고, 세계가 글로벌해질수록 청바지도 글로벌해진다. 또 세계가 인격적이고 내밀한 영역을 만들수록 청바지에도 그러한 영역이 만들어진다. 더 많은 사람들이, 자신들의 일상 속에서 상호 분리되어 전개되는 내밀성과 전 지구성이라는 두 극단을 함께 두려 하기 때문에, 지역적인 것과 전 지구적인 경험을 동시에 유지하는 도구로서 청바지를 입는다는 것이다. 청바지는 바지에 불과하지만, 다음 세 가지 독특한 특성을 보여준다. 즉, 청바지는 세계에서 가장 글로벌한 옷이자 세계에서 가장 내밀한 옷인 동시에, 패션을 잘 모르는 사람들이 고민하지 않고 입는 평범한 옷이다. 청바지에 대한 이해는 바로 이 세 가지 특성들 간의 관계로부터 출발해야 한다. 요컨대, 청바지의 디스트레싱, 즉 착용자의 몸에 맞게 변해 친숙하고 인격적으로 되어가는 현상이 존재할 수 있는 것은, 바로 청바지가 글로벌하기 때문인 것이다.

지나친 이야기처럼 들릴 수 있다. 셔츠도 전 지구적으로 착용되지만, 청바지의 독특한 색상과 소재를 봤을 때 청바지의 편재성은 대단히 주목할 만하다. 또 데님보다 란제리가 신체와 더 내밀한 관계를 맺지만, 옷을 입는 사람의 신체에 맞춰 점점 개별화되는 디스트레싱이 있기에, 데님은 란제리가 가질 수 없는 내밀성을 가질 수 있다. 마지막으로 우드워드가 런던에서 수행한 현지연구에 따를 때, 데님이 기본 의상 default wear이라고 주장할 수 있다. 물론 이 주장이 멕시코 노인들에게도 적용될 수 있는지는 알 수 없다. 그러나 우리는 데님의 세 가지 특성이 특정 지역에서는, 적어도 런던에서는 서로 직접 관계된다고 말할 수 있다. 따라서 다양한 관점에서 데님을 이해하기 위해서는 이러한 특성들이 청바지에서 나타나는 이유를 자문해볼 필요가 있다.

인류학자인 우리는 (청바지 디자이너와는 무관한) 인류학자 레비스트로스(Lévi-Strauss 1966)가 신화에 적용했던 방법을 청바지에 적용했다. 청바지는 철학처럼 분명한 명제는 아니지만, 철학이 도달하려 했던 무언가에 도달해 있다. 청바지는 상술한 모순들을 추상적·지적으로 표현하는 대신에 부분적이나마 모순들을 해소할 수 있는 실질적 수단이 된다. 청바지는 디스트레싱으로 착용자의 개성을 표현할 수 있기에, 우리는 청바지를 입음으로써 가장 글로벌하면서 동시에 가장 내밀해질 수 있다. 사람들은 청바지 착용에서 모순보다는 편안함을 느낀다. 여기서 "느낀다."라는 표현이 중요한데, 대부분의 사람들은 추상적인 철학을 추구하지 않기 때문이다. 사람들은 단지 자신과 세계를 말 그대로 더 잘 느낄 수 있는 방식을 찾을 뿐이다. 여러 옷 중에서 청바지가 바로 이러한 목적에 가장 잘 부합한다. 이를 위해 청바지는 철학적 작업과 직접 비유될 수 있는 물질문화(Kuchler and Miller 2005; Miller 2010)로서 나타날 필요가 있고, 이렇게 할 수 있는 청바지의 능력은 청바지의 편재성으로 증명된다.

「청바지 선언문」에서 이러한 주장을 이미 했거나 함축했다면, 본서의 목적은 무엇일까? 특수성과 보편성 사이를 끊임없이 오가는 학문적 변증법에서 찾을 수 있다. 이제 현대 세계에서 청바지가 의미하는 바를 보편화해 설명할 수 있다. 이를 통해 철학 같은 학문이 요구하는 높은 수준의 보편 명제를 만들어낼 수도 있다. 그러나 우리는 철학자가 아니다. 우리는 의상과 패션을 공부하는 학생이자 사회과학자이자 역사학자이다. 우리는 연구대상인 특정 집단에 깊은 관심을 가지고 있다. 우리 중 누구도 추상적인 주장을 펼치는 데만 만족하지 않을 것이다. 회의론자들이 철학적 사유에 제기할 것 같은 "그래서 뭐?"라는 질문에 부딪칠 때 비로소 우리의 연구 요점이 좀 더 분명해질 수 있을 것이다. 우리는 어떻게 보편성에서 현장의 구체성, 곧 자신의 삶과 경험을 새롭게 인식하려는 사람들이 있는 구체적인 현장으로 되돌아갈 수 있을까? 우리가 청바지를 통해 지구적인 것과의 관계를 표현할 때도 항상 우리의 관심은 지역적이고 훨씬 더 구체적인 연구들에 있다.

점점 글로벌해지면서 동시에 개인적이 되어가는 세계, 심화되는 현대 세계의 모순을 표현하고 일정 부분 해결하는 데 청바지는 매우 중요한 역할을 하고 있다. 이제 본서를 통해 "그래서 뭐?"라는 질문에 답할 수 있다. 예를 들어, 우리는 특정 집단에게 내밀하다는 것이 무엇을 의미하는지 혹은 글로벌하다는 것이 무엇을 의미하는지, 이것이 특정 집단의 경험에 어떠한 영향을 미치는지 보여줄 것이다. 이를 통해 글로벌 데님은 복식 연구에서 무시될 수 없는 분야가 될 것이다. 글로벌 데님은 글로벌한 대상을 학문적 대상으로 이해하기 위한 본질적인 사례가 되어 현대 학계에 도전장을 내밀 것이다. 궁극적으로 데님은 새로운 연구 형태와 새로운 관점을 만들어내는 촉매제가 될 것이다.

글로벌 데님 프로젝트 자체의 규모가 크기 때문에 앞에서 제기한 문제들에 대해 포괄적인 답을 얻을 수는 없을 것이다. 본서는 다만 새로운 영역을 제시하고 향후 데님 연구와 협업을 위해 필요한 대화를 시작할 뿐이다. 본서가 바라는 것은 앞에서 제기한 질문에 관심을 갖는 연구자들을 설득할 수 있을 만큼 의복과 패션에 대한 연구에 폭넓은 영향을 미치는 것이다. 본서는 어떻게 데님 연구가 사람들의 주요한 일상 의복을 이해하는 작업이 될 수 있는지 뿐만 아니라, 동시대 우리 존재에 대해 다양한 비판적 질문들을 제기할 수 있는지 보여줄 것이다.

글로벌 데님의 현재[1]

데님은 세계 모든 국가에 존재할 뿐 아니라 청바지 착용 실태에 대한 글로벌 데님 조사가 보여주듯이[2] 각 지역에서 폭넓게 착용하는 옷이 기도 하다. 이러한 사실은 데님의 이해가 전 지구적인 맥락에서 이루어질 필요가 있다는 주장의 중요한 근거가 된다. 2008년 전 세계적으로(정확히 말해 조사에 포함된 국가의) 사람들은 평균 일주일에 3.5일 꼴로 청바지를 입었다(Global Lifestyle Monitor 2008). 가장 비율이 높은 지역은 독일로 (평균 1인당 8.6장의 청바지를 가지고 있으며) 일주일에 5.2일을 입는다. 모든 국가에서 소비자 10명 중 6명 이상(62퍼센트)이 데님 착용을 선호하거나 즐긴다고 답했다. 응답률이 가장 높은 곳은 브라질(72퍼센트)과 콜롬비아였다. 반면 인도에서는 단지 27퍼센트만이 청바지 착용을 선호한다고 답했다. 몇몇 국가들을 대상으로 실시한 또 다른 설문조사(Synovate 2008)에 따르면, 응답자 중 31퍼센트는 서너 장의 청바지를, 29퍼센트는 다섯 장에서 열 장의 청바지를 가지고 있었다. 브라질의 응답자 중 14퍼센트가 열 장 이상의 청바지를, 40퍼센트가 다섯 장에서 열 장을 소유하고 있었다. 반대로 청바지가 없는 사람의 수는 상대적으로 적었는데, 예를 들어 말레이시아에서는 29퍼센트나 되었지만 러시아는 전체의 13퍼센트에 불과했다.

모든 국가에서 대다수 사람들의 청바지 착용률이 매우 높게 나타나고 있지만, 국가 간 차이 역시 명백하다. 이러한 차이는 청바지 한 장을 구입하는 데 얼마를 지불하고자 하는지를 묻는 질문에서도 잘 나타난다. 대부분의 사람들(전체 조사 대상 중 70퍼센트)은 청바지를 구입하는 데 미화 80달러 이상을 쓰지 않는다. 흥미롭게도 미국 시민들이 데님에 가장 적은 비용을 지출하는데, 이 설문조사에 따르면 미국인 중 76퍼센트는 청바지 한 장을 사는 데 최대 40달러까지만 지불할 용의가 있었다. 정반대로 러시아에서는 26퍼센트의 사람들이 청바지 한 장에 120달러 이상을, 10퍼센트는 200달러 이상, 5퍼센트는 280달러 이상까지 지불할 용의가 있다고 응답했다. 태국은 3퍼센트의 응답자가 280달러 이상, 세르비아는 25퍼센트의 응답자가 120달러 이상을 지불할 용의가 있다고 응답했다. 두 나라 모두에서 적어도 전체 국민 중 일부는 분명히 그 이상도 지불할 용의가 있어 보였다. 가격의 문제는 특히 영국의 사례에서 눈에 띈다. 2007년 설문조사(Mintel 2007)를 보면, 응답자 중 63퍼센트가 가장 최근에 구입한 청바지에 30파운드(47달러) 이하를 썼으며, 오직 3퍼센트의 사람들만이 70파운드(109달러) 이상을 지불했다. 청바지 구매층의 범주가 넓은 것은 청바지의 가격대가 넓기 때문인데, 청바지 가격은 슈퍼마켓과 프리마크Primark 같은 저가 매장에서부터 250파운드(389달러)가 넘는 고급 디자이너 청바지에 이르기까지 천차만별이다. 이처럼 소득이 가장 적은 계층이라도 청바지 한 장은 살 수 있다는 점에서 데님은 민주적이지만, 동시에 넓은 가격대는 데님이 사회적, 계급적 차이를 드러내는 커다란 힘이 있음을 의미한다.

우리가 「청바지 선언문」에서 제기한 가장 핵심적인 주장 중 하나는 데님이 자본주의의 수용과 거부를 동시에 보여주는 패션이라는 점이다. 현대 청바지 스타일은 19세기 후반 처음 생산된 리바이스 청바지와 거의 동일하다. 시노베이트(Synovate 2008)에 따르면, 청바지 구매 현장에서 만난 사람들에게 청바지를 구입한 이유를 물었을 때, 가장 많은 응답은 데님의 품질(39퍼센트), 다음은 가격(22퍼센트) 때문이었다. 러시아(11퍼센트)와 프랑스(10퍼센트)에서 스타일 때문이라는 응답이 있긴 했지만, "세련되기 때문이다."라는 응답은 거의 없었다. 패션과 의복 연구들은 디자이너 청바지의 성장을 강조해왔지만, 슈퍼마켓 청바지 또는 프리마크 같은 할인매장 청바지의 성장이 실제로 많은 사람들에게 영향을 미쳤다. 심지어 디자이너 청바지 시장도 결코 단순하지 않은데, 예를 들어 터키 데님 제조업은 터키 현지 브랜드를 포함해 데님 브랜드의 외주 및 하청 계약의 복잡한 네트워크 속에서 성장했다(Tokatli and Kzilgun 2004). 다시 말해, 가장 수익이 낮고 또 패션과도 가장 무관한 시장 부문에서 데님이 가장 큰 폭으로 성장했다는 것이다.

따라서 청바지의 기본 스타일이 유지되는 현상은 데님의 생산지와 글로벌 교역 등 데님 영역 내부의 변화와 밀접히 관련되어 있다. 예를 들어, 2003년부터 2007년까지 영국에서 청바지 생산량은 계속 줄어든 반면 수입량은 크게 늘었다. 2006년에 남성 청바지 4,100만 장과 여성 청바지 4,300만 장을 수입했다(Mintel 2007). 영국의 청바지 수입국 역시 변화했다. 2003년 남성 청바지의 53퍼센트와 여성 청바지의 64퍼센트가 아시아에서 수입되었다. 2006년의 수입량은 각각 남성 청바지 70퍼센트, 여성 청바지 81퍼센트를 기록했다. 청바지 생산국으로서 중국의 위상(Li, Yao and Young 2003)은 다른 분야들과 마찬가지로 괄목할 만큼 높아졌다.

데님 시장 변동의 중요한 특징은 무역협정에서 나타난다. 예를 들어, 시리아는 2005년 아랍자유무역지대GAFTA에 가입하면서 다른 아랍 국가에서 생산된 섬유제품을 과거 정부가 규제하던 국내 시장으로 유통할 수 있게 허용했다(International News Service 2008). 이에 (중동에서 제조된) 베네통이나 미스식스티 같은 많은 해외 브랜드들이 시리아로 진입할 수 있었다. 그러나 아랍 국가들의 소득 수준이 일반적으로 낮기 때문에 현지 브랜드가 여전히 우세하다. 북미자유무역협정NAFTA 이후 미국 데님 시장의 83퍼센트를 차지하던 유럽산 데님을 멕시코산이 대체했다. 유럽산 데님의 시장점유율은 7퍼센트대까지 하락했고(Li, Yao, and Yeung 2003), 청바지는 멕시코의 가장 중요한 수출품으로 자리 잡았다(Bair and Peters 2006: 210). 중국의 데님 제조업도 급격히 성장했는데, 현재 데님 관련 회사만 1,000개가 넘고(Li, Yao, and Yeung 2003) 홍콩이 중개상으로 부상했다. 데님 시장이 변동을 거듭하는 가운데, 주로 유럽, 러시아, 중동 등으로 데님을 수출하는 터키가 핵심 국가로 떠올랐다(International News Service 2008).

청바지 생산지와 수출입 경향의 변화는 청바지의 인기를 통해서도 확인해볼 수 있다. 청바지의 인기는 (1990년대 영국에서 데님 판매가 급감했던 것에서 나타나듯) 지속적이지 않으며 상대적이다. 다만, 여기서 가장 주목해야 할 사실은 최근 몇 년간 청바지가 일상복 가운데 하나로 자리 잡는 경향이 뚜렷이 나타났다는 것이다. 2007년 한 해에 청바지는 영국에서만 매초당 세 장씩 팔려나가(Mintel 2007) 약 8,600만 장이 팔렸는데, 이는 지난 5년과 비교해 40퍼센트 증가한 것이었다(Mintel 2007). 요컨대 데님은 주요 시장에 편재할 뿐 아니라 일상복으로서의 지위 역시 점점 뚜렷해지고 있다.

글로벌 데님의 기원과 결과

전 세계 사람들 모두가 데님에 빠져 있는 것도 아니고 데님만이 전 지구에 알려진 유일한 의복도 아니다. 그러나 앞에서 언급한 통계를 통해 우리는 글로벌 데님 프로젝트를 시작한 계기와 이유를 다시금 상기하게 된다. 바로 소재와 색상이라는 관점에서 데님은 의복으로서는 상당히 놀라운 전 지구적 존재가 되었다. 오히려 문제는 이것이 너무 자명한 사실이 되어버려 너무 당연시된다는 것이다. 심지어 일종의 상식이 되어 청바지가 편재하는 이유에 의문을 갖는다 하더라도 간단한 서사, 즉 청바지가 미국의 아이콘이 되어 전 지구로 전파되었다는 매우 일반적인 이야기만 덧붙여질 뿐이다(Sullivan 2006).

런던에서 "왜 청바지는 파란색인가?"라는 기본적인 질문을 했을 때, 누구 하나 이 질문에 답하려고 시도조차 하지 않았다. 그러나 바로 이 질문이 이야기를 시작할 수 있는 확실한 출발점이 될 것이다. 아마 선사시대나 초기 역사시대에도 오늘날처럼 푸른색이 세계 어디에나 있었을 것이다(Balfour-Paul 1998). 인디고는 섬유에 넣을 때 매염제나 고착제가 필요 없는, 유일하고도 가장 일반적으로 사용되는 천연염료라는 점에서 특별하다. 염료로서 인디고의 매력 중 하나는 비수용성이기 때문에 사용이 용이하지는 않지만 다른 염료에 비해서는 편리하다는 점이다. 인디고와 대청大靑에 아주 가까운 색은 전 세계 대부분 지역에서 발견되며, 세계 대다수 지역에서 먼 옛날부터 자주 사용되던 색이었다. 그러나 현대의 편재성이 곧 역사적 편재성을 반영한다는 것을 의미하지는 않는다. 세계 여러 지역의 여러 시대의 그림과 초상화를 보면, 인디고가 두드러지지 않고 특별히 선호되지 않았던 시기가 분명 있었다.

청바지가 미국의 아이콘 중 하나라는 상식적인 이야기로 돌아오더라도, 본서는 적어도 우리가 상식처럼 받아들이는 설명을 넘어서야 하는 이유를 설명해준다. (Marsh와 Trynka 2002처럼) 가장 널리 받아들여지는 설명은, 청바지가 작업복에서 제임스 딘과 말런 브랜도로 대표되는 "소외된 청년들"의 행위가 되었다는 것이다. 이 소외된 청년들은 청바지를 1950년대 청년운동의 핵심이자 미국의 아이콘으로 자리 잡게 만들었다. 그러나 컴스톡Comstock의 논문은 청바지가 대공황 이후 이미 평등주의와 고통 분담의 상징으로 자리 잡았고 노동자 계층뿐 아니라 중산층도 선호했음을 보여준다.

컴스톡에 의하면, 데님이 미국의 지배적 아이콘으로 자리 잡고 글로벌한 존재가 된 첫번째 동인은 사실 다양한 세력들의 상당히 허술하고 우연한 결합이었다. 상업적 이윤에 규정되는 생산도, 소비자 욕망에 정의되는 소비도 아니다. 그것은 단지 국가가 생산에 미친 영향력, 대중문화가 소비에 미친 영향력과 같은 것이었다. 컴스톡의 핵심적인 주장은 상업 확장기가 아닌 (노동 변화와 수입 제한 때문이었는지, 혹은 존 스타인벡John Steinbeck이 『분노의 포도』에서 보여주었듯이 대중문화에서 나타난 고통에 대한 연민 때문이었든지 간에) 대공황이 진행되던 상업 붕괴기에 데님의 전 지구적 편재성이 나타났다는 것이다. 컴스톡은 일반적으로 받아들여지던 데님의 역사를 완전히 뒤집어놓았다. 나아가 컴스톡은 청바지가 성공적으로 안정성과 다양성을 표출하는 수단이 될 수 있었던 것은 청바지가 갖는 모호성과 유연성 때문이었다고 주장한다. 그리고 이점은 이후 여러 논문에서 중요하게 다루어졌다.

본서의 첫 장은 기존의 데님 연구와는 다른 지평을 펼쳐놓는다. 데님이 근대 세계를 지배하게 된 과정에 대한 반복적인 "신화", 정확히 말해 "다 아는 이야기"는 왜곡된 것이었다. 사물들은 더는 불가피하거나 당연한 것이 아니다. 본서는 학술서이기에 다른 서적과 달리 고정관념을 넘어 훨씬 더 세밀한 이야기를 가지고 시작한다. 다음 장의 윌킨슨웨버Wilkinson-Weber와 컴스톡의 주장 사이에는 매력적인 유사성이 존재한다. 전자가 데님이 1930년대 주류로 자리 잡는 과정을 검토했다면, 후자는 미국의 1930년대와 유사한 상황이 벌어지고 있는 현재의 인도를 보여준다. 또 두 논문 모두 데님의 성공 요인이 소비자의 욕망 때문이었는지 아니면 생산상의 필요 때문이었는지에 대해 유보적 입장을 취한다. 또 일정 부분 자율적인 분야인 대중문화와 영화가 결정적인 역할을 했다고 보았다. 이 점은 특히 인도의 사례에서 잘 나타나는데, 발리우드Bollywood는 여러 구체적 함의와 제약으로 인해 자체 공급망을 갖추고 유행을 결정하는 일종의 작은 문화적 장이 될 수 있었다.

다만, 한 가지 차이는 인도의 상업과 영화산업 간의 관계에서 매우 두드러지게 나타난다. 이 점은 빈번한 PPL광고뿐 아니라 영화의 남녀 주인공이 청바지 홍보와 마케팅에서 중요한 역할을 담당한다는 점에서도 잘 알 수 있다. 예를 들어, 케랄라Kerala에서 데님 광고는 유명 영화 배우와 불가분의 관계에 있다. 결과적으로 윌킨슨의 주장을 인도 칸누르Kannur에 대한 밀러의 논의와 연결해 생각하는 것이 중요하다. 왜냐하면 악샤이 쿠마르Akshay Kumar 같은 스타들이 대단히 선정적인 광고에 등장함으로써 도시에서 멀리 떨어진 사람들이 청바지의 확산이 위험하다고 생각하게 되고, 결과적으로 청바지에 저항하게 되는 현상이 나타나기 때문이다. 이 책은 청바지가 세계를 지배하게 된 방식을 역사적으로 설명하지 않는다. 그러나 미국 내에서 청바지가 발전하게 된 중요한 계기들에 대한 컴스톡의 설명과 청바지가 현대 인도 시장에서 성장하게 된 원인에 대한 윌킨슨의 설명을 함께 놓고 보면, 포괄적이고 학문적인 설명이 어떻게 가능할지 알 수 있다. 또 이러한 설명들은 현재 우리 세계가 위치한, 광활한 데님의 바다로 흘러가는 본류를 구체적인 지역 사례라는 지류들과 연결할 수 있는 방법들을 보여준다.

본서에서 새로 쓴 데님의 역사는 "그래서 뭐?"라는 현재의 회의적 시각에 의해 촉발된, 거대한 포부를 향한 일종의 도구에 불과해져 버렸다. 우리의 논점은 데님의 편재성에 원인이 있듯이 편재성에 따른 결과가 존재한다는 것이고, 양쪽을 함께 놓고 봐야 각각을 잘 이해할 수 있다는 것이다. 컴스톡과 윌킨슨의 논문을 올레슨Olesen의 연구와 대비해볼 수 있다. 올레슨의 주장은 결국 컴스톡이 제시한 틀 없이는 성립하지 않는다. 왜냐하면 출발점이 정확히 미국적 맥락에서의 청바지의 편재성이기 때문이다. 다른 국가에서 청바지가 곧 미국화를 의미한다는 가정에 동의하지 않더라도, 미국 내 청바지가 집단성을 상징하는 일종의 메타 상징으로서의 핵심적 지위를 차지했다는 데는 동의할 수 있다. 이것은 올레슨이 청바지가 직장의 집단성과 (자선 행위나 중고 청바지의 재활용에서 발견되는 환경에 대한 관심 등) 더 큰 사회를 표현하는 욕망 사이를 연결하는 다리가 된다는 점을 보여주면서 논증하려 한 바로 그 부분이다. 바로 이 지점에서 올레슨은 사람들이 지구 전체에 대한 자기 헌신을 실현하는 매개물로 청바지를 동원하고 있음을 보여줌으로써 데님의 초월적인 지위를 증명한다.

올레슨의 논문이 보여주듯이, 청바지가 미국적이게 된 것은 무엇보다 청바지가 미국식 개인주의라는 관념 위에서 작동하기 때문이다. 예를 들어, 개인과 윤리적·정신적 영역 간의 관계는 미국 오순절운동 Pentecostalism을 통해 분명히 드러난다. 우리는 청바지가 미국식 자본주의를 보여준다고 가정하는 경향이 있는데, 올레슨의 논문은 프랑스의 토크빌Alexis de Tocqueville이 근대 자본주의 이전인 1830년대 기술한 (미국의) 개인과 시민사회 간의 관계를 가장 완벽히 보여준다. 올레슨은 근대 기업들이 이 관계를 얼마나 잘 착취해왔는지 보여주지만, 사실 이 관계의 근원은 단순한 상업적 이해를 훨씬 뛰어넘는다. 청바지 재활용에서 나타나는 윤리적 영역은 훨씬 더 깊은 이데올로기적 굴절을 보여준다.

만약 원인과 결과를 같이 보려고 한다면, 청바지의 편재성이 거부감을 일으킬 수도 있다는 점 역시 예상해야 한다. 인도든 미국이든 청바지가 세계시민주의의 확산을 연상시키는 경향이 있다면, 이는 보수주의의 저항을 불러일으킬 수도 있다. 이러한 현상은 청바지의 성공과 확산에 관심을 둔 앞의 논문들에 균형을 잡아주는 밀러의 논문에서 잘 나타난다. 케랄라 주의 작은 마을의 사례를 통해, 밀러는 다양한 사회적 영역에서 청바지가 의미를 획득하는 방식을 보여주었다.

영유아가 입는 것으로 간주되는 화려한 색상의 청바지부터 노인들이 청바지를 정장으로 받아들이지 않는 현상까지 분명한 단계별 차이가 존재한다. 청바지를 착용하는 젊은 여성부터 청바지 착용이 허락되지 않는 기혼 여성에 이르기까지 일련의 차이가 존재한다. 이슬람교도를 연상시키는 화려한 스타일과 힌두교도를 연상시키는 밋밋한 스타일 사이의 대립이 점차 심해지고 있다. 이러한 상황은 결과적으로 칸누르 마을 사람들이 상대적인 안정성과 마을의 가치와 대립하는 외부 세계를 배척하는 방식, 즉 신보수주의를 만들어내는 주요한 배경이 된다. 이곳에서 청바지 착용은 바로 마을의 가치와 대립되는 외부 세계를 떠올리게 한다. 요컨대 청바지를 단순히 근대성의 기호로, 혹은 어디서나 환영받는 세계시민주의로 간주하는 시각은 글로벌 데님을 이해하는 데 불충분하다. 오히려 전통과 근대, 지역주의와 세계시민주의를 연결하는 수많은 차이와 구별의 매개변수로 청바지를 이해해야 한다. 이 장이 논증하려는 바는 청바지의 확산만큼 청바지에 대한 저항으로부터도 배울 점이 있다는 것이다.

이제 서문에서 개관한 생각들에 살을 붙일 차례이다. 우리는 변증법적 접근이 작동하는 방식을 이미 살펴보았다. 글로벌 데님이 철학과 유사하게 개념화될 수 있고, 점점 이율배반적이 되어가는 지역적인 것과 범지구적인 것 간의 가교가 될 수 있다고 주장하며 논의를 시작하고자 한다. 그러나 이것은 글로벌 데님 프로젝트의 첫 단계일 뿐이다. 다음 단계는 보편주의를 부정하고 청바지와의 구체적인 만남들을 이론화해, 청바지의 국지적 사례에 의미와 깊이를 부여할 수 있어야 한다. 우리는 청바지가 미국의 아이콘이 되어간 과정을 더 깊이 이해함으로써 올레슨이 서술한 청바지의 현대적 사용 가능성을 이해할 수 있다. 마찬가지로 우리는 올레슨의 연구를 통해 컴스톡의 역사적 작업이 현시대에 함의하는 바를 살필 수 있다. 윌킨슨을 통해 인도에서 청바지를 확산시키는 매우 정교하고 체계적인 시도를 이해한 뒤에야 비로소 여러 사물 중 하필이면 왜 청바지가 보수주의와 지역주의를 지키려는 칸누르 사람들에게 문제가 되었는지 파악할 수 있다. 청바지가 확산되지 못하게 저항하는 곳들을 관찰함으로써, 반대로 청바지가 확산될 수 있게 된 의미를 이해할 수 있을 것이다. 이제 우리는 "그래서 뭐?"라는 회의적인 질문에 답할 수 있게 된다. 우리는 역사와 인류학을 연결하는 글로벌 데님 프로젝트가 중요한 이유와 세계화가 새로운 지역 형태에 미치는 직접적인 영향(그 반대가 아니라)을 규명할 수 있을 것이다.

청바지의 내밀성과 이율배반

본서의 마지막 부분에서는 청바지에 대한 철학적 독해, 분석적 발견을 시도한 뒤, 다시 살아 있는 경험과 결과를 검토할 것이다. 이러한 접근 방식은 미즈라히Mizrahi의 연구에서 가장 잘 드러난다. 미즈라히의 논문을 읽어보면, 어떻게 이론적이거나 분석적인 지점이 동시에 가장 본질적이고 감각적일 수 있는지 알 수 있다. 독자들은 펑크 볼funk ball 파티의 열기, 땀, 움직임 속으로 빨려 들어가, 움직임과 음악 속에서 드러나는 청바지를 처음 만나게 될 것이다. 이 청바지는 추상적이고 폐쇄적인 실체가 아니라, 춤의 일부로서 에로티시즘과 남녀 간의 심미적 차이를 관통하는 배경음악, 분위기, 놀이와 혼합된 형태로 우리 앞에 나타난 것이다. 여기서 청바지의 물질성, 신축성, 형태는 유연한 역동성을 보인다. 이 역동성은 착용자의 신체와 강하게 결속되어 있으며, 양자가 통합되어 있는 맥락을 고려하지 않는 어떠한 분석적 시각과 폭력도 거부한다. 미즈라히는 다른 저작(2002, 2006)에서 브라질을 떠올리게 하는 에로틱한 감각의 확산과 연관되는 독특한 신축성 소재로 제작된 "브라질리언 진"의 발전 과정을 분석했다. 이 장은 브라질리언 진을 데님의 소재 자체로 서술하지 않고 총체적인 인류학적 관점에서 청바지를 생명이 있는 것처럼 묘사한다. 여기서 청바지는 눈앞에서 춤추며 움직이면서 도발적인 매력을 구현하는 완벽한 의상으로 나타난다.

　미즈라히가 에로틱한 상징으로서 현대 청바지의 잠재적 측면을 보여주었다면, 이제 청바지의 에로틱한 측면이 어떻게 청바지의 다른 매력들과 연관되는지 살펴볼 필요가 있다. 다행히 이 질문에 대한 매우 분명하고 체계적인 대답을 사사텔리Sassatelli의 논문에서 얻을 수 있다. 사사텔리 논문의 끝부분에서 미즈라히가 제기한 질문과 유사한 질문을 읽을 수 있다. 에로틱한 잠재력은 이탈리아 청년이 몸이 지닌 권력과 이상적인 가능성을 발견하는 데 가장 중요한 요소인데, 청바지는 바로 이 에로틱한 잠재력을 갖추고 있다. 이 상황은 오늘날 소위 핏fit하게 보이길 원하는 사람들이 먼저 핏이 가진 함의를 세속적이고 문자대로 고민하게 되는, 거의 마지막 단계에서 나타난다. 대중에게 보여지는 섹시함은 침대 위에 누워 있는 몸을 상상하는 사적인 행위를 통해 나타난다. 이러한 주장은 우드워드의 연구(2005, 2007)에 기반을 두고 있다. 우드워드는 옷을 입어보는 여자를 관찰해, 거울 앞에서 옷을 입어보는 행위가 항상 타자의 시선을 상상하고 생각함으로써 "내"가 누구인지를 정립하는 행위라는 점을 보여주었다. 여기서 서로 밀접하게 연결된 핏의 세 가지 영역, 즉 "신체", "패션", "이성의 눈에 핏하게 보이고 싶은 욕망"이 드러난다. 몸의 성적 매력은 개체성과 순응성 사이를 오고 가는 역동성에 달려 있다. 출발점은 자신 있게 청바지를 입을 수 있는 몸을 만들고, 핏해 보이는 바지를 찾는 것이다. 기본적으로 섹시하기 위해 여자는 먼저 자신의 몸이 다른 사람들에게 어떻게 보이는지 확신을 가져야 한다. 어떻게 눈에 띄지 않고 평범해 보이는 옷을 입고 몸이 섹시해 보일 수 있을까? 신축성 있는 소재로 만든 "브라질리언 진"의 상업적 기반에 대한 미즈라히의 폭넓은 연구처럼, 에로틱의 문제는 더는 완전히 자율적인 행위 영역에 속해 있지 않다. 에로틱의 문제가 신체를 인식하는 방식과 관련되어 있다는 점에서, 이 문제는 패션 산업계에서 나타나는 유사한 모순 해결 방식, 즉 개체성과 순응성 간의 변증법에 기반을 두고 있다.

미즈라히와 사사텔리의 논문은 상대적으로 우리에게 친숙한 분야를 다룬다. 여성은 남성을 유혹하는 청바지를 입고, 남성은 여성을 유혹하는 청바지를 입는다. 청바지는 섹슈얼리티를 작동시키는데, 특히 클럽에서 흘리는 땀, 몸동작과 섞여 섹슈얼리티는 극대화된다. 청바지가 섹슈얼리티를 작동시키는 방식은 독특하지만, 청바지가 섹슈얼리티를 작동시킨다는 것은 분명 사실이다. 이와 대조적으로 우드워드의 논문은 다소 예상치 못한 상황에서 출발한다. 남성을 유혹하기 위해 여자들이 여성용 청바지를 입는 것이 아니라 남자친구의 청바지를 입는 사례이다. 이 논문은 데님 연구의 중심 주제 중 하나인 디스트레싱을 집중적으로 다룬다. 우리는 이미 입었던 것처럼 보이는 청바지를 구입하곤 한다. 디스트레싱은 낡아 떨어질 때까지 청바지를 입던 히피 시대에 등장해, 개인주의를 강조하는 시대에 크게 성장했다. 여성이 남성이 입었던 청바지를 입는 이번 사례에서는 디스트레싱이 성 정체성과 타자와의 관계를 표상한다. 상업은 이 현상을 빠르게 전유해 "보이프렌드 진boyfriend jeans"이라는 상업 영역을 만들어냈다. 상업이 내밀성을 상품화하는 방식은 과거 히피들로부터 디스트레싱 청바지를 만들어낸 방식과 대단히 유사하다. 그러나 이러한 설명은 하나의 이야기에 불과할 뿐 원인까지 설명해주지는 않는다.

우드워드의 설명처럼 상업화된 "보이프렌드 진"의 모호성은 심지어 상업화되지 않은 남자친구 청바지에서도 나타난다. 청바지는 실제 남자친구, 가상 남자친구, 일련의 남자친구들과의 관계를 통해 존재하는 것인가? 아니면 상업화되기 전부터 남자친구 청바지는 이미 하나의 문화적 영역으로 추상화되었던 것인가? 사례로 등장하는 여성 조지아는 단지 관계를 입는 것이 아니다. 그녀는 보편적인 관계성에 대응해 자신만의 관계를 입는다. 상업이 "남자친구"라는 순전히 추상적인 개념을 만들어낸 것에 반해, 우드워드의 논문에 상이한 방식으로 등장하는 세 인물은 실질적인 관계를 통해 공감대를 발전시켜 나간다. 이 세 사람은 본서가 제시한 매개변수를 전체적으로 반영하고 있다. 우드워드의 논문에서 데님 청바지는 핵심적인 모순과 양가성을 드러내는 매개물이다. 이 주제는 청바지를 단지 개인적인 관계를 맺기 위해 사용하는 경우에서부터 컴스톡과 올레슨의 논문에서처럼 미국이라는 국가와의 관계를 설정하기 위한 경우까지 다양한 방식으로 본서 전체에서 나타나며, 이 장의 마지막 주장과 연결된다. 에게Ege와 피네이루 마차도Pinheiro-Machado의 주장을 살펴보면, 우리는 우드워드가 분명히 제기한 문제, 곧 청바지가 소외와 모호성의 문제와 관련되어 있다는 점을 알 수 있다. 많은 여성들이 남성 혹은 남성들과의 관계를 모호하게 느낀다는 점은 새로울 것이 없는 사실이다. 그러나 바로 청바지가 이러한 모순을 직접 말해준다는 사실은 새롭다. 청바지는 여성들이 자신의 감정을 문자 그대로 "느끼게" 해주는 매개물이다.

청바지와 소외

지금까지 우리의 논의를 읽고, 독자들은 청바지가 마치 한쪽 끝에서는 전 지구성을, 다른 한 끝에서는 지역성을 표현하는 무한한 능력을 가지고 양자를 조화시킬 역량을 가진 것처럼 이해했을 수 있다. 그러나 청바지에 대한 이러한 이해 방식은 순진하며 차라리 낭만적인 접근이다. 물론 본서의 모든 논문은 청바지가 전 지구성과 내밀성을 동시에 표현해내는 독보적인 능력을 가지고 있다고 주장한다. 그러나 문제는 결국 양자의 모순을 해결해야 한다는 점에 있다. 여러 사례를 통해 볼 때, 이것은 분명히 합리적인 전제이며, 사람들은 디스트레싱을 통해 양극단을 잘 헤쳐나가며 살아가고 있다. 그러나 청바지는 현재의 세계에 대한 것이며, 현재의 세계는 소외가 인간성의 필수 불가결한 조건이 된 곳이다. 청바지가 양극단의 세계를 화해시키는 데 성공했다기보다는 화해시키려는 몸부림을 보여준다고 말하는 것이 더 정확할 것이다. 따라서 우리는 청바지가 소외, 좌절, 투쟁을 표현하는 방식 등에도 관심을 기울여야 한다.

이러한 측면들은 표면 위로 드러나지는 않았지만, 사실 앞의 논문들에서 분명히 나타난다. 밀러는 칸누르에서 데님에 대한 저항이 일어난 것이 마을이 세계시민주의와 근대성의 압력에 점점 부담을 느꼈기 때문이라고 설명한다. 이러한 보수주의는 오순절 교파에서 급진파 무슬림에 이르기까지 현대 사회의 새로운 종교 현상들과도 일맥상통한다. 또 미즈라히가 설명한 사례는 빈곤, 흔히 리우데자네이루의 도시 빈민 지구 등 사회 주변부에 대한 것이다. 우드워드는 조지아의 사례를 통해 모호성을 개인적 수준에서 검토한다. 우드워드가 제시한 바와 같이 청바지는 관계에 대한 조지아 자신의 양가성을 표현하는 도구가 된다. 우드워드의 논문은 보이프렌드 진의 내밀성을 다루고 있지만, 소외 개념을 통해 훨씬 더 보편적이고 집단적인 문제들과 연결될 수 있다.

위와 같은 점은 에게의 논문에서 잘 드러난다. 에게의 논문에서는 배제와 소외가 확실성과 모호성에 대한 불안으로 연결되는 고전적 사례를 살핀다. 에게가 기술한 독일 내 집단들, "터키, 아랍 등 다양한 이주 배경을 가진 소년들과 젊은 남자들, 대부분 노동자 계급이며 상대적으로 저소득 가정 출신"은 주류에 비해 불편한 존재라고 생각되는 사람들이다. 이 젊은이들이 즐기는 갱스터 랩이란 문화적 장르는 일종의 소외된 청년문화와 밀접한 국제적인 상징들이다. 이와 관련해 에게의 논문은 피칼디Picaldi의 "캐럿컷carrot-cut" 청바지를 통해 이들이 자신의 하층 신분을 표현하는 방식을 보여주었다는 점에 의의가 있다.

에게에 따르면, 이 상황은 권력에서 소외된 이들의 자기표현 정도로 단순화될 수 없을 뿐 아니라, 정반대로 지배적 혹은 헤게모니적 권력으로부터 소외된 이들의 상대적 지위를 구조적으로 표현한 것으로도 볼 수 없다. 무엇보다 청바지는 모호성을 암시하고 있다. 소외는 특정 지위에만 일방적으로 부여되지 않는다. 소외는 불안을, 따라서 불확실성과 모순을 만들어낸다. 대부분의 사람들은 문화적 규범에 대립하는 절대악이나 부정적인 지위를 체화하려 하지 않는다. 사람들은 자신을 확고하고 도덕적이고 긍정적으로 가족 집단과 동료 집단의 도덕성 위에서 이해하려고 한다. 피칼디의 "캐럿컷" 청바지는 갱스터 랩과는 상이하게 특수한 맥락 속에서 나타난다. 즉 자신의 정체성을 발견함으로써 외재적으로 드러나는 유형이다. 청바지 스타일에 대한 반응은 뚜렷이 나뉜다. 사람들은 청바지를 너무 좋아하거나 너무 싫어한다. 또는 자신을 청바지와 동일시하거나 경멸한다. 그러나 어느 쪽이든 사람들은 청바지를 무시할 수는 없다. 이 집단에서 관심의 중심에 놓이는 것은 중요해진다는 것을 의미한다. 놀림 당하거나 당황할 위험을 무릅쓰고, 자기 자신을 더 잘 볼 수 있는 거울을 갖는 것이다. 에게가 함의하는 바는 모호성을 드러내는 것이 비록 완전한 해결 방법은 아니더라도 모호성을 이해하는 계기가 된다는 것이다.

에게는 모호성을 강조함으로써 우리와 동일한 결론에 도달한 듯 보인다. 다만, 에게는 청바지의 착용에 대해서만 다루고 있다. 그림을 완성하기 위해서는 마지막 장인 피네이루 마차도의 민족지적 논문을 통해 글로벌 데님 프로젝트 전체에 가한 비판을 살펴볼 필요가 있다. 컴스톡과 윌킨슨이 함께 탐구한 생산과 분배를 기점으로 삼아 생산이 소비에 영향을 미쳤다고 말하는 것은 너무 단순하다. 이것은 소비가 다시 생산에, 청바지 소비와 관련된 사람들에 미치는 영향을 완전히 간과한 것이다. 마침내 우리는 청바지가 사람들을 대리하는 표현일 뿐이라는 생각의 대척점에 와 있다. 청바지의 의미를 단지 상품성에서만 찾는, 정치경제에 종속된 사람들이 주변부에 있다. 청바지 착용의 확산과 함께 청바지는 전 지구적인 생산과 판매 체계 속에서 점점 더 중요해지고 있다.

결국 피네이루 마차도가 보여준 사람들은, 에게가 보여준 사회에 불만이 가득한 젊은이와 비교하더라도 힘이 없는 사람들이다. 볼룬타리우스 다 파트리아Voluntários da Pátria 거리의 사례는 매춘 행위를 연상시키는 모호한 Volunta라는 단어와 결합해 이러한 사실을 분명히 드러낸다. 사람들은 본인이 팔고 싶지 않은 물건을 팔 수밖에 없고, 물건을 사고 싶지 않은 장소로 이끌려 간다. 피네이루 마차도가 분명히 보여주듯이 노점상은 상대적으로 이윤이 더 남는 자리를 찾아 나서며 불리한 자리에서도 물건을 더 많이 팔기 위해 노력한다. 상인들은 주변 상인들보다 낮은 가격으로 팔 수 있는 "사업 아이템"을 찾기 위해 스스로를 재배치하고, 마침내 자신이 최대로 이용할 수 있는 위치를 찾아낸다. 그러나 이 논문은 이러한 상인들이 결국은 권력의 부산물일 뿐이라는 점을 확인해줌으로써 주저 없이 상인들의 성공보다는 실패를 강조한다. 심지어 단골 고객들은 상인들이 자신들에게 알려주는 기회마저 잘 인식하지 못한다. 권모술수에도 불구하고 상인들은 논문의 결론에 이르기까지 기회보다는 덫에 가까운 자리에서 벗어날 수 없다.

피네이루 마차도의 논문은 글로벌 데님 프로젝트의 결론을 보여주기에 적합하다. 결국 우리의 주장이 만들어내는 결과와 마주해야 하기 때문이다. 데님이 편재할 수 있었던 이유를 설명하고 편재하게 만든 힘과 반향을 평가해야 하는 지점에서 우리는 청바지의 영향력과 다시 마주하게 된다. 세계의 주변부에는 청바지가 자기표현 수단으로서 중요한 것이 아니라 오히려 청바지의 거대한 흡인력에 종속되어 버린 사람들이 존재한다. 데님의 엄청난 규모와 힘에 의해 세계 곳곳의 사람들은 정체성이나 애정을 부여하지 않는 무언가, 곧 청바지를 파는 일에 종사할 수밖에 없으며, 결국 그것에 의해 규정된다. 여러 가지 측면에서 그들은 점점 성장하고 있는 현대 세계의 희생자이며 부산물이다. 우리는 데님으로 인해 고통 받는 사람들을 잊어서는 안 된다.

결론

서문의 입장과 전체 글로벌 데님 프로젝트의 입장은 변증법적이다. 구체적인 것에서 추상적인 것으로, 추상적인 것에서 구체적인 것으로, 마침내 추상적인 것으로 돌아간다. 우리는 가장 구체적인 것, 설명을 요구하는 경험적 현상인 데님의 편재성에 대한 관찰로부터 시작한다. 청바지는 왜 그렇게 편재하는가? 어떻게 청바지의 편재성이 패션 사업만큼 강력한 어떤 논리를 부정하는 듯 보이는가? 이러한 질문은 「청바지 선언문」의 주제이자 글로벌 데님 프로젝트의 출발점이었던 일종의 추상적 개념으로 이어졌다. 우리는 데님이 편재하는 이유와, 데님이 근대 세계의 극단들을 직접 표현하는 유일한 존재가 될 수 있었던 이유를 살펴볼 수 있었다. 근대 미디어의 성장과 함께 오늘날 우리가 살고 있는 세계의 거대함와 다양성을 점점 더 인식함에 따라 우리는 거대한 전 지구적인 인간성을 끌어안으면서 동시에 정반대인 고유하고 개별적인 인간성을 보호하고 싶다는 욕망을 갖고 있다. 이처럼 세상에 대한 완전히 대립되는 관계들 중 어느 한쪽에만 관심을 갖는 사람은 거의 없다. 대다수는 양자를 동시에 원한다.

청바지는 이러한 모순의 표현물이면서 해결책으로 보인다. 예를 들어 청바지는 디스트레싱을 통해 인격화와 개별화의 상징, 몸에 딱 맞게 착용하는 가장 내밀한 의상이 되어, 세계에 참여하고 실천하는 양식이 된다. 이것은 마치 청바지가 삶과 노동으로 가득 찬 우리의 풍요로운 일상을 표현하는 듯 보인다. 그러나 사실 우리는 너무 바쁘기 때문에 완전한 우리 자신만의 삶을 살 수 없다. 따라서 상업적으로 제작된 디스트레싱 청바지는 우리에게 "만약"이라는 시나리오를 제공해준다. 우리가 유일해지고 싶은 욕망을 느끼는 순간, 우리는 현재 전 세계에서 가장 동질적이고 편재하는 유일한 존재로 알려진 의상을 입는다. 이를 통해 우리는 진정한 인류의 시민(시티즌 오브 휴머니티Citizens of Humanity는 역설적으로 가장 비싼 청바지 상표 중 하나이다.), 즉 국가를 넘어 범세계적인 전 지구의 시민 중 한 사람이 되는 것이다.

이 같은 추상 수준에서 데님은 인류학의 이상적인 모델이 된다. 단어로 표현하기 어렵고 이해하기 어려운 추상적인 사상가의 철학이 아니라, 착용자가 말할 수 없는 것을 말해주는 사물로서 일상적인 실천에서 발견되는 철학을 보여준다. 들을 수 없고 명확히 말하기 어려울 때, 청바지는 우리를 대변하고, 우리가 근대적 삶의 모순을 해결할 필요가 있다고 인식하고 있음을 보여준다. 이러한 과정을 이해하기 위해 우리가 글로벌 데님 프로젝트에 참여해 연구하고 논문을 쓰는 학자인지 아닌지, 혹은 컴퓨터에서 데님 연구를 위한 작업을 마치고 친구들과 술을 마시러 나가는데 청바지를 입었는지 여부는 중요하지 않다. 어느 쪽이든 모두 우리가 살고 있는 세계를 이해하려는 철학적 지위를 표현한다는 점에서 데님의 능력과 양립할 수 있다.

이것은 데님 자체의 고유성이기도 하다. 세계의 대다수 사물들은 이러한 철학적 작업의 대상이 될 수 없다. 위스키 병, 축구 게임 역시 많은 나라에서 나타나지만, 상대적으로 구체적이며 제한적이다. 그것들은 항상 사람들이 입고 다니고 사실상 거의 매일 모든 장소에서 모든 시간을 지배하고 있는 의상에 비할 바가 되지 않는다. 더욱이 그것은 아침에 일어나서 잠자리에 들 때까지 가장 사적이고 인격적인 자기 표상에 관여하며 어디에나 있는 청바지에 비교할 수 없다. 잠재적으로 청바지와 경쟁할 만한 상징들을 살펴보자. 우리는 맥도널드에서 콜라를 마시지만, 그 기원이 미국이라는 점만 분명할 뿐이며, 상대적으로 가끔 벌어지는 특정한 일이다. 여기서는 디스트레싱, 보이프렌드 진, 밀라노와 리우데자네이루의 에로티시즘에 상응하는 현상이 나타나지 않는다. 청바지만큼 우리가 지속적으로 접하며 관계 맺는 대상이 되지 못하는 것이다.

요컨대 글로벌 데님의 관점에서 데님은 많은 면에서 고유하고 극단적이고 비상하다. 따라서 모든 특수성을 상실해 보편성을 유지한다는 점에서 세계 다른 어떤 것과도 비교할 수 없는 능력을 지닌다. 많은 사람들은 브랜드, 구입처, 스타일, 구체적인 재질에 대해 묻지 않고 미국화를 함의하는지를 인식하지 못한 채 청바지를 입는다. 그저 아침에 옷장에서 꺼낸 청바지일 뿐이기에 사람들은 옷을 입는다는 점 외에는 전혀 생각할 필요가 없다. 런던 북부에서 수행한 민족지 연구 「데님: 평범함의 예술*Denim: the Art of Ordinary*」에서 우리는 평범함과 튀지 않음이란 개념에 대한 논의를 단행본 분량까지 확장할 것이다. 바로 이러한 편재성이 데님의 특수성을 초월한다는 점에서 데님에 보편성을 부여하게 되는 것이다.

이 지점에서 우리는 완전한 일반 개념으로서 청바지가 무엇인지를 논의함으로써 철학적인 추상의 정점에 다다른다. 청바지가 마치 단일한 물건이고, 우리가 마치 단일한 인류(모든 사람과 모든 청바지)인 것처럼 설명한다. 이것이 「청바지 선언문」이 글로벌 데님 프로젝트로 이어지고, 글로벌 데님 프로젝트가 본서처럼 특별한 글쓰기로 이어지게 된 이유이다. 우리는 학자로서 변증법에 충실해야만 한다. 따라서 추상화의 다음 단계로 다시 구체성으로 돌아가 특정한 집단들과 특정한 청바지에 미친 영향을 탐색할 것이다. 본서를 모두 읽어야 프로젝트를 완전히 이해할 수 있다. 본서의 각 장들은 이 과정의 결과가 무엇인지를 구체적인 방식으로 보여준다. 청바지는 언제 철학이 되며, 청바지는 사람들이 무엇을 할 수 있게 만들고, 혹은 사람들이 무엇이 될 수 있게 만드는가.

미즈라히와 올레슨의 논문을 비교해보자. 미즈라히의 논문에서 청바지는 세계와의 비인격적인 관계를 완전히 거부하고 펑크 볼 같은 구체적인 감각성 속에서 완벽하게 통합된다. 반면, 올레슨은 청바지에 지구의 미래 환경과 건강에 대한 관심을 부여함으로써, 보편성에 구체성을 부여한다. 칸누르 사람들이 청바지에 반기를 들고 청바지에 대항해 스스로를 보호하려는 것은 바로 청바지가 뚜렷이 편재하기 시작했기 때문이다. 이것이 청바지가 편재성과 고유성의 양극단을 오가는 방식이며, 피칼디 청바지가 저항을 나타내면서도 어색함의 원천이 되듯이 모호성을 드러내며, 정체성과 거리감의 한 형태로 보이프렌드 진이 함의하는 모호성을 설명해준다. 이와 유사한 모순은 컴스톡과 윌킨슨이 논의하는 생산과 소비 간의 관계에서도 발견되며, 핏과 핏하게 보이는 것을 연결 짓는 사사텔리의 논의 속에도 얽혀 들어가 있다. 마지막으로 에게와 마차도의 논문에서는 이러한 모순들이 모순으로 남아 있는 지점을 볼 수 있다. 노점상들은 자신들이 거의 통제할 수 없는 과정 속에 빨려 들어가 청바지에 의해 규정되는 자신을 발견하게 된다.

　현대 물질문화 연구는 정의상 사람들이 물건을 만드는 방식뿐 아니라 물건이 사람들을 만드는 방식에 관심을 가질 필요가 있다는 점을 함의한다. 청바지는 물질문화의 가장 중요한 사례이다. 청바지는 주체와 대상 간의 단순한 대립을 넘어선다. 청바지가 인간 정체성을 단순히 표현할 뿐이라는 생각은 분명 어불성설이다. 많은 면에서 청바지의 편재성은 청바지가 정체성의 표출이라는 점을 거부한다. 청바지는 아마도 오늘날 우리가 입을 수 있는 의상 중에서 외형상 정체성을 부여하기 가장 어려운 형태이다. 청바지는 주체를 표상하는 대상이 아니다. 마찬가지로 청바지는 리우데자네이루의 노점상들이 경험하는 억압적인 물리력이 되기도 한다. 청바지는 우리가 하고 있는 학문과 동일한 실천 형식을 그리며 움직이고 있다. 즉, 청바지는 현대 세계의 이율배반을 이해하려는 시도이며, 그러한 이해를 통해 모순과 함께 모순을 통해 살아가려고 몸부림치는 수단이자 집단적인 문제의 개인적인 해결 방식을 보여주는 수단이다.

미주

1. 프로젝트에 사용할 통계자료를 수합하는 업무를 맡아준 나오미 브레이스웨이트Naomi Braithwaite에게 감사한다. 조앤 아이커Joanne Eicher의 건설적인 조언과 제안에도 감사의 마음을 전한다.

2. 이와 관련해 두 가지 주요 조사가 있었다. 하나는 브라질, 중국, 콜롬비아, 독일, 태국, 터키, 인도, 이탈리아, 일본, 영국에서 수행한 "글로벌 라이프스타일 모니터 보고서Global Lifestyle Monitor Report"(2008)이고, 다른 하나는 미국, 캐나다, 브라질, 프랑스, 대만, 한국, 말레이시아, 세르비아, 러시아, 남아프리카에서 실시한 "글로벌 데님 조사Global Denim Survey"(synovate 2008)이다.

참고 문헌

Bair, J. and Gereffi, G. (2001), 'Local Clusters in Global Chains: The Causes and Consequences of Export Dynamism in Torreon's Blue Jeans Industry', *World Development*, 29(11): 1885–903.

Bair, J. and Peters, E. (2006), 'Global Commodity Chains and Endogamous Growth. Export Dynamism and Development in Honduras and Mexico', *World Development*, 34(2):203–21.

Balfour-Paul, J. (1998), *Indigo*, London: British Museum Press.

Card, A., Moore, M. and Ankeny, M. (2005), 'Garment Washed Jeans: Impact of Laundering on Physical Properties', *International Journal of Clothing and Science Technology*, 18(1): 43–52.

Chowdhary, U. (2002). 'Does Price Reflect Emotional, Structural or Performance Quality?' *International Journal of Consumer Studies*, 26(2): 128–33.

Clarke, A. and Miller D. (2002), 'Fashion and Anxiety', *Fashion Theory*, 6: 191–213.

Cotton Incorporated (2005), 'Return of the Dragon: Post Quota Cotton Textile Trade', *Textile Consumer*, 36 (Summer): www.cottoninc.com/ TextileConsomer/TextileConsumerVolume26/ (accessed 14 June 2010).

Crewe, L. (2004), 'A Thread Lost in an Endless Labyrinth: Unravelling Fashion's Commodity Chains', in A. Hughes and S. Reimer, *Geographies of Commodity Chains*, Harlow: Longman.

Downey, L. (1996), *This is a Pair of Levis Jeans: Official History of the Levis Brand*, San Francisco: Levi Strauss & Co Publishing.

Finlayson, I. (1990), *Denim: An American Legend*, Norwich: Parke Sutton.

Fiske, J. (1989), *On Understanding Popular Culture*, Boston: Unwin Hyman.

Global Lifestyle Monitor (2008), *Global Lifestyle Monitor Survey on Denim*, Cotton Council International, Cotton Incorporated and Synovate: www. Cottoninc.com/supplychaininsights/europeanviewsonfiberanddenim/ europeanviewsonfiberanddenim.pdf (accessed 14 June 2010).

Hansen, K.T. (2005), 'From Thrift to Fashion: Materiality and Aesthetics in Dress Practices in Zambia' in D. Miller and S. Kuechler (eds) *Clothing as Material Culture*, Oxford: Berg, pp 107–20.

Hawley, J.M. (2006), 'Digging for Diamonds: A Conceptual Framework for Understanding Reclaimed Textile Products', *Clothing and Textiles Research Journal*, 24(3): 262–75.

International News Service (2008), *Middle East Denim Market Review*. Bromsgrove: Aroq Limited.

Küchler, S. and Miller D. (eds) (2005), *Clothing as Material Culture*, Oxford: Berg.

Levi-Strauss, C. (1966), *The Savage Mind*, London: Weidenfeld & Nicolson.

Li, Y., Yao, L. and Newton, E. (2003), *The world Trade Organisation and*

International Denim Trading, Cambridge, Woodhead Publishing.

Marsh, G. and Trynka, P. (2002), *Denim: From Cowboys to Catwalk*. London: Aurum Press Ltd.

Miller, D. (2010), *Stuff*, Cambridge: Polity.

Miller, D. and Woodward, S. (2007), A Manifesto for the Study of Denim, *Social Anthropology*, 15:335–51.

Mintel Market Research (2005), *Essentials*–April 2005. Mintel International Group.

Mintel Market Research (2007), Jeans–April 2007. Mintel International Group.

Mizrahi, M. (2002), A influência dos subúrbios na moda da Zona Sul [The Influence of the Outskirts on the Southern Area]. Monograph. Universidade Estácio de Sá.

Mizrahi, M. (2006), "Figurino Funk: uma etnografia dos elementos estéticos de uma festa carioca", in D. K. Leião, D.N.O. Lima, R. Pinheiro-Machado (eds), *Antropologia e Consumo: diálogos entre Brasil e Argentina*. Porto Alegre: Age.

Reich, C. (1970), *The Greening of America: How the Youth Revolution is Trying to Make America Liveable*, New York: Random House.

Synovate (2008) Fact Global Denim Survey, http://www.synovate.com (accessed 14 June 2010).

Sullivan, J. (2006), *Jeans: A Cultural History of an American Icon*, New York: Gotham Press.

Tarhan, M. and Sarsiisik, M. (2009), 'Comparison among Performance Characteristics of Various Denim Fading Processes', *Textile Research Journal*, 79(4): 301–9.

Textile: The Journal of Cloth and Culture (2011), Denim Special Issue, Textile 9(1).

Tokatli, N. (2007), 'Networks, Firms and Upgrading within the Blue-jeans

Industry: Evidence from Turkey, *Global Networks*, 7(1): 51-68.

Tokatli, N. and Ö. Kizilgün (2004), Upgrading in the Global Clothing Industry: Mavi Jeans and the Transformation of a Turkish Firm from Full-package to Brand Name Manufacturing and Retailing', *Economic Geography*, 80, 221-40.

Van Dooren, R. (2006), La Laguna: Of Exporting Jeans and Changing Labour Relations, *Tijdschrift voor Economische en Sociale Geografie*, 97(5), 480-90.

Woodward, S. (2005), Looking Good: Feeling Right - Aesthetics of the Self, in S. Küchler and D. Miller (eds), *Clothing as Material Culture*, Oxford: Berg, pp.21-40.

Woodward, S. (2007), *Why Women Wear What They Wear*, Oxford: Berg.

Wu, J. and Delong, M. (2006), 'Chinese Perceptions of Western-branded Denim Jeans: A shanghai Case Study', *Journal of Fashion Marketing and Management*, 10(2), 238-50.

1

미국 아이콘의 탄생:
대공황기 청바지의 변형[1]

샌드라 커티스 컴스톡
Sandra Curtis Comstock

미국 하버드대학교 찰스 워런 센터(미국사) 연구원

서론

본서의 각 장들이 보여주듯이, 현재 여러 문화권에서 많은 사람들이 세대, 젠더, 문화, 종교, 계급 간 경계 넘기의 상징으로 청바지를 사용하고 있다. 현대 세계의 특징은 "(문화)구조들이 사실상 전 세계적으로 교차"하면서 나타나는 매우 활발한 교환과 상품의 높은 대체 가능성에서 찾을 수 있다. 청바지는 이러한 교환과 교차의 전형적 표상이 된 것 같다.[2] 그러나 문화 간 교차가 동질화가 아닌 비슷한 관행과 사물들 간의 복잡하고 정교한 차별화로 귀결되는 것과 마찬가지로, 청바지 역시 동일성이 아닌 사회적 경계들 간의 차이를 강조한다. 이것이 가능할 수 있었던 것은 청바지가 물질적으로나 상징적으로 변화무쌍할 수 있다는 **사회적 기대**가 문화 일반에 존재하기 때문이다. 그런데 왜 오늘날 사람들은 청바지의 스타일, 룩Look, 용도가 다양하다고 믿고 받아들이는 걸까? 그리고 왜 우리는 청바지의 물질적이고 변화무쌍한 스타일을 사회-상징적 보호성과 결부시키게 되었을까? 우리는 이 장에서 청바지가 어떻게 그리고 왜 물질적으로나 상징적으로 변화무쌍함이라는 첫 번째 층위를 획득하게 되었는지 살펴볼 것이다. 또 이를 1930년대 대중

문화의 출현과도 연결 지어 설명할 것이다.[3]

　　1930년대 이전까지 대다수의 사람들은 청바지를 의미가 모호하고 스타일 변화의 폭이 넓은 옷으로 생각하지 않았다. 그러나 채 10년도 지나지 않아 눈에 띄는 변화가 나타났다. 주목받지 못했던 노동자의 작업복 바지 덩거리dungarees*가 젠더, 계층 간 경계를 허무는 "미국"의 아이콘으로 부상한 것이다. 비록 1950년대까지 아이콘으로의 지위가 공고했던 것은 아니었으나, 청바지의 변신은 대공황기부터 어느 정도 예견되고 있었다. 대공황기에 발생한 일련의 사건들은 미국 산업계와 일반 대중으로 하여금 청바지를 스타일로나 상징적으로 다양하고, 계급과 젠더 간 경계를 넘나드는 국민 아이콘으로 받아들일 수 있는 분위기를 조성했다. 청바지가 변화무쌍하다는 관념이 사회 여러 영역에서 다양한 이유로 자리 잡으면서, 당시 부상 중이던 대중문화 산업은 대중이 상징적으로나 스타일적으로 모호한 중산층 청바지에 점차 관심을 갖는 현상이 상업적으로 유용할 수 있다는 사실을 간파했다. 대중문화가 노동자와 중산층, 남성과 여성 시청자 사이의 연결고리를 모색했던 것과 마찬가지로, 청바지는 한층 더 다양하고 폭넓은 소비자층과 공명할 수 있는 역량을 키워나갔다. 그렇다면 청바지는 왜 1930년대 후반부터 새로운, 그리고 잠재적으로는 아이콘으로서의 의미를 부여받게 된 것일까? 비노동자 계급은 어떻게 지난 10년간 완전히 천대받던 옷인 청바지를 수용하게 되었을까? 더욱이 미국 의류제작자와 소매업자들은 왜 이제 막 상업화되기 시작한 청바지에 그토록 열광했던 것일까?

---

* 두껍고 거친 면으로 만든 작업복 바지로 데님의 일종이다._옮긴이

　　　　　　　　　　　　　　　　　　　　샌드라 커티스 컴스톡

기존 연구자들은 각각 "소비 측면"과 "생산 측면"을 강조하는, 명백히 대립되는 두 관점을 통해 이 현상에 접근했다. 먼저 소비의 측면에서 레슬리 라빈Leslie Rabine과 수잔 카이저Susan Kaiser는 청바지의 변신을 일상 습관과 모방 경쟁에서 나타난 변화라는 관점에서 설명한다.[4] 미국 중산층은 여가시간의 증가, 여성의 유급 직장 진입, 여성 스포츠의 중요성 부각과 같은 일상생활의 변화를 경험하면서 평상복을 "필요"로 하게 되었다. 이에 여성들은 평소 닮고 싶은 그레타 가르보Greta Garbo 같은 연예인이 입었던 청바지를 평상복으로 선택하게 되었다는 것이다. 반면 벤 파인Ben Fine과 엘렌 레오폴드Ellen Leopold는 생산의 측면에서 자신들의 주장을 전개한다. 20세기 초반의 10년간 발생한 대량생산, 분배의 기술, 전략상의 변화는 여성 기성복 산업에서 경쟁을 촉발시켰다. 제조업자와 소매업자는 시장을 확장하고 새로운 경쟁구도에서 살아남기 위해 작업복과 여타 기성복을 기존과는 완전히 다른 방식으로 판매해야 했다.[5] 이러한 배경에서 판매업자와 광고업자가 경쟁적으로 청바지의 사회적 가치와 적절함을 소비자들에게 주입시켰고, 잠재해 있던 할리우드 스타들의 청바지 착용과 중산층의 새로운 여가활동이 전면에 등장하기 시작한다.

생산 중심과 소비 중심의 접근은 청바지가 계층 구분이 애매한 미국의 아이콘으로 출현하게 된 "주요 요인"에서 의견을 달리한다. 그러나 두 접근 모두 (일상생활의 변화나 생산과 분배의 전환과 같은) 잠재조건과 (모방이나 광고 같은) 특정 메커니즘이 노동자 계층의 청바지를 미국의 아이콘으로 달바꿈시켰나는 데 농의한다. 위와 같은 전환과 메커니즘이 중요한 역할을 한 것은 사실이다. 그러나 이 요인들만으로는 왜 청바지가 판매자와 소비자를 그토록 철저하게 기존 관행에서 벗어나게

했는지, 왜 중산층의 청바지가 그처럼 강력한 상징이 되었는지를 설명할 수 없다. 윌리엄 슈얼William Sewell은 안정과 지속의 시기에는 보편화될 수 있는 힘과 메커니즘의 관점에서 사고하는 것이 합리적일 수 있으나, 위기와 격변기에는 느리게 변하는 조건들과 정적인 메커니즘으로 사회의 관행과 세계관의 급격한 재편을 설명하기 어렵다고 지적한다.[6]

청바지 생산과 의미의 유형은 대공황기에 급변했는데, 이는 미국의 정치적, 경제적 변화를 표상하는 것이기도 했다. 이것은 사회의 정상적인 작동 방식이 붕괴하고 미래에 대한 불안이 대두되면서 나타났다. 이러한 변화의 본질을 이해하려면 소비와 생산의 개념을 확장해야 한다. 우리는 분열적이고 예기치 못한 사건들에 대한 청바지 소비자와 판매자의 경험과 해석에 주목하면서, 사건의 순서와 결합이 해석과 행위를 형성하는 데 어떠한 기능을 했는지 검토할 것이다. 할리우드, 소비자, 청바지 판매자는 기존의 행동과 사고방식을 전면 부정하고 의문시했으며, 서민의 옷이라는 기존 공식을 깨고 계층 없는 미국의 아이콘이라는 새로운 공식을 수용해나갔다.

소비적, 생산적 관점이 강조한 요소들과 더불어, 1930년대 사람들이 청바지를 이해하는 방식을 파악하는 데 결정적인 두 사건이 있다. 첫번째 사건은 규제에 대한 것으로 의류의 소비와 생산 방식이 공정하게 이뤄지도록 하려는 노력과 관련이 있다. 이 사건은 기존의 의류 무역을 와해시켰고, 이를 계기로 각기 독립적으로 운영되던 남녀 작업복 산업은 중산층 청바지를 매개로 이례적으로 협업하기 시작했다. 두번째 사건은 대공황의 참상을 이해하고 미국 제도들의 성격을 재해석하려는 예술 활동이 급증했던 사실과 관련된다. 대공황기의 사건과 경험을 다룬 많은 서사들이 여러 가지 이유로 청바지를 다양한 사회계층을 연결하는 기억의 모티브로 거듭 차용하면서, 대중은 처음으로 청바지를 가장 미국적인 것의 전형으로 보게 된다.

그러나 상술한 규제와 예술 활동, 청바지의 생산 및 소비 조건에 발생한 변화, 그 어떤 것도 평민의 작업복이던 청바지를 계층을 아우르는 미국의 아이콘으로 만들지는 못했다. 청바지의 변신은 오히려 제조업자와 소매업자의 행동, 대중의 취향을 형성한 규제와 예술 활동이 나타난 특정 시점, 시간적 순서, (사건 간의) 결합에 의해 이루어졌다. 윌리엄 슈얼은 중대한 사회적 격변기에는 균열이 발생한 시점과 시간적 순서가 갖는 의미와 그에 대한 반응이 평상시보다 눈에 띄게 증폭, 심화되어 나타난다고 지적한다.[7] 청바지는 불안했던 1930년대에 왜 그리고 어떻게 미국 중산층과 여성 의복으로 자리 잡게 되었을까? 이 복잡한 내용을 추적하는 작업은 사소해 보이는 사건들의 시간적 순서와 시점이 얼마나 중요한지를 알려준다. 또 청바지 같은 물질문화의 평범한 요소들이 이전까지 각기 독립적으로 존재하던 관행, 사회계층, 취향을 연결하고 재조직하는 데 중요한 역할을 한다는 사실을 보여준다.

백화점과 중산층 여성의 작업복

1930년 이전까지 고급 백화점은 여성 청바지를 판매하지 않았다. 백화점은 주로 파리에서 제작하거나 프랑스에서 들여온 패턴을 주문생산한 옷들을 판매했다.[8] 프랑스 패션과의 연계는 중상류층 소비자들 사이에서 고급 백화점으로 명성을 얻는 중요한 원천 가운데 하나였다.[9] 백화점에서 판매되는 대부분의 파리 스타일 옷들은 프랑스 생산정책을 따르고 있었는데, 이는 상대적으로 복잡한 바느질과 정교한 재봉기술을 요하는 것이었다. 백화점은 노련한 중매상이나 중개인을 고용해 급변하는 여성복 시장에서 비용절감을 위해 노력했고 이렇게 고용된 중매상이나 중개인은 다시 저임금과 단발성 작업을 기꺼이 감수하는 밤샘 작업장이나 가내노동자들을 이용했다.[10] 이러한 양상은 1930년대 백화점들이 더 기성복화되고 단순한 여성용 스포츠웨어에 눈을 돌리기 시작하면서 변하기 시작한다.

1934년부터 고급 백화점들은 캘리포니아와 할리우드를 새로운 미국 패션의 개척지로 내세우며 작업복 광고를 시작한다. 이 현상을 분명하게 보여주는 초창기 불럭Bullock*의 한 광고를 보자. 이 광고는 편안한 캐주얼 차림을 한 남녀 한 쌍을 할리우드 세트장에 "거친 서부wild west"라고 표시된 지도와 함께 배치했다. 미국 스타일이라는 새로운 영역은 캐주얼한 활동성으로 정의되었다. 이 점을 강조하기 위해, 선원들의 작업복인 마린룩이 격식에 얽매이지 않는 자유로움과 세계여행을 전면에 내세우며 부상했다. 왜 백화점은 청바지로 실험을 하게 되었을까? 왜 티 드레스와 칵테일 드레스가 익숙한 미국 중산층 여성들에게 도무지 어울릴 것 같지 않은 청바지를 선보였던 것일까? 앞으로 나는 할리우드 유행 선두주자들의 문화적 실천들이 새로운 규제들과 결합하고, 백화점이 청바지를 판매하는 것에 영향을 받으면서 변화하는 모습을 보여줄 것이다.

---

* 미국 캘리포니아 주, 로스앤젤레스에 위치한 백화점_옮긴이

샌드라 커티스 컴스톡

변화하는 문화적 조건: 영화, 잡지에 대한 노동자 여성층의 소비 증가와 사회적 역할의 전환, 그리고 할리우드 내 여성 작업복의 가시화

1930년대 초 그레타 가르보, 캐서린 헵번Katharine Hepburn, 마를레네 디트리히Marlene Dietrich가 외출복으로 나팔식bell-bottomed 청바지를 입는다는 기사가 잡지와 신문을 도배했다. 일부 남성 필자들은 캐서린 헵번의 청바지 차림을 "옷이 주는 오싹함sartorial thrill", "농장 일꾼들"의 작업복 등으로 표현하면서 "미스터 헵번La Hepburn"이라고 비꼬았다.[11] 또 일부는 할리우드가 "바지왕국"이 되었으며 청바지 유행을 여성들이 남성의 영역을 맹목적으로 추구한 결과라고 분석했다.[12] 저널리스트, 패셔니스타, 영화 제작자들도 여배우들이 바지를 입고 남자같이 행동하는 것을 개탄했다. 정확히 무엇 때문에 대중은 여배우들의 청바지 차림에 매력을 느끼게 된 것일까? 왜 남자 감독들은 개인적으로는 꼴도 보기 싫은 청바지 차림의 선머슴 같은 여배우를 섭외해 젠더와 계층 규범에 도전하는 영화와 광고를 찍어야 했던 것일까?[13]

이 현상을 이해하기 위해 가까운 과거로 거슬러 올라가 보도록 하자. 우리는 여성 근로자들이 젠더와 사회계층에 도전하는 주제를 다룬 신문, 잡지 기사와 영화의 주요 소비 집단으로 부상하면서 이들을 대하는 사회적 배경이 변화하고 있었다는 사실에 주목할 필요가 있다. 1930년대 도심의 노동자 계층 가정은 생계를 책임지는 남성이 다른 가족 구성원에 우선해야 한다는 가부장적 사고에 매여 있었다. 하지만 남성 가장의 실직과 함께, 여성의 비정규 노동과 정부 지원이 가계에서 점점 더 큰 비중을 차지하면서 여성들은 가부장제에 의문을 갖게 된다.[14] 결과적으로 여성 근로자들은 성 역할과 (그에 따른) 차이는 깨지기 쉽다는 주제를 담은 할리우드 뉴스와 영화에 특히 관심을 보이기 시작한다. 또 이 시기에 노동자 계급은 할리우드 흥행 수익에 있어서도 주요 관객층으로 성장한다. 노동자 계급의 할리우드 영화에 대한 관심이 증대하면서 할리우드 경영진들은 이 현상에 대한 연구를 의뢰하게 된다. 연구 결과는 여성 근로자들이 자신의 가족과 친구들의 영화 선택에 상당한 영향력을 행사한다는 것이었다. 비록 남성 영화감독과 제작자들은 개인적으로 청바지 차림의 강인한 여배우를 좋아하지 않았지만, 노동자 계층 여성이 가장 선호하는 젠더 문제를 다룬 영화와 광고를 점점 더 많이 제작하게 된다.[15]

그러나 이러한 주제에 대한 여성 근로자들의 지대한 관심이 곧장 가르보나 헵번의 청바지를 따라 입고자 하는 욕구로 표출되지는 않았다. 노동자 계층의 여성들에게 청바지는 남성들의 고된 육체노동을 연상시켰기 때문에, 그 반응 역시 시큰둥했다. 그럼에도 불구하고, 청바지는 유통의 확대와 함께 시대 분위기상 화려한 옷을 꺼리던 젊고 지적인 여대생들을 사로잡았다. 하지만 이 사건을 청바지 유행의 시작으로 볼수는 없다. 1930년대 중반에도 극히 소수의 여대생들만이 캐서린 헵번을 따라 청바지를 입기 시작했을 뿐이다. 여전히 일각에서는 여대생들의 청바지 착용을 거세emasculate라며 손가락질했고, 노동자 계급의 취향이 중산층의 대중문화를 갈수록 저속하게 만들고 있다는 것을 보여주는 사례로 이용하기도 했다.[16]

그렇다면 이처럼 부정적인 상황에서 왜 고급 백화점들은 청바지를 팔기 시작했을까? 백화점의 광고 시점을 면밀히 분석한 결과, 우리는 청바지가 젠더와 계층을 초월하는 상징이자 현대적인 할리우드 스타일의 표상으로 위상을 높여가고 있음을 발견했다. 이러한 전환은 무역 규제의 변화, 임금 규제 및 단결권의 변화, 면화법Cotton Code 제도라는 세

가지 사건과 맞물려 일어났다. 앞으로 필자는 각각의 사건들, 사건과 할리우드에서의 의미 간의 상호작용이 고급 백화점들이 여성용 청바지를 판매하도록 자극했음을 보일 것이다.

규제들: 무질서, 우발성, 그리고 고급 여성복의 대량생산을 이끈 청바지의 능동적 역할

상술한 바와 같이, 대공황기 이전 백화점 여성복의 대부분은 프랑스에서 수입한 기성품이거나 견본품이었다.[17] 스무트-홀리 관세법Smoot-Hawley Tariff Act에 따라 1930년 6월부로 프랑스산 기성품과 견본품에 대해 관세가 대폭 인상되면서 프랑스로부터의 수입이 급감했다.[18] 백화점들은 미국산 제품 가운데 프랑스산 위세품의 대체상품을 정하는 문제를 두고 일대 혼란에 빠졌다.[19] 백화점들이 택한 전략 중 하나는 신생 목장과 리조트 매장에서 굉장히 현대적이지만 불량한 느낌은 거의 주지 않는 여성 청바지를 등장시킨 것이었다. 백화점들은 저마다 청바지를 간판상품으로 내세워 소비자들에게 낡고 격식을 차리고 위계적인 유럽 감성에 대항하는, 새롭고 성별 구분이 없으며, 민주적이고 미국적인 할리우드 패션 스타일을 제안하고 나서기 시작했다. 백화점들은 청바지의 서민적이고 젠더 구분에 저항하는 이미지가 주는 충격 요소를 이용해 파리 패션의 그늘에서 쉽게 벗어날 수 있었다.

백화점들은 청바지가 새롭고 대안적인 미국 의생활의 표상임을 주장했다. 그리고 이 주장은 1935년 『보그』지가 "여성 리바이스"를 여름 특집호에서 대대적으로 다루면서 하나의 믿음으로 굳어진다. 『보그』는 기사에서 "진정한 서부적 시크함True Western chic"은 카우보이의 발명품이며 "(진짜 카우보이를 모방하는) 원리에서 빗나가는 바로 그 순간 당신은 시크함과는 이별을 고하게 될 것"이라고 했다.[20] 그러나 『보그』의 선전에도 불구하고, 백화점들은 카우보이를 떠올리게 하는 상표명과 뻣뻣한 일자 라인의 청바지는 취급하지 않았다. 대신에 부드러운 재질에 연한 청색을 띄는 나팔바지 스타일의 여성스러운 청바지를 선보였고, 현대적이고 하이브리드하며 유니섹스한 특징을 강조했다.[21] 시간이 갈수록 사람들이 리바이스 하면 곧 카우보이를 떠올리게 되면서, 백화점들은 광고에서 할리우드를 강조하고 말에 올라탄 카우보이를 배경 이미지로 만드는 식으로 둘 사이의 연상관계를 끊고자 노력했다. 하지만 백화점의 목적은 가격을 낮추고 청바지 디자인을 통제하는 것이었기에 되도록이면 리바이스와 정면으로 대립하는 메시지는 피하려 했다. 이것이 되레 리바이스 청바지 가격을 상승시킬 수 있는 여지가 될 수도 있었기 때문이다.[22]

우리는 이러한 역학관계를 통해 1930년대 초반 어떻게 백화점이 여성용 스포츠 청바지(보통 매끈한 라인의 세일러sailor 스타일 청바지로 일자 라인의 남자 리바이스와 구분된다.) 광고를 시작했는지 알 수 있다. 그러나 이러한 역학관계는 왜 백화점 청바지 광고가 1934년에서 1935년 사이에 부상했는지, 그리고 1936년 자취를 감추었다가 다시 1938년부터 군수품 수요가 청바지 가격을 상승시키는 1941년까지 급증했는지는 충분히 설명하지 못한다. 여기서 사회가 겪는 변화의 부침을 이해하는 것이 중요해진다. 이를 바탕으로 백화점이 청바지를 팔기로 결정한 진짜 동인을 파악할 수 있기 때문이다. 우리는 의류산업 규제를 변화시킨 사건들의 부침 속에서 이 시기에 나타난 청바지 광고의 흥망성쇠를 가장 잘 이해할 수 있다.

1933년 국가구제법National Relief Act, NRA에 따라 연방정부는 임금 안정과 의류산업의 저가 경쟁 종식을 위한 규정 제정에 나선다.[23] NRA는 먼저 의류산업의 전국 임금현황 및 고용관행에 대한 자세한 정보를 요구했다. 이렇게 수집된 정보는 전국의 의류조합에 전달되어 도급과 계약의 평가, 비교, 협상 시 활용 가능한 새로운 수단들을 만들어냈다.[24] 타 분야에 비해 더 표준화되었다고 여겨지던 작업복 산업에서도 이 새로운 수단들을 많은 부분 차용해 갔다. 당시 작업복 산업에서는 노사가 초과근무 보상 문제를 놓고 씨름하고 있었다.[25]

한 노동사학자는 이야기한다.

연방정부에 고용된 에이전시들은 전국을 돌며 상점들을 조사하고 자료를 찾고 인터뷰를 하면서, 여러 작업 조건과 환경에서 노동비용을 비교했다. 보통은 시장마다 다니며 옷 샘플을 만드는 상대임금을 산정하는 일을 주로 했다. 집중조사가 끝나자, 에이전시들은 최초로 각 산업군의 생산원가 인자에 대한 범산업적 조사지를 만들어냈다.[26]

새로운 정보와 수단으로 무장한 조합은 이제 제조업자들, 특히 공장관행의 내부 정보를 얻기 어려웠던 반反조합적 노동시장에 대해 집단적으로 협상력을 발휘할 수 있게 되었다.[27] 또 단결권을 보장하는 새로운 NRA에서 조합은 마침내 합법적인 공간을 확보하고 노동자들 사이에서 광범위한 긍정을 이끌어낸다. 이 두 요소는 전체 의류산업 노동자를 조직화하는 노동조합운동의 성공적 시작을 위해서 반드시 필요했다.[28] 연방정부가 가내수공업을 규제하고 조합운동을 촉진하자, 제조업자들은 점차 규제를 받지 않는 자체 공장으로 생산을 집중했고, 그 결과 계약직과 가내수공업자는 감소한다.[29] 또 NRA는 의류산업 내 여러 부문의 공장주들에게 전국적 조직의 창설을 요청한다. 이는 공장주들이 의류산업 내 여러 부문에 대한 최저임금과 규칙에 관한 법률을 조합들과 공동으로 제정할 수 있도록 하기 위함이었다.[30] 이로써 조합의 협상력은 강화되고 광역 시장 전반에 걸쳐 임금과 도매가격이 더욱 표준화되었다.

그러나 산업과 국가가 의류산업에 새로운 임금제를 도입하기 위해 협업하는 가운데 의도치 않은 사건들이 나타난다. NRA 전에는, 노사 간 협상이 다양한 종류의 옷을 제작하는 재봉노동자의 상이한 기술에 따라 결정되었다. 결과, 산업 부문 간의 수입 격차는 갈수록 벌어질 수밖에 없었다. NRA "면화법"은 이러한 전통적 구분에 따른 위계적 임금 구조를 유지했다.[31] 면화법은 여성복, 남성복, 면 소재 의류, 작업복 등을 만드는 개별 재봉기술자의 적절한 임금을 구분했는데, 이 중 작업복을 만드는 노동자의 임금이 가장 낮았다.[32] 그동안 백화점은 계약자들 간에 저가 경쟁을 붙여 임금을 낮추는 식으로 부당이윤을 취하고 있다가, 임금 상승과 표준화에 따라 새로운 착취 방법을 모색하기 시작했다.[33] 그중 하나가 작업복으로 분류되어 생산되던 "여가용 청바지" 같은 장르를 개발하는 것이었다. 스포츠웨어는 상대적으로 귀족적이었기 때문에, 제작 시 정해지는 임금의 규정이 애매했다. 이는 여성용 청바지가 단위당 임금이 낮은 작업복 재봉노동자들에 의해 제작되어야 한다는 뜻이었다. 조합에 가입하지 않은 시골의 제조업자들은 이러한 관행을 교묘히 이용했다.[34] 특히, 남부와 남서부 지역 제조업자들이 남부 지역의 임금 상승을 저지하고자 신속하게 작업복을 채택하기 시작했다.[35] 반면 북부는 여성복 산업 노조가 강력했고, 지역별 임금의 표준화가 강화되고 있었다는 점을 감안할 때, 1933년 면화법의 특수 작업복 임금에 대한 규정은 고급 백화점들이 1934년에서 1935년 사이 여성의 여가용 청바지 판매에 박차를 가했던 현상을 이해할 수 있게 해준다.

백화점이 청바지 판매를 결정하는 데 NRA가 미친 영향은 다음 세 가지 사건 이후 백화점 청바지 판매 양상에 나타난 변화를 통해서 알 수 있다. 먼저, 소위 백화점의 청바지 광고는 최고법원이 1935년 NRA 를 폐기하면서 자취를 감춘다. 둘째, 백화점 청바지 광고는 1936년과 1937년 새로운 조합계약서에 과거 면화법과 유사한 임금 격차에 대한 조항이 등장함과 동시에 재개되었다.[36] 마지막으로 1941년 군복 수요가 가격 상승을 유발하면서 청바지 광고가 급감하는데, 이는 다시 백화 점이 청바지를 판매하는 이유가 임금 격차와 밀접히 관련되어 있었음을 보여준다.[37] 또한 이 결론은 1934년까지 백화점이 아닌 독립 매장에 서는 리바이스 광고가 전혀 감소하지 않았다는 사실에 의해 다시금 강화된다.[38] 우리는 상술한 증거들을 통해, 데님 작업복에 우호적인 규제들과 할리우드의 청바지 착용이 결합하면서 1930년대 후반 백화점들이 여성용 청바지를 팔기 시작하는 주요 원인으로 작용했음을 알 수 있다.

백화점 여성용 청바지에 대한 사건 중심의 설명

이제까지의 사건 중심적 분석을 통해, 우리는 무역과 노동법의 변화로 더는 기존 관행을 유지할 수 없게 된 백화점들이 새로운 패션 위세품을 만들어내고 지속적으로 가격을 낮출 수 있는 대안적 전략을 모색하는 과정을 살펴보았다. 이러한 상황 가운데 할리우드의 청바지 사용 증대와 작업복 재봉사 임금규정 등의 사건이 동시에 발생하면서 백화점은 청바지 판매라는 실험을 강행하게 된다. 이는 곧 청바지가 생산

규범에 발생한 변화의 결과로만 중산층 여성들에게 소개된 것은 아니라는 것을 의미한다. 여성용 청바지는 그보다 생산규범의 와해, 면화법의 제정, 할리우드에서 청바지를 새로운 의미와 방식으로 사용하게 된 현상 등과 맞물리면서 도입된 것이었다. 우리는 사건의 발생 순서와 시점에 주목함으로써 면화 조례와 백화점의 작업복 산업 간 상호작용이 차후 여성복 생산에 전략적 전환을 일으켰음을 알 수 있었다.

여러 정황들은 백화점이 여성복 관행을 재구성하는 데 영향을 미친 요인으로 면화법과 작업복 공장에서 생산된 여성 스포츠웨어 및 청바지를 강조하기로 한 백화점의 결정을 지목한다. 백화점은 작업복 회사, 노동조합과 협업하면서 면화법하에서의 생산수단을 평가했다. 평가 결과 작업복 공장에서 스포츠웨어와 청바지를 생산하기로 하면서, 관리자들은 1920년대와 1930년대 초까지 작업복 제조업자들이 발전시켜 놓은 테일러주의에 따라 옷을 선택하고 생산 라인을 운영하기 시작한다. 패션 디자이너 엘리자베스 하웨스Elizabeth Hawes는 자신의 1942년 저작 『왜 드레스인가?why is a dress?』에서 어떻게 여성복 산업이 변화했는지를 설명하면서 백화점이 여성복 디자인과 생산에서 갈수록 더 많이 작업복 제조업자들의 방식을 차용해나가는 현상을 다룬다.[39] 이 현상은 1936년과 1942년 사이 미국의류노동자회가 공장들로부터 받은 편지를 통해서도 살펴볼 수 있다. 편지들 대부분은 어떻게 새로운 테일러주의에 입각해 생산제도를 시행해야 하는지 조언을 구하는 내용이었다.[40] 엘리자베스 하웨스는 백화점들이 의류 생산관리에 테일러주의 전략을 차용해 비용절감의 혜택을 누리면서, 점점 더 테일러 전략하에서 쉽고 효율적으로 생산할 수 있는 디자인을 선호하게 되었다고 지적한다.[41] 면화법과 청바지 및 디자인이 단순한 스포츠웨어가 도입되면서,

백화점들은 작업복 생산 부문에서 차용하고 있는 테일러주의 원칙에 따라 가격절감형 디자인을 판매함으로써 얻을 수 있는 이점을 인식하게 되었고, 결과적으로 테일러주의 원칙을 통해 쉽게 제작할 수 있는지가 옷의 디자인을 결정하는 데 중요한 고려사항이 되었다.[42]

지금까지 나는 왜 백화점이 중산층 여성에게 청바지를 팔기 시작했는가라는 질문에 답했다. 이것은 생산 중심적 관점을 택한 파인과 레오폴드의 논의를 사건 중심으로 재구성한 것이다. 그러나 이 논의만으로는 왜 중산층 소비자가 1939년에서 1940년에 마침내 청바지를 수용하게 되었는지 설명할 수 없었고, 이는 다음 장에서 다루고자 한다.

리바이스 브랜드 청바지를 디자인하고 마케팅한 제조업자들

1920년대 초 남성 작업복 산업은 여성복 산업과는 완전히 달랐다. 리바이스사社와 H. D. 리H. D. Lee는 자체 제조시설을 운영했고, 지역공동체에 기반을 둔 독립 매장들로 구성된 광역 유통망을 유지하고 있었다. 이러한 독립 매장들은 대부분 지역 내 유일한 의류 공급원으로 소비자와 신용관계를 구축해 영업했고, 경쟁은 거의 없었다. 그러나 공동체 기반의 독립 소매상들은 1920년대 중반까지 J. C. 페니J. C. Penny 같은 할인 체인과 시어스Sears 같은 우편주문판매사의 강력한 도전에 직면한다.[43] H. D. 리와 오시코시 오버올Oshkosh Overall 등 몇몇 제조판매상들은 제품의 일부를 체인점을 통해 팔기도 했지만, 지역 내 독립 매장은 여전히 가장 이문이 남는 고객이었다. 이 현상은 할인 체인의 영향력이 강화되면서 제조판매상들이 청바지 가격에 압박을 받게 됨으

그림 1.1. **영업사원들이 사용했던 리바이스 작업복 전단지**(1926년)

출처: 리바이스 아카이브, 샌프란시스코

로써 나타났다.

결국 리바이스와 H. D. 리는 생산가를 낮추기 위해 여러 수단을 동원하기 시작한다. 먼저 전체 의류 생산공정을 일련의 분리된 단순 업무로 나누고, 시간과 생산성을 계산하는 새로운 제도들을 도입하고, 작업 동선을 보다 효율적으로 운영하기 위해 작업장 배치를 새로 하는 등 테일러주의 원칙들을 실험했다.[44] 뿐만 아니라, 제품 카탈로그와 매장 카드를 제작해 광고를 늘리기도 했다. 광고는 작업복으로서 청바지와 오버올의 다목적성을 강조했다. 이와 같은 제조업자들의 노력은 단순한 청바지 가격 목록에 불과한 독립 매장들의 광고와 비교하면 더욱 극명한 대조를 이루는 것을 알 수 있다.[45]

그러나 1930년대 전반 제조판매상들은 생산가 절감의 모색과 함께 신규 시장 발굴에 나선다. 리바이스사는 1933년 최초로 중산층 대상 관광용 목장과 개척자를 주제로 청바지를 소개했고, 1934년에는 가장 먼저 중산층 여성용 청바지를 디자인했다. 1935년 이후 리바이스 레이디 라인이 『보그』지를 도배했고 H. D. 리와 오시코시 같은 대형 제조판매상들도 리바이스를 뒤따랐다.[46]

왜 1930년대 초반 제조판매상들은 서부, 개척자, 관광용 목장, 중산층의 의미들을 사용하기 시작했을까? 왜 리바이스사가 이러한 흐름을 이끌게 되었을까?

노동복 산업에서 생산과 분배 조건들의 변화

질문에 답하기 위해 우리는 먼저 리바이스사를 필두로 여타 제조판매상들이 중산층 시장을 공략하기 시작한 이유를 검토해야 할 것이다. 소비 중심의 관점은 리바이스 광고를 서부적인 것과 관광용 목장의 대중화, 할리우드 스타들의 리바이스 착용에 기인한 것으로 설명한다. 그러나 서부영화 장르의 인기는 1930년부터 1938년을 지나며 곤두박질 쳤다.[47] 또 1928년에서 1930년 사이에는 LA, 뉴욕, 시카고의 몇몇 뉴스 기사들이 리바이스의 관광용 목장에 대해 다뤘지만, 1933년 후반까지는 이와 관련한 별다른 언급을 찾아볼 수 없었다.[48] 그렇다면 왜 리바이스사는 정확히 1933년에 중산층 카우보이 개념을 선전하는 데 부족한 자본을 할당하기 시작했을까? 가장 큰 이유는 할인 체인이 성장해 노동복 시장을 통제하고, 1934년 샌프란시스코에서 리바이스 불매운동이 일어난 것과 관련이 있다.

제조판매상들의 소매 운영체제는 농민과 노동자의 소비 급감이라는 결정적 위기를 맞으면서 변화했다. 1929년과 1932년 사이 산업 실업자는 150만 명에서 1,500만 명으로 급증한 반면, 농가 연간 수입은 120억에서 53억으로 하락했다. 결과적으로 노동자와 농민의 작업복 구입이 급감했다.[49]

작업복 수요의 감소는 의류산업 전반에 영향을 미치기 시작했지만, 더 자본주의화된 할인 체인은 상대적으로 덜 고통 받았다. 사실 작업복 수요가 무너지면서, 할인 체인은 우월한 구매력을 앞세워 노동자와 제조업자로부터 전례 없는 이익을 누렸다. 할인 체인은 1929년 한 벌당 1달러 20센트 하던 오버올 가격을 1932년 89센트까지 끌어내렸다.[50] 할인 체인들은 염가와 자본력을 무기로 리바이스사와 H. D. 리가 가장 많은 수익을 내고 있던 독립 소매상들을 잠식해나갔다.[51] 설상가상으로 많은 노동자와 농민들은 더는 지역 내 독립 매장에서 청바지를 구입하지 않게 되었을 뿐 아니라, 이전에 외상으로 구입한 청바지 값도 지불하지 않았다. 1926년 독립 매장의 43퍼센트가 1931년 말까지 영업

부진의 이유로 폐점했고, 살아남은 매장도 신속하게 청바지 재고를 보충할 만한 현금이 부족했다.[52]

결국 리바이스사의 1932년 판매수익은 1929년의 절반에 불과했고, 리바이스사와 H. D. 리 등은 작업 일수를 줄이고 일시적으로 공장을 폐쇄하기에 이른다.[53] 이 기간 동안 할인 체인들은 남부에서 상품 구입을 늘려나갔고, 지역 내 최저가 판매 업체 중 일부는 실질적으로 성장하기도 한다.[54] 또 할인 체인들은 남부와 북부, 동부와 서부를 연결하는 유통망을 구축하면서 소규모 마을 소매상들을 압도했고, 1933년까지 더 많은 지역 상점들이 문을 닫았다.[55]

수익성이 보장되던 판매 기반(즉, 지역 내 독립 매장들)을 잃어버린 제조 판매상들은 기꺼이 프리미엄 가격에 청바지를 팔아야 했고, 이 상황은 신규 시장 발굴의 강력한 동인으로 작용했다. 특히, 청바지를 할인 체인에 납품하지 않던 유일한 회사인 리바이스사는 이러한 상실에 절망했다. 1933년에는 긴밀한 관계를 유지해오던 소규모 지역 상점들을 잃어버리면서 회사의 생존마저 위협받는 상황에 내몰렸다. 이에 리바이스사는 목장을 배경으로 한 할리우드 영화에서 리바이스 착용을 격려하는 일련의 광고를 전략적으로 개발하기 시작한다.[56] 여기에 1934년 반노조 정책으로 인해 샌프란시스코 지역 노동자들이 리바이스 구입을 중단하면서, 리바이스사는 중산층의 관광용 목장이란 주제를 더욱 강화하게 된다.

1934년 보이콧: 리바이스가 중산층 프런티어에게 공력을 쏟게 된 결정적인 사건

사건의 기폭제는 1933년과 1934년에 캘리포니아와 샌프란시스코에서 발생한 노동불안이었다.[57] 캘리포니아의 작업장, 공장, 항만에서 일어난 노동자 소요사태와 가혹한 탄압은 특히 샌프란시스코에서 반反기업 정서와 친노동자 감성에 불을 질렀다. 이 상황은 노동자들을 단합시켜 노동조합 라벨이 붙은 상품만 구입하는 캠페인으로까지 이어졌다.[58] 다른 주요 제조판매상들은 이미 노조에 가입되어 있었지만, 리바이스 사는 1937년까지 노조협약에 서명을 하지 않고 있었다.[59] 결국 충성도 높은 변두리 지역 상점들조차 노동자들의 거센 항의에 밀려 1934년부터는 더는 리바이스를 취급할 수 없게 되었다. 1934년 리바이스 청바지를 취급하는 샌프란시스코 내 유일한 할인점은 도시 외곽에 위치한 중산층 대상의 승마용품점뿐이었다.[60] 이러한 상황을 타개하고자 리바이스는 회사의 사활을 걸고 중산층 카우보이와 개척자 라이트모티프 leitmotif(유도동기)에 주력했다. 한 관리자는 당시를 회상하며 "우리는 (리바이스에) 어떤 이미지를 부여하고자 했어요. 그건 노동자의 옷과는 다른 것이었죠. (……) 우리는 광고에서 서부 테마를 계속 사용하기로 했습니다."[61]라고 말한다. 리바이스사의 한결같은 광고는 1935년 『보그』가 레이디 리바이스에 대한 기사를 쓰면서 마침내 결실을 보았다. 이러한 초기 성과는 갈수록 강화되던 할인 체인의 지배력에서 벗어나고자 했던 H. D. 리 같은 다른 제조판매상들이 리바이스의 방식과 마케팅을 모방하게끔 했다.[62]

상술한 생산 중심적 서사는 어떻게 제조판매상들이 중산층 개척자와 카우보이 테마를 광고하기 시작했는지에 대해 만족스러운 설명을 제공한다. 제조판매상들이 오래된 서부 테마를 강조하기 시작한 것은 리바이스사의 실제 경험에서 자극을 받은 것이 분명했다. 리바이스사는 독립 소매상들의 상실이라는 일반적 조건과 캘리포니아 목장, 할리우드 스타들과 맺어온 역사적 관계라는 특수한 상황에서 관광용 목장

테마를 발전시켰고, 타 회사들은 그 전철을 따랐다. 그러나 이러한 노력이 채 결실을 맺기도 전인 1934년 샌프란시스코에서 리바이스 불매운동이 일어났고, 리바이스사는 이를 계기로 기존의 중산층 대상 테마에 더 매진하게 된다. 여기에 리바이스 레디 라인에 대한『보그』의 기획 기사는 서부 청바지 테마가 여전히 유효하다는 정당성을 부여해주었다.

이러한 노력을 통해 구리 리벳*, 붉은색 봉제선과 가죽 패치 디테일을 특징으로 하는 리바이스사의 대표 상품인 "서부 스타일" 청바지는 1934년에서 1935년 사이 "서부 개척자"의 표상으로 특히 캘리포니아 지역에서 계속해서 유통되었다. 하지만 서부 스타일의 청바지는 4년 뒤에나 전국적으로 유행하게 된다. 이때부터 동부 지역 상점들에서도 고정적으로 리바이스 상품을 취급하기 시작한다. 이러한 유행이 단지 상업 광고만으로 가능했던 것은 아니었다. 캘리포니아의 예술가들이 더스트볼dust bowl 이민자와 대공황에 대해 이야기하면서 서부 스타일 청바지를 차용한 것은 의심의 여지 없이 이러한 결과를 만드는 데 대단히 중요한 역할을 했다.

세속적인 작업복 바지에서 노동계급의 상징으로

많은 역사학자들은 대공황기의 경제적 혼란과 불확실성이 사회 전반에 걸쳐 "무엇이 일어났고 앞으로 일어날 것인지 도무지 예측할 수 없게" 만들었다고 지적했다.[63] 대공황기 초반에는 그 심각성이 거의 보고되지 않았다. 그러나 앞서 근로조건의 극심한 악화를 경험했던 노동자들은 1930년에서 1933년 사이 뉴딜정책과 친노동자적인 법안의 통과

---

* 청바지의 이음매 부분에 박는 동그란 징_옮긴이

에 미국 역사상 최대 규모의 노동자 행동주의와 전투주의로 화답한다. 작가, 예술가, 음악가들은 사회적 분열과 갈등이 팽배한 분위기 속에서 "진정한 미국"을 찾아 사회 주변부로 내몰렸다.[64] 당시 오버올이나 일자 청바지를 입은 노동자들의 모습만큼 반복적으로 기록되고 차용되는 이미지는 없었다.

청바지와 오버올은 디에고 리베라Diego Rivera의 1933년 작품인 디트로이트 리버루지River Rouge 내 포드 자동차 공장 벽화의 기계와 결혼한 도시 노동자들의 이미지 속에도 들어 있다. 또 청바지와 오버올은 찰리 채플린Charles Chaplin의 1936년 작품《모던 타임스》에서 무자비한 속도의 기계 조립 라인에 빨려 들어가는 채플린과 채플린의 동료들을 보호해준다.[65] 새로 출간된 사진잡지와《선데이 뉴스》사진 증보판은 곤경에 처한 남부 지역 의류노동자, 궁핍한 소작농과 파업 중인 광부들의 모습을 청바지와 함께 촬영했다. 많은 사진들이 정부가 고용한 사진작가들에 의해 촬영되었으며, 이렇게 생산된 이미지는 사회적 의제에 대한 대중적 공감을 얻기 위해 자유롭게 유통되었다.[66] 청바지가 소작농과 도시 임금노동자를 담은 인물 및 파노라마 사진과 결합하면서, 사람들은 1930년대 중반 미국 전역을 휩쓴 "계급의 새로운 표상과 수사"를 연상시키는 은유적 이미지로 청바지를 떠올리게 된다.[67]

"노동계급 청바지"에서 "미국 청바지"로의 변형에서 심미적 사건의 역할

심미적 전환은 어떻게 청바지가 미국적 이미지 가운데 가장 먼저 소비되는 대상이 될 수 있었는지에 대해서는 이야기하지만, 왜 서부 청바지와 리바이스가 강력한 상징성을 지닌 "미국인"의 표상이 되었는가에 대해서는 설명해주지 못한다. 단순한 해석은 구리 리벳 장식의 서

그림 1.2(a). **도로에 멈춰 서 있는 대가뭄의 난민들**(1936년)

그림 1.2(b). **로스앤젤레스를 향하여**(1936년)

그림 1.2(c). **멜로랜드 임피리얼 밸리 부근에서 집단노동을 하는 멕시코인과 백인들**(농업안전국, 1939년)
촬영: 도로시아 랭 / 출처: 미의회도서관 인쇄 및 사진자료부, 농업안전국−전시정보국 기록, LC−USF34−016739−E

부 스타일 청바지에 대한 광고가 캘리포니아에서 집중적으로 유통되면서 이 지역 예술가들에게 매력적인 상징이자 영감의 원천으로 자리 잡았다는 것이다. 당시 많은 미국인들이 근대적 개척자라는 비유를 통해 대공황기를 이해하고 국가와 자신을 재정의하려 했고, 캘리포니아의 예술가들은 청바지를 이용해 현대적인 개척자 이미지를 만들었다. 정치적 사건, 예술가, 저널리스트, 정치가, 국가 관리들에 대한 이야기는 그 자체로 또 한 편의 논문이 될 것이다. 앞으로 나는 우화를 낳고 서부 청바지를 미국의 아이콘으로 격상시킨 주요 사건들과 심미적 해석들을 간략히 검토할 것이다.

캘리포니아와 연방농업안전국FSA은 사진작가 도로시아 랭Dorothea Lange과 경제학자 폴 테일러Paul Taylor를 긴급 파견해, 남서부 출신 농업 노동자들이 캘리포니아에서 구직활동 중에 겪는 문제들을 조사하도록 했다. 이때부터 1930년대 신新개척자 서사의 윤곽이 잡히기 시작했다. 랭과 테일러는 남서부 출신 이주자들을 기계화되고 산업화된 농장이라는 낯선 세계에서 새로운 삶을 일구어가는 현대의 개척자 이미지와 결부시켰다. 랭은 종종 당시 캘리포니아 전역에 판매되던 리바이스 스타일 청바지를 입은 노동자들을 촬영했다. 랭과 테일러는 1935년 "다시 한 번, 서부 개척시대의 포장마차 Again the Covered Wagon"라는 제목의 기사에서 서부 이민을 "미국 개척정신의 개인적 수호"라고 묘사했다. 그러나 같은 기사에서 랭과 테일러는 이주민들이 서부에 도착해서 발견하게 되는 점은 자신들이 "사회적 갈등"과 불안의 개척자라는 사실임을 지적한다.[68] 랭과 테일러는 19세기 홈스테드법이 구舊서부 광야의 물리적 환경을 길들였던 것과 마찬가지로, 정부 지원이 갈등과 분열이 팽배한 현 사회라는 "광야"를 길들이는 해결책이 될 수 있다고 주

그림 1.3(a). **카우보이와 목장을 체험하는 사람들**

촬영: 매리언 울컷(1941년)

출처: 미의회도서관 인쇄 및 사진자료부, 농업안전국-전시정보국 기록, LC-USF34-058898-E

장하면서, 개척노동자들에 대한 정부 지원을 호소했다. 유사한 주장들이 리바이스 스타일 카우보이 청바지를 입고 낡은 포장마차에 기대서 있거나, 카우보이모자를 쓰고 홀로 걸어가는 남서부 출신 노동이민자들을 담은 서부영화 같은 이미지들과 결합하면서, 이러한 비유는 설득력을 더해갔다.[69] 서부 노동이민자들에 대한 이야기는 진보 진영의 공감을 이끌어내며 수많은 기사, 팸플릿, 책으로 만들어졌다.[70]

하지만 변형된 개척자 신화에 대한 최초의 언급은 대공황기를 주제로 한 아치볼드 매클리시Archibald MacLeish의 서사시에서 찾아볼 수 있다. 자신의 1938년 사진시집에서 아치볼드 매클리시는 동부 산업 노동자들의 대학살과 서부 농장의 농업 노동자 및 소작농들의 분투를 노골적으로 연결시키며 개척자 이야기가 신화에 불과함을 드러낸다.[71] 매클리시는 랭의 이미지들을 차용해 팽창주의 시기에 동부의 신흥 갑부들이 서부 개척지에 대한 환상을 만들어냈다고 주장한다. 매클리시는 계속해서 대공황기는 이러한 허상에 대한 심판이자 각기 다른 배경과 계층의 노동자들이 보편적 인간성을 전제로 해결해야 하는 사회 분열과 갈등이 만연한 새로운 개척지를 상징한다고 적는다.[72]

랭과 매클리시는 스타인벡의 1939년 작 『분노의 포도』와 소설을 극화한 존 포드John Ford의 1940년 동명 영화에서 더스트볼 이민자의 이미지를 차용했고, 이를 바탕으로 서부의 노동자 계층 개척자들을 표현했다.[73] 스타인벡 소설이 누리던 인기와 악명으로 인해 더스트볼 가족, 조드가The Joads는 시대의 표상이 되었고 많은 기사와 사진에도 영감을 주었다.[74] 소설 속 유토피아적 농장을 강조하고, 독점 자본 금지법에 대한 지지를 표명한 존 포드의 영화는 서부 노동이민자들의 이야기를 서부영화의 공식처럼 만들었다. 그리고 이 공식은 포드 자신이 1939년

그림 1.3(b), **B-17F 중폭격기를 다루는 노동자**

촬영: 앨프리드 파머(1942년)

출처: 미의회도서관 인쇄 및 사진자료부, 농업안전국-전시정보국 기록, LC- USE6-D-007811

존 웨인John Wayne을 캐스팅해 촬영한 영화 《역마차Stagecoach》에서 이미 성공을 거두기도 했다.[75] 이에 다른 영화 제작자들도 포드 모델을 따라 선망의 서부를 대공황이라는 은유를 통해 복원하기 시작한다.[76] 이때도 청바지가 차용되었고, 서부영화 장르에서 청바지는 곧 노동자 계층, 서부, 포퓰리스트의 웅변, 미국의 과거와 현재 등 모든 것을 단번에 담아낼 수 있는 선호되는 표상으로 자리 잡는다.[77]

동부 관광용 목장과 전쟁의 해석적 맥락: 여성의 패션 청바지와 서부 개척자 청바지 의미를 함께 가져오기

상술한 사건들을 통해, 리바이스 청바지 차림의 카우보이를 미국 평등주의의 화신으로 내세우는 상업적, 정부 주도적 서사가 무수히 양산되었다. 뿐만 아니라, 중산층도 이 신화에 동참하기 시작했다. 1940년까지 매년 2만 5,000가구가 자신만의 개척자 환상을 쫓아 서부 관광용 목장을 방문했고,[78] 이와 동시에 동부의 농장과 리조트들 역시 대도시 인근에 여가용 관광 목장 건축에 나섰다.[79] 여행을 주제로 한 기사들은 동부 지역 관광용 목장을 접근성이 좋고 화이트칼라 노동자들도 서부의 일상을 경험할 수 있는 곳이라며 우호적인 글들을 쏟아냈다. 이제 비서, 사무직원, 은행원, 재계 거물이 똑같은 청바지를 입고 함께 노동하고, 한 식탁에서 먹으며 서로의 이름을 부르는 동등한 체험을 즐길 수 있는 시대가 온 것이다.[80]

목장으로 여가를 즐기러 나온 엘리트들과 어울리고 싶어 안달이 난 화이트칼라 여성들은 백화점에서 광고하는 나팔 청바지와 함께, 패션 전문가들과 동부의 승마장이 금지한 서부 스타일 청바지도 구입했다. 화이트칼라와 중산층 남녀는 서부 스타일 청바지와 백화점 스타일 청바지를 입고 관광용 목장이라는 무대에서 평등한 개척자라는 자신만의 환상을 연기했다. 이러한 경험을 통해, 개인의 환상을 실현하는 수단인 청바지는 정부와 할리우드가 선전하는 엘리트주의와 탐욕에 대한 미국인들의 "선천적" 혐오를 표상하는 청바지와 결합하게 된다.

이 기간 동안에 일반적인 여성용 청바지에도 변화가 진행되고 있었다. 1930년대 작가들은 여성들의 청바지 착용 및 미국적 스타일과 취향을 묘사하는 표상으로 청바지를 사용하는 관행에 대해 일관되게 비판의 목소리를 냈다. 하지만 이러한 관행은 세계대전의 전운이 다가오는 가운데 대중이 새로운 방식으로 청바지를 바라보기 시작하면서 정당성을 얻는다.

1940년대 언론은 참전 중인 남자들을 대신해 청바지를 입고 직업훈련을 받는 애국심으로 무장한 여대생들에 대해 다루었다. 청바지를 입은 여대생들이 전쟁이라는 렌즈를 통해 갑자기 애국적이고 실용적이며 절약하는 이미지로 읽히기 시작한 것이다. 이러한 변화는 국가가 소비주의에서 전시戰時 보수주의와 군수품 생산 중심으로 전환한 시대적 상황과도 궤를 함께한다.[81] 미국 여성들이 자신에게 최선의 것(전시 상황에서건, 편안함에 있어서건)을 선택해 입을 수 있는 자유는 프랑스와 독일 여성들에게 바지 착용이 절대적으로 금지된 상황과 대조를 이루며 더욱 부각되었다.[82] 마를레네 디트리히는 이 현상에 대해 아래와 같이 이야기한다.

(여성의 바지에 대한) 생각은 (……) 받아들이기 어려우며 (……) 촌스럽고 유럽적이다. (……) 나는 지난번 파리에 갔을 때, 여성들이 청바지를 입고 외출하는 것이 불법이었음을 떠올렸다. (……) 어쨌든 바지라는 것을 입

을 자유는 우리 여성이 누릴 수 있는 지극히 작은 자유라고 할 수 있다. (……) 국가 안보의 차원에서 (……) 소녀들은 더욱 자유롭게 무엇을 입을지 선택할 수 있어야 한다. (……) 바지는 더 실용적이며 (……) 대단히 경제적이다. (……) (그리고) 속옷과 속바지 비용을 (……) 절약할 수 있다. (……) 나는 미국적인 방식이란 여자들이 자신이 원하는 대로 차려입을 수 있는 것이라고 말하고 싶다.[83]

많은 사람들이 전시에 여성 노동과 청바지를 애국의 상징이자 미국 실용주의와 민주주의의 상징으로 인식하게 되었다. 전쟁이라는 특수한 배경에서 백화점들은 미국 스타일의 상징으로 여성용 청바지를 합법적으로 사용할 수 있었다. 미국과 유럽은 여성의 옷차림을 바라보는 상이한 시각을 갖고 있었다. 이러한 관점의 차이로 인해, 사람들은 여성용 패션 청바지가 표상하는 젠더 평등주의를 서부 스타일 남성용 청바지가 표상하는 계층 평등주의와 연관 지어 생각하게 되었다. 여성의 청바지 착용에 대한 찬반을 떠나 청바지는 젠더와 계층적 위계를 거부하고, 엘리트주의와 과시적 소비를 혐오하는 젊은 미국의 상징이 되어갔다. 사람들이 청바지를 평상복으로 입고, 전쟁에 대한 새로운 해석을 시도하면서, 독립된 영역으로 존재하던 남녀 청바지의 의미가 혼재하기 시작했다. 이제 청바지는 상이한 두 의미의 결합을 통해, 예술가와 일반인 모두가 반복적으로 되돌아가는 상호 모순적이고, 서민적인 것에 대한 표상으로 자리 잡았다.

결론

본 연구는 큰 틀에서 대공황기 청바지 소비와 생산에 나타난 거대한 전환을 사건 중심적으로 설명하고자 하는 시도이다. 이러한 접근 방식을 통해, 우리는 의류산업 규제와 심미관에 나타난 변화가 청바지의 변신에 중대한 영향을 미쳤음을 확인할 수 있었다. 사건 중심적 접근은 특히, 사회 격변기와 위기의 시기에 발생하는 물질문화의 급격한 변화를 이해하는 데 필수적이다. 이렇게 접근할 때, 생산과 소비 간의 상호작용의 중요성뿐 아니라, 독특한 생산 체제 혹은 의미 생산 전략 간의 변환 효과(예를 들어, 여성복·작업복 산업망 간 또는 노동자 지향적·중산층 지향적 영화와 사진잡지 간의 변환 효과)를 파악할 수 있기 때문이다. 경제, 정치, 문화의 우연한 사건들은 상이한 집단들로 하여금 서로 다른 분야의 제도와 과정을 연결하고 재배열하는 강제력으로 작용한다. 그리고 이러한 연결과 재배열의 과정 가운데 기존의 제도와 과정은 근본적으로 변화한다.

이 논문은 미시적 관점에서 청바지가 계층의 경계를 지우는 미국 평등주의의 표상이 된 것은 일련의 사건에 의해 촉발된 결과임을 보인다. 또 정부와 기업이 당면한 정치경제적 위기를 타개하기 위해 계층 간, 젠더 간 연결고리가 되는 청바지 같은 사물과 상징을 발명해야 했음을 지적한다. 1930년대 사회 전반의 소비 감소는 리바이스부터 20세기 폭스에 이르기까지 전全 기업이 물질문화 탐구와 취향 제조에 매진하는 계기가 되었다. 이러한 노력을 통해, 기업들은 자사 상품의 소비층을 확대하고 급락한 판매를 끌어올리고자 했다.[84] 이와 동시에 1930년대 초 미국 자본주의에 대한 대중의 불신이 드러난다. 이러한 상황에서 개혁 성향의 지식인과 정부 관료들 역시 사회 전 계층과 소통하고 공감할 수 있는 서사, 상징, 사물을 찾아 나선다. 새로운 표상을 통해 많은 대중이 자신들의 사회변혁 프로젝트와 현안을 인식하고 지지하게 만드는 것이 목표였다.[85]

1930년대 사회적 변용이 가능한 청바지가 출현한 것은 독특하고 우연한 사건임에는 틀림없다. 하지만 이 사건은 새로운 시대를 규정할 대중소비와 대중정치 문화의 강화를 보편적이고 위기대응적 전환으로 표현한 것이기도 하다. 일단 잠재력과 매력이 드러나자 계층을 초월하는 청바지를 사용한 실험이 대중문화 산업과 대중지향적 정치에서 대단히 유용해지면서, 침착하게 재생산되어 나갔다. 본 연구는 왜 청바지가 대공황기 미국을 넘어 급속히 확산되었을까에 관해서 대담한 주장을 전개하지는 않는다. 하지만 대공황이 절정에 달했을 때 나타난 청바지의 변화무쌍함이 당시 발아 중이던 대중문화 산업과 대중정치에 대단히 매력적으로 다가왔음을 분명히 보여준다. 본 논문의 각 장들은 청바지의 핵심적이고 강력한 속성이 변화무쌍함과 경계를 초월하는 이미지라고 역설한다. 이제 우리에게 남은 문제는 청바지의 속성이 지역화된 대중문화 산업과 정치적 동원 문화의 확산 및 심화와 얼마나 밀접하게 얽혀 있는지를 파악하는 것이다.[86]

미주

1. 남부노동아카이브에서 조사를 할 수 있도록 연구비를 지원해준 서부 온타리오 대학의 사회과학 및 인문학 연구실에 감사드린다. 또 논문을 쓸 수 있도록 지

지해준 서부 온타리오대학의 사회학과와 마이클 캐럴Michael Carroll, 샘 클라크
Sam Clark와 로라 휴이Laura Huey에게 감사한다. 조지아 주립대학의 남부노동
아카이브의 사서 조레이 드러먼드JoLeigh Drummond의 열정적인 도움에도 감사
드린다. 마지막으로, 자료들을 정리하는 데 도움을 준 레아 스티븐슨 헤이스팅
스Leah Stevenson-Hastings에게 감사의 마음을 전한다.

2. Sewell(2005: 150).

3. 미국에서 대중산업이 나타난 시점과 관련해 동의하지 않는 의견도 있다. 마이
클 카멘Michael Kammen이 지적했듯이 이는 민간문화와 대중문화 간의 융합 시
기와 관련된다. 이 글에서 나는 대중문화 산업이 1930년대와 1950년대 사이
에 출현했다고 주장하고 있다. 사진잡지가 등장하고 영화가 관객들을 모으기
위해 고군분투하기 시작하는 때이며, 성공한 여성들의 옷이 기성복으로 전환
되는 시점이다(Green 1997; Hawes 1942; Kammen 1999; May 2000).

4. Rabine and Kaiser(2006).

5. Fine and Leopold(1993: 87-147).

6. Sewell(2005: 225-70).

7. Logics of History(Sewell 2005: 225-70)를 보라.

8. Ley(1975).

9. Hawes(1942: 12).

10. Hawes(1942: 6); Green(1997).

11. Mann(2006: 199)

12. Berry(2000: 154-160).

13. Berry(2000); Denning(1996); "Detective Lends Motif to Fashion"(1941)

14. Cohen(2008); Crane(2000); Mann(2006); May(2000); McComb(2006);
Roberton(1996).

15. Welters and Cunningham(2005); Thomas(1935); Berry(2000);
May(2000).

16. "Article 10-No Title"(1941); "Detective Lends Motif to Fashion"(1941); "She is Not Sure Where She is Heading in This Angry World…"(1941); Warner and Ewing(2002).

17. Lipovetsky(1994: 58-60).

18. Ley(1975: 88).

19. Best & Co.(1933); Bullock's(1934); Green(1997: 114); Macy's(1933).

20. Downey(2007: 62).

21. 이 광고는 할리우드 스타들의 고유한 취향, 습관, 일탈을 강조하는 인기 있는 연예인들의 일대기 필름bio-pieces을 모방한 것이다. 마이클 카멘에 따르면, 1920년 말까지 연예인들의 일대기는 인기가 있었고 연예인들의 사생활, 소비, 취향은 많은 주목을 받았다(Kammen 1999: 57). 상인들은 자신들이 만든 옷을 입은 스타들의 사진을 잡지에 실어 전국에 유통시켰고, 이를 통해 소비에 초점을 맞춘 기사들이 퍼져나갔다(Gledhill 1991: 34-5).

22. 보그 이후 메이시 앤드 베스트Macy and Best가 리바이스를 가지고 가볍게 실험한 적도 있다.

23. Carpenter(1972: 634).

24. Carpenter(1972: 600-24).

25. Abernathy(1999: 28-32); Howarth et al.(2000).

26. Carpenter(1972: 619-20).

27. Braun(1947).

28. ILGWUInternational Ladies' Garment Workers Union만으로도 1933년 봄 5만 명에서 1934년 20만 명까지 증가했다(Herberg 1952: 47-8).

29. 1940년까지 남성복 산업의 94퍼센트가 가내 공장에서 생산되었다(Green 1997: 63-71).

30. Cobrin(1970: 200).

31. 1934년까지 남성복 시장의 85퍼센트가 조합을 결성했다. ILGWU는 3년 만

에 1932년 2만 3,876명에서 1934년 19만 8,141명까지 여덟 배 증가했다 (Carpenter 1972: 649).

32. Carpenter(1972: 734-5).

33. Cobrin(1970: 181-2).

34. Cobrin(1970: 181).

35. Cray(1978: 88); Marsh and Trynka(2002: 24-38); Staff(1933, 1936); Box 268, United Garment Workers of America Records, LI992-17/LI997-08. Southern Labor Archives. Special Collections and Archives, Georgia State University, Atlanta(hereafter referred to as UGWAR SLA).

36. 국가 최저임금을 정하고 의류 관련 지하산업을 축소해 노조를 강화한 1938년 고용기준법은 이러한 상황을 진일보시켰다(Blackwelder, 1997: 39-44, 102-3, 16; Monroy 2006; Wolensky, Wolensky and Wolensky 2002).

37. "Plants Here Speed Clothing for Army"(1941); "Pay Rises Sought in Cotton Trades"(1941).

38. "Clothes Shortage Found in 25 States"(1943); Fear Textile Drain in Relief Programs,(1943); Gritz(1943).

39. Hawes(1942: 12-24).

40. Braun(1947: 1-91); Gomberg(1948); Production Systems. Box 83, Folder 14: UGWARSLA.

41. Hawes(1942: 87-99).

42. Hawes(1942).

43. Cobrin(1970); Fraser(1983).

44. Cray(1978); Howarth et al.(2000).

45. Cobrin(1970: 117-24, 146-9); Cray(1978: 67, 77, 80-2); Fraser(1983: 540); Howarth et al.(2000); "Penney Spends 2,250,000 Annually"(1928); File

2, Box 4: UGWAR SLA; 12/12/1921 J.C. Penney, Box 391: UGWAR SLA, Staff (1925, 1928). See also HD Lee Boxes 372, 377, 384, 386, 394: UGWAR SLA; Marsh and Trynka(2002: 34-7); Little(1996: 23, 32) and Fraser(1983: 539).

46. Downey(2007: 60-4); Marsh and Trynka(2002: 34-55).

47. Anderson(2008); May(2000: 283); Scott(1939); Slotkin(1992: 254-7).

48. "Correct Clothes for Feminine 'Dudes'"(1930); "Melancholy Days?" (1929).

49. "Business World"(1932); Cray(1978: 80); "Great Depression", *Encyclopedia Americana*; "Work Clothing Sales Pointed to Employment Turn March 1"(1930).

50. UGWA correspondence with J.C. Penney. Folder 2, 3, and 4, Box 2: UGWAR SLA.

51. Cray(1978: 82); Staff(1930, 1931, 1932).

52. Burd(1941); "Twenty Percent of Small Town Stores are Chains"(1933).

53. Cray(1978: 84); "Business World"(1932); *New York Times*, 20 July 1932, p.14; *New York Times*, 30 August 1932, p.37.

54. Cray(1978); "Business Notes"(1933); "Garment Company Plans Five-Day Week"(1930); Organizer Notes, Boxes 386, 389: UGWAR SLA.

55. 1930 Articles. Box 2, Folder 4: UGWAR SLA; "Twenty Percent of Small Town Stores are Chains"(1933).8

56. Downey(2007: 62); Harris(2002: 14).

57. Denning(1996).

58. Cray(1978: 85-8); Glickman(1997).

59. Box 377: UGWAR SLA.

60. Cray(1978: 85-8).

61. Cray(1978); Downey(2007: 62).

62. Downey(1995, 2007: 59-60); Marsh and Trynka(2002).

63. Denning(1996: 264).

64. Stott(1973).

65. Sheeler, 1978; Hurlburt, 1989; Chaplin, *Modern Times*, 1936(film).

66. Finnegan(2003: 170-90).

67. Denning(1996: 8-9).

68. Taylor(1936a: 350).

69. Taylor(1936b).

70. Denning 1996(268-70); Lorentz, *The Plow That Broke the Plains*, 1936(film); McWilliams 1939; Steinbeck(1936, 1938).

71. MacLeish(1977).

72. Meltzer(1978: 105).

73. Loftis(1998: 134-49); Denning(1996: 262); Steinbeck(2002); Ford, *The Grapes of Wrath*, 1940(film).

74. Finnegan(2003: 2); 260-8: Denning(1996: 260-8); Loftis(1998: 163).

75. Grant(2003); Slotkin(1992: 281-303).

76. Slotkin(1992); May(2000).

77. 여성이나 가족 중심의 카우보이 영화와 새로운 서부 서사시에 등장하던 당시 해설자들은 서부 청바지 착용이 늘고 카우보이 의상이 영화 대본에 자주 등장 하는 현상에 주목했다(Scott, 1939).

78. "More Ranches for Dudes," 1936; Zimmerman, 1998.

79. Zimmerman(1998).

80. Markland(1939, 1940, 1941 , l942a, 1942b); Ray(1941).

81. "Barnard Girls Get Auto Repair Study"(1941); "College Girls Ask for 'Sense' in Clothes, and they Get It at Mary Lewis Showing"(1942);

"Coming Fashions. Defense Activities Influence Fashions"(1942);
"Duty Duds and Other Practical Things are Worn at Showing of
College Fashions"(1942); Gardener (1941); "Girls Will be Boys"(1942);
JTH(1940); Pope(1941); Schnapper(1939).

82. Hawes(1942: 63-6).

83. Godychaux(1941).

84. Hawes(1942); Kammen(1999); May(2000); Slotkin(1992).

85. Denning(1996).

86. 확장과 집중 현상에 대해서는 Mintz(1986) 참조.

참고 문헌

Abernathy, F.H., Dunlop, J.T., Hammond, J. and Weil, D. (1999), *A Stitch in Time: Lean Retailing and the Transformation of Manufacturing – Lessons from the Apparel and Textile Industries*. Oxford: Oxford University Press.

Anderson, C. (2008), The Western Film ... by the Numbers! Retrieved 27 January 2009, from http://www.b-westerns.com/graphs.htm (accessed 27 January 2009).

'Article 10 – No Title' (1941). *Washington Post*, 31 August.

'Barnard Girls Get Auto Repair Study' (1941), *New York Times*, 14 February.

Berry, S. (2000), *Screen Style: Fashion and Femininity in 1930s Hollywood*, Minneapolis, MN: University of Minnesota Press.

Best & Co. (1933), Display Ad 7, *New York Times*, 11 June, p.7.

Blackwelder, J.K. (1997), *Now Hiring : The Feminization of Work in the United States*, 1900-1995. College Station, TX: Texas A&M University Press.

Braun, K. (1947), *Union-Management Co-operation. Experiences from the Clothing Industry*, Washington. DC: Brookings Institution.

Bullock's (1934), Display Ad 14, *Los Angeles Times*, 22 January.

Burd, H.A. (1941), 'Mortality of Men's Apparel Stores in Seattle, 1929-1939', *Journal of Marketing*, 6(1): 22-6.

Business Notes (1933), *New York Times*, 20 June, p.35.

Business World (1931), *New York Times*, 22 December, p.43.

Business World (1932), *New York Times*, 4 February, p.37.

Carpenter, J.T. (1972), *Competition and Collective Bargaining in the Needle trades 1910-1967*, Ithaca, NY: New York State School of Industrial and Labor Relations.

'Clothes Shortage Found in 25 States' (1943), *New York Times*, 4 January, p.14.

Cobrin, H.A (1970), *The Men's Clothing Industry. Colonial Times through Modern Times*. New York: Fairchild Publications Inc.

Cohen, L. (2008), *Making a New Deal: Industrial Workers in Chicago, 1919-1939*. Cambridge: Cambridge University Press.

'College Girls Ask For "Sense" in Clothes, and They Get It at Mary Lewis Showing' (1942), *New York Times*. 6 August.

'Coming Fashions. Defense Activities Influence Fashions' (1942), *Hartford Courant*, 25 May.

'Correct Clothes for Feminine "Dudes"' (1930), *New York Times*, 6 July, p.96.

Crane, D. (2000), *Fashion and Its Social Agendas: Class, Gender, and Identity on Clothing*, Chicago, IL: University of Chicago Press.

Cray, E. (1978), *Levi's*, Boston, MA: Houghton Mifflin.

Denning, M. (1996). *The cultural Front: The Laboring of American Culture in the Twentieth Century*, London: New York: Verso.

'Detective Lends Motif to Fashion' (1941), *New York Times*, 27 August.

Downey, L. (2007), *Levi Strauss & Co. & Co*, Charleston, SC: Arcadia Pub.

'Duty Duds and Other Practical Things are Worn at Showing of College Fashions' (1942), *New York Times*, 11 August.

'Fear Textile Drain in Relief Programs' (1943), *New York Times*, 11 November, p.33.

Fine, B. and Leopold, E. (1993), *The World of Consumption*, London: Routledge.

Finnegan, C.A. (2003), *Picturing Poverty: Print Culture and FSA Photographs*, Washington, DC: Smithsonian Institution Press.

Fraser, S. (1983), 'Combined and Uneven Development in the Men's Clothing Industry', *Business History Review*, 57(4), 522–47.

Gardener, J. (1941), 'The Young Crowd Design Their Own Fashions', *Christian Science Monitor*, 31 July.

'Garment Company Plans Five-Day Week' (1930), *New York Times*, 11 December, p.2.

'Girls Will Be Boys' (1942), *Hartford Courant*, 9 August.

Gledhill, C. (1991), *Stardom: Industry of Desire*, London: Routledge.

Glickman, L.B. (1997), *A Living Wage: American Workers and the Making of Consumer Society*, Ithaca, NY: Cornell University Press.

Godychaux, M. (1941), 'History in the Making, Front Door Ballot Box Forum', *Los Angeles Times*, 10 August.

Gomberg, W. (1948), *A Trade Union Analysis of Time Study*, Chicago, IL: Social Science Research Associates.

Grant, B.K. (2003), *John Ford's Stagecoach*, Cambridge: Cambridge University Press.

Green, N.L. (1997), *Ready to Wear, Ready to work*, Durham, NC: Duke University Press.

Gritz, E.D. (1943), Agency Says Needs Will Be Met, *Washington Post*, 26 May, p.15.

Harris, A. (2002), *The Blue Jean*, New York: Power House Cultural Entertainment Inc.

Hawes, E. (1942), *Why Is a Dress?* New York: Viking Press.

Herberg, W. (1952), 'The Jewish Labor Movement in the United States', *Industrial Labor Relations Review*, 5(4): 501–23.

Howarth, G., Martino, T., Melton, S., Miegel, A., Morley, J. and Weissman, M. (2000), 'Levi's a Company as Durable as its Jeans', http://shakti.trincoll. edu/~ghowarth/levi.html (accessed 22 September 2004).

Hurlburt, L.P. (1989), *The Mexican Muralists in the United States*. Albuquerque, NM: University of New Mexico Press.

JTH (1940), 'Codes Tell What They Like at Boston Clothes "Parade"', *Christian Science Monitor*, 25 July, p. 9.

Kammen, M. (1999), *American Culture, American Tastes: Social Change and the Twentieth Century*, New York: Knopf.

Ley, S. (1975), *Fashion for Everyone. The Story of Ready-To-Wear*, New York: Charles Scribner's Sons.

Lipovetsky, G. (1994), *The Empire of Fashion: Dressing Modern Democracy*, Princeton, NJ: Princeton University Press.

Little, D. and Bond, L. (1996), *Vintage Denim*, Salt Lake City: Gibbs-Smith.

Loftis, A. (1998), *Witnesses to the Struggle: Imaging the 1930s California Labor Movement*, Reno: University of Nevada Press.

MacLeish, A. (1977), *Land of the Free*, New York: Da Capo Press.

Macy's (1933, 06/07), Display Ad 6, *New York Times*, 7 June, p.5.

Mann, W.J. (2006), *Kate: The Woman Who Was Hepburn*, New York: Macmillan.

Markland, J. (1939), 'Dude Ranch Comes East', *New York Times*, 11 June, p. XX5.

Markland, J. (1940), 'Ranges in the East', *New York Times*, 26 May, p. XX1.

Markland, J. (1941), 'The East Goes West: A Tenderfoot Gets Tough Riding a Dude Range Not Far from City', *New York Times*, 25 May.

Markland, J. (1942a), 'Eastern Dude Ranches Busy Amid Colorful Autumn Scenes', *New York Times*, 18 October, p. D7.

Markland, J. (1942b), 'Eastern Dude Ranches Offer Outdoor Life near Big Cities', *New York Times*, p. D9.

Marsh, G., and Trynka, P. (2002), *Denim: From Cowboys to Catwalks. A Visual History of the World's Most Legendary Fabric*, London: Aurum Press.

May, L. (2000), *The Big Tomorrow: Hollywood and the Politics of the American Way*, Chicago, IL: University of Chicago Press.

McComb, M.C. (2006), *Great Depression and the Middle Class: Experts, Collegiate Youth, and Business Ideology*, 1929–1941, New York: Routledge.

McMichael, P. (1990), 'Incorporating Comparison within a World-Historical Perspective: An Alternative Comparative Method', *American Sociological Review*, 55 (June), 385–97.

McWilliams, C. (1939), *Factories in the Field*, Boston: Little, Brown & Co.

Melancholy Days? (1929), *Chicago Tribune*, 1 September.

Meltzer, M. (1978), *Dorothea Lange: A Photographer's Life*, New York: Farrar, Straus, Giroux.

Mintz, S. (1986), *Sweetness and Power: The Place of Sugar in Modern History*, Middlesex, UK: Penguin Books.

Monroy, D. (2006), *'Los Angeles Garment Workers' Strike', in V. Ruiz (ed.), Latinas in the United States*, Minneapolis: Indiana University Press. pp. 408–10.

'More Ranches for Dudes' (1936), *New York Times*, 14 June.

샌드라 커티스 컴스톡

'Pay Rises Sought in Cotton Trades' (1941), *New York Times*, 21 March, p.23.

'Plants Here Speed Clothing for Army' (1941), *New York Times*, 12 January, p.40.

Pope, V. (1941), 'Defense Workers Inspire New Mode', *New York Times*, 8 August.

Rabine, L. and Kaiser, S. (2006), 'Sewing Machines and Dream Machines in Los Angeles and San Francisco: The Case of the Blue Jean', in C. Breward and D. Gilbert (eds), *Fashion's World Cities*, New York: Oxford, pp. 235-50.

Ray, G.E. (1941), 'Down the Long Pack Trail', *Independent Woman*, 22 (July): 202-4.

Robertson, P. (1996), *Guilty Pleasures: Feminist Camp from Mae West to Madonna*, Durham: Duke University Press.

Schnapper, B.M. (1939), 'Recruits are Ready for War', *Washington Post*, 8 October/

Scott, J. (1939), 'Current Film and Play Productions⋯ Hollywood Today', *Los Angeles Times*, 5 March, p. C4.

Sewell, W. (2005), *Logics of History: Social Theory and Social Transformation*, Chicago: University of Chicago Press.

'She is Not Sure Where She is Heading in This Angry World⋯' (1941), *New York Times*, 7 December.

Sheeler, C. (1978), *The Rough, the Image of Industry in the Art of Charles Sheeler and Diego Rivera*, Detroit: Detroit Institute of Arts.

Slotkin, R. (1992), *Gunfighter Nation: The Myth of the Frontier in Twentieth-century America*, New York: Atheneum.

Staff. (1925), 'Chain Store Expanding', *Los Angeles Times*, 21 July, p.16.

Staff. (1928), 'Penney to Show Gain in Earnings', *Los Angeles Times*, 21 December, p.7.

Staff. (1930), 'Penney Cuts Prices to New Cost Basis', *New York Times*, 22 June, p. N18.

Staff. (1931), 'Many Sears Prices Back to 1913 Level', *Wall Street Journal*, 22 May, p.4.

Staff. (1932), 'Sears Cuts Prices, Stresses Quality', *Wall Street Journal*, 16 July, p.11.

Staff. (1933), 'Two Men's Clothing Codes'. *New York Times*, 18 July, p.9.

Staff. (1936), 'AFL Strikes Back'. *Wall Street Journal*, 23 November, p.4.

Steinbeck, J. (1936), 'The Harvest Gypsies', *San Francisco News*, 5-12 October.

Steinbeck, J. (1938), *Their Blood is Strong*, San Francisco: Simon J. Lubin Society of California.

Steinbeck, J. (2002), *The Grapes of Wrath*, New York: Penguin.

Stott, W. (1973), *Documentary Expression and Thirties America*, New York: Oxford University Press.

Taylor, P.S. (1936a), 'Again the Covered Wagon', *Survey Graphic*, 24; 349.

Taylor, P.S. (1936b), 'Front the Ground Up', *Survey Graphic*, 25: 526-9.

Thomas, D. (1935), 'Katie Gets a Haircut'. *Washington Post*, 29 September, p.SM3.

'Twenty Percent of Small Town Stores are Chains' (1933), *Wall Street Journal*, 29 November, p.6.

Warner, P.C. and Ewing, M. (2002), 'Wading in the Water: Women Aquatic Biologists Coping with Clothing, 1877-1945', *BioScience*, 52(1): 97-104.

Welters, L., and Cunningham, P.A. (2005), *Twentieth-Century American Fashion*, Oxford: Berg.

Wolensky, K.C., Wolensky, N.H. and Wolensky, R.P. (2002), *Fighting for*

the Union Label: The Women's Garment Industry and the ILGWU in
Pennsylvania, University Park, PA: Pennsylvania State University Press.

'Work Clothing Sales Pointed to Employment Turn March 1' (1930), New York
Times, 30 March, p.N22.

Zimmerman. (1998), 'Western Beginnings', unpublished Master's thesis,
American Studies Program, University of Virginia, http://xroads.virginia.
edu/~MA98/zimmerman/duderanch/front.html (accessed 14 June 2010).

영상 자료

Chaplin, C. (prod.) (1936), Modern Times, United Artists.

Lorentz, P. (prod.) (1936), The Plow that Broke the Plains, Resettlement
Administration.

Zanuck, D. (prod.) (1940), The Grapes of Wrath, 20th Century Fox.

2

변화하는 데님:
발리우드 영화 속의 청바지

클레어 M. 윌킨슨 웨버
Clare M. Wilkinson-Weber

미국 펜실베니아대학교 인류학 박사

서론

2008년 조사차 뭄바이를 방문했을 때, 영화 의상을 담당하는 젊은 어시스턴트와 이야기를 나눌 기회가 있었다. 뭄바이 외곽의 커피숍에서 대화를 나누던 중 얼마나 자주 촬영용 청바지를 구입하느냐고 물었는데, 그녀는 이렇게 대답했다. "영화에서 청바지의 비중은 큰 편이에요. 우리 배우들은 촬영 내내 청바지를 입어요. 정장을 입거나 아니면 청바지를 입죠. 청바지가 없는 영화는 생각할 수가 없어요. 심지어 여배우들의 경우도 말이에요."

이 대답에 특별히 놀라운 점은 없다. 그러나 1980년대 후반까지만 해도 상황은 전혀 달랐다. 1960년대와 1970년대 인기 있던 인도 영화를 통틀어 보더라도, 심지어 당시의 세련된 영화들에서조차 청바지나 청재킷을 찾아볼 수 없었다.

1980년대 후반과 1990년대의 인도 경제의 변화와 함께, 데님은 눈에 띄게 자주 미디어에 등장하기 시작했다.[1] 이후 발리우드에 등장하는 화려한 의상이 계속 인기를 끄는 와중에도 청바지는 조용하게, 하지만 분명하게 영화 속 기본 의상이 되어갔다. 1980년대부터 소비주의

풍조가 성행하기 시작하면서, 무엇보다 기성복 시장이 크게 확장되었다(Mazumdar 2007: xxi; Vedwan 2007: 665; Virdi 2003). 이 같은 상황은 청바지가 영화 의상으로 빠르게 자리 잡아가던 현상과 직접 맞물려 있었다. 여전히 영화는 인도대륙에서 소비 행태와 상품에 영향을 미치는, 심지어 그것을 지배하는 시각적 원천이었기 때문이다(Mazumdar 2007: 18; 이 책의 밀러의 글 참조).

이 논문의 전반부에서는 영화 의상으로서 청바지의 등장과 의미 변화를 개괄할 것이다(e.g. Berry 2000; Bruzzi 1997; Dwyer 2000; Gaines and Herzog 1990; Moseley 2005; Street 2001). 밀러와 우드워드(2007)가 주장하듯이, 만약 청바지가 근대성과 관련된 일종의 불안감을 들여다볼 수 있는 프리즘이라면, 인도 대중영화에서 나타나는 청바지의 "이력"을 검토함으로써, 식민지 시기 이래 "무엇을 입어야 하는가?"에 대한 인도 소비자들의 강박적인 불안감을 구체적으로 설명할 수 있을 것이다(Tarlo 1996). 후반부에서는 상투적인 분석 대신, 영화 속 이미지들이 물질적 실천, 즉 뭄바이를 비롯한 여러 시장에서 판매되는 브랜드, 위조품, 복제품을 전략적으로 사용하는 관행에 기반을 두고 있음을 보일 것이다. 뭄바이의 미디어 제작 문화에서 나타나는 이러한 실천은, 특히 청바지 착용과 관련해 인도 대중에게 가장 큰 영향을 미치는 발리우드 스타들의 불안감을 보여주며, 이에 대한 일종의 반응이다.

발리우드 영화의 배경은 남아시아 관객들에게도 낯설고 이국적이며, 영화 속 청바지 역시 인도의 보통 의상들과 달리 (계급 혹은 계층적) 차별(Banerjee and Miller 2008; Tarlo 1996)을 함축하지 않는 일상복(Miller and Woodward 2007; 이 책의 사사텔리의 글 참조)이다. 영화 속 청바지는, 자기를 표현하는 고급 디자이너들의 의상들과는 다르다(e.g. Bruzzi 1997).

클레어 M. 윌킨슨 웨버

청바지는 어떤 맥락을 함축하며 특정한 방식으로 사용되는 것이 아니라, 오히려 청바지 자체에 집중하게 하여 맥락을 초월해 섹슈얼리티, 관계, 인격, 자율성에 대해 상당히 동일한 어조로 말한다. 이는 처음부터 청바지가 한 가지 톤의 색상, 리벳의 비슷한 배열, 동일 형태의 미묘한 변이들 등 동일성과 예측 가능성(Miller and Woodward 2007: 343)을 전면에 내세우기 때문이다. 그러나 이것만으로는 충분하지 않다. 청바지를 착용하는 개개인에게 옷은 자신의 카리스마와 명성을 표현하는 매우 중요한 기표가 되기 때문이다. 스타들은 브랜드를 내세워 구별 짓기(Bourdieu 1984)를 시도한다. 이것이 불가능하다면, 스타들은 극 중 인물과 극 중에서 착용하는 청바지를 결부시키는 방식으로 구별 짓기를 시도한다. 이는 단역이나 대역 배우에게 허락되지 않는, 유명 스타들이 휘두를 수 있는 권력이다.

이처럼 스타들이 브랜드 청바지를 고집하기 때문에, 뭄바이 소매시장에서 영화 팬이 스타를 모방할 수 있는 데에는 한계가 있다. 즉 옷을 구입한 영화 팬들은 소비자의 관점에서 "내가 본 것이 내가 산 것과 다르다"는 점에 실망하지만, 곧이어 "내가 산 것이 반드시 내가 본 것과 같을 필요는 없다"는 사실을 자각하게 된다. 이처럼 환상·소멸·조작이라는 일련의 과정이 영화가 개봉되기 훨씬 전부터 시작된다.

청바지와 화려함: 영화 속 데님

(영화계에서 봄베이라고 부르는) 뭄바이의 영화산업은 인도의 여러 영화 제작지 중에서 국내외적으로 가장 잘 알려져 있다(Dwyer and Patel 2002:

8; Ganti 2004: 3; Mazumdar 2007: 18; Rajadhyaksha 2003). 초창기부터 의상은 영화 제작과정에서 시각적 즐거움을 주는 요소 가운데 하나였다(Bhaumik 2005: 90; Dwyer 2000; Dwyer and Patel 2002: 52; Wilkinson-Weber 2005: 143). 영화 속 화려한 의상이 대중이 따라 입을 수 없거나 소수에게만 허락된 옷이라면, 청바지 역시 대부분의 인도인들이 큰 변형을 가하지 않고서는 따라 입을 수 없는 값비싼 의상에 버금갈 것이다. 밀러가 칸누르 지역의 청바지 연구에서 지적한 것처럼, 여러 국가에서 많은 사람이 입는 청바지가 인도에서는 아직까지 소수에게만 허용된다. 그렇지만 도시 중류층과 상류층, 남성과 여성을 포함해 광범위한 사회계층의 젊은이들이 과거 어느 때보다 쉽게 청바지를 구입하고 있다. 해외의 고가 브랜드 청바지에서부터 자국이나 아시아의 여타 지역에서 수입된 청바지들(종종 위조품)까지 다양한 가격대와 품질의 청바지를 구입할 수 있다. 소비자들은 청바지를 "입을 만한 옷"으로 판단했고, 이제는 얼마나 사회적 기준에 부합하는지에 따라 청바지 가격을 매기고 있다(Berry 2000: xiv). 이처럼 청바지는 다른 의상들과 달리, 화려함과 평범함 사이에서 아슬아슬하게 균형을 잡고 있다.

잘 차려입은 스타들이 열망과 모방의 대상이 된다는 것은 이미 통용되는 명제이다. 이는 옷으로서의 가능성이 실제 구매와 착용이 이루어지기 전부터 영화 시청을 통해 이미 시작되고 있다는 것을 의미한다(Berry 2000; Dwyer and Patel 2002; Eckert 1990; Stacey 1994; Street 2001: 7; Wilinson-Weber 2006). 배역과 배경을 묘사할 때는 어느 정도의 자연스러움을 부과해 의상이 최소한 "입을 만한 것"으로 보이게 하는데 이를 통해 시청자는 배우들의 의상을 자신도 입어볼 만한 옷이라고 생각할 수 있는 것이다. 여기에 모방을 부추기는 물질, 관행, (사회적이고 이

　　　　　　　　　　　　　　　클레어 M. 윌킨슨 웨버

상적인) 제도가 반드시 부수되어야 한다. 그렇지 않다면 시청자들은 자신들이 좋아하는 배우처럼 "차려입기"를 꿈꾸지 않을 것이다. 인도에서 1990년대 해외 수입 규제가 완화되고 소비시장이 폭발적으로 증가하기 전까지, 양장점이나 남성복점이 영화 속 의상을 모방하려는 소비자 심리를 독점적으로 만족시키고 있었다(Sheikh 2007; Wilkinson-Weber 2005). 1990년대 이후부터 비로소 새로운 쇼핑 방식, 공간, 복장 관행이 성장하기 시작했다. 분명히 인도 영화는 지위와 권력의 물질적인 측면, 즉 겉모습이 자신의 계층, 카스트, 집안과 직결되는 "상징 경제"(Berry 2000: xiii)와 밀접히 연관되어 왔다. 영화는 사회적 위치와 경험에 핵심이 되는 의복을 만들어내지만, 의복 자체가 직업, 생활방식, 신분을 강하게 규정하여 기업 중역, 부동산 재벌, 기자, 심지어 미국자동차경기연맹NASCAR 레이서 등 새롭게 부상한 유명 인도인을 일반인과 구분 짓는 역할을 하기도 한다.[2]

"남자 주연"(혹은 스타들)과 조연(혹은 단역 배우들) 등 인도의 남자 배우들은 1970년대 초중반부터 영화 속에서 청바지와 청재킷을 입기 시작했다. 1970년대 말부터는 "여자 주연"을 포함한 여배우들도 청바지와 청재킷을 입기 시작했다. 스타들이 청바지를 입고 등장하는 맥락은 자연스러웠지만 영화 속에서만 청바지를 착용할 뿐, 실제 현실은 영화 속 상상과는 완전히 달랐다. 스타덤에 오른 배우들 모두가 영화 속에서 청바지를 입은 것은 아니지만, 적어도 인도 중산층이 청바지와 청재킷을 인도 사람에게 어울리는 옷으로 수용하기 시작한 것은 한참이 지난 다음이었다.[3]

청바지는 새로운 정체성과 사회적 유동성을 모색하는 배역을 전형적으로 보여주는 기표가 되었다. 주류 영화의 주제와 수사법이 로맨스에서 벗어나 하위 계층과 정의 추구로 옮겨가던 때, 데님이 발리우드 영화계에 등장하기 시작한 것이 반드시 우연만은 아니었다. 평론가들은 액션 영화와 액션 히어로, 대표적으로 국민 스타 아미타브 바찬 Amitabh Bachchan의 출현을 인도의 사회적, 정치적 격변과 결부시켜 왔다 (Ganti 2004: 32–3; Prasad 1998). 또 다른 학자들은 이성 커플을 무색하게 만드는 《도스티Dosti》* 등 남성 간의 관계에 초점을 맞춘 영화에 담긴 동성애적 메시지의 등장을 지적하기도 한다. 청바지 착용은 이 두 사례 모두와 연결되어 있다. 즉, 청바지는 라빈과 카이저의 말처럼 "끊임없이 새로운 성 역할과 성 정체성의 형성에 맞춰" 착용할 수 있다. 정장이나 맞춤옷과 달리, 청바지는 상류층 대 하류층이라는 의복을 통한 전형적인 구별 짓기를 불안정하게 만들었다. 스타들은 보기에 주류에 속한 청바지를 입고서도 젊은 예술가 역할 같은 비중이 작은 배역, 혹은 단역들처럼 사회적으로 낮은 계층이나 소외된 캐릭터를 연기할 수 있기 때문이다(예를 들어 1975년 영화인 《화염Sholay》에서 다르멘드라 Dharmendra가 청재킷과 청바지를 입고 범죄자 역할을 해 영웅의 이미지를 변화시켰다).

남자들에게 청바지는 "서구 의상"(대개는 셔츠와 바지)의 연장선상에 있었고 이미 인도화되어 널리 소비되고 있었다. 반면 여성들에게 있어 청바지는 인도 스타일로부터의 명백한 일탈이었다. 공공장소에서 여성들이 청바지를 입는 것이 사회적으로 적절한가에 대한 우려가 있었지만, 부유한 상류층 여성들은 점차 그리고 부분적으로 청바지를 선호하기 시작했다. 청바지는 외국에서 유입되어 남녀가 함께 입는, 반항적이

---

* 1964년 제작된 두 소년의 우정을 주제로 한 흑백영화_옮긴이

클레어 M. 윌킨슨 웨버

고 성적인 함의가 풍부한 대표적인 "비非인도적인" 의상이다. 더욱이 청바지가 신체를 가리고 드러내는 방식, 청바지를 착용하는 방식도 문제였다. 노골적으로 다리를 드러내기 때문에 많은 여성들이 기피하던 치마와 달리, 청바지는 항상 동일한 형태는 아니지만 기존의 바지처럼 다리를 가려줬다. 특정 종교, 지역, 연령에 따라 의미가 다르긴 하지만, 추리다르Churidar(몸에 딱 붙는 바지)와 살와르Salwar(발목 부분이 조여지는 헐렁한 바지)는 일반적으로 여성들에게 적합한 의상으로 인식된다. 실제로 1969년 한 영화제의 섬유회사 광고에는 카미즈Kameez(길이가 긴 블라우스)에 일종의 "추리다르"인 청바지를 매치해 입은 날씬한 여성이 등장했다. 청바지 위에 긴 셔츠를 입는 것은 인도에서 여전히 대단히 인기 있는 스타일이지만, 짧은 상의를 입어 무릎부터 허리까지의 몸매를 드러내는, 심지어 과시하려는(이 책의 사사텔리의 글 참조) 스타일도 간혹 찾아볼 수 있다. 파르빈 바비Parveen Babi와 지낫 아만Zeenat Aman 같은 파격적인 여배우들은 1970년대와 1980년대 초 자신들의 영화에서, 청바지에 짧은 상의를 입거나 블라우스를 바지 속에 넣어 입는 식으로 제약을 뛰어넘고자 했다. 이러한 의상 선택은 영화 속 여주인공의 전형이라고 정의되던 범주를 확장했고, 여배우들의 배역을 비중 있게 그리고 표면에 드러나도록 만들어주었다.

패션리더로서 여배우들의 역할이 일상적인 남녀 복식 및 복식 규범과 연계된 위계를 얼마나 불안정하게 만들었는지에 대해서는 여전히 논란의 여지가 있다. 왜냐하면 아주 소수의 여성들만이 여배우들의 스타일을 모방할 수 있었고, 심지어 대다수의 여배우들은 인도의 전통복식을 계속 고수했기 때문이다(경찰 제복처럼 흔히 사회적으로 존경받는 전문직 복장을 하기도 했다). 데른(Derne 1999: 559)과 바나지(Banaji 2006)는 젊은 남녀를 상대로 각기 진행한 연구에서, 청바지는 영화 속 여주인공이 오로지 남자 주인공을 "기쁘게 해주기" 위해서 입는 자극적인 의상이라고 말한다. 2002년, 인도 MTV의 VJ들이 청바지를 입고 여성성에 대한 새로운 모델을 계속해서 만들어내고 있던 상황에서, 델리대학에서 젊은 여성들에게 청바지 착용을 금지시켰던 일은 관습적 윤리가 궁지에 몰린 상황을 보여주는 전형적인 사례이다(Cullity 2002: 421). 아울러 최근의 인도 영화에서는 직업, 행동, 의상에서 여성의 자율권을 위협하는 것에 대한 반감을 표출하기도 했다. 특히 이것은 B. R. 초프라B. R. Chopra의 영화《정의의 균형Insaaf Ke Tarazu》(1980)에서 노골적으로 드러났다. 이 영화는 미국 영화《립스틱Lipstick》(1976)을 가볍게 리메이크한 것인데, 지낫 아만은 극 중 자신을 성폭행한 가해자의 무죄 선고를 감내해야 하는 모델 역할을 맡아 연기했다. 제작진은 사회적 관행에 역행하는 의상들을 통해 아만의 정체성을 표현했는데, 특히 폭행을 당하는 장면은 청바지와 함께 아만의 옷들이 어지럽게 헝클어진 모습으로 묘사되었다.

지난 5년 동안 대도시 중산층에서 갑자기 청바지 착용이 급증한 현상은 다음의 견해와 정면으로 배치된다. 이는 영화 속의 청바지가 노래하고 춤추는 장면에서 입는 노출이 심한 "무대의상"처럼 매력적이긴 하지만 "입을 만하지 않다"는 점을 깨닫게 되었다는 견해이다. 오히려 현재 청바지는 과거 세련되면서 동시에 사회적으로 존중받을 만한 "여대생"의 옷차림으로 살와르-카미즈가 지배하던 영역을 점령해가고 있는 듯 보인다. 이러한 현상은 현대 인도 하이패션업계의 섹스, 배신, 부패를 다룬 마두르 반다카르Madhur Bhandarkur의 최신작인《패션Fashion》(2008)에서 분명히 드러난다. 여주인공인 프리양카 초프라Priyanka Chopra

클레어 M. 윌킨슨 웨버

는 톱 모델이 되기 위해 수모와 모욕을 겪으며 깊은 상처를 받고 찬디가르Chandigarh에 있는 소박한 시골집으로 돌아와 상처를 회복한다. 그녀는 지난날을 뉘우치는 얌전한 젊은 여성 베티beti(딸)를 연기하면서 청바지 차림으로 등장한다. 요컨대, 현재 청바지는 영화 속 여주인공을 다의적으로 묘사하고 있다. 청바지는 여배우들의 자율성과 매력을 보여주는 몸에 꼭 맞는 물건인 동시에, 순종적인 젊음과 건전함을 드러내기도 한다.

브랜드, 욕망, 영화를 파는 발리우드

여자 스타들이 일상적으로 청바지를 입게 된 것은, 영화 의상으로서 청바지의 지위에 중대한 변화가 있었음을 반영한다. 그러나 자기주장과 섹슈얼리티를 전달하기 위해 청바지의 잠재력을 극대화시킨 것은 남자 스타들이었다. 이에 반해 여성들의 청바지는 "잘 길들어져" 왔다.

　세밀한 안무와 아름다운 노래가 함께 등장하는 장면들은 완벽한 몸과 의상이 함께 움직이는 공간이자 옷을 "선전하는" 최적의 공간이다. 산자이 가드비Sanjay Gadhvi의 2006년 작 《둠2Dhoom2》의 주제곡에서 시청자들은 찢어진 청바지와 춤 솜씨로 유명한 리틱 로샨Hrithik Roshan의 전신 샷을 즐길 수 있다. 더 대표적인 사례는 파라 칸Farah Khan 감독의 2007년 작 《옴 샨티 옴Om Shanti Om》인데, 상당히 긴 곡인 "디스코의 열기Dard e Disco"를 감상할 수 있다. 이 곡에서 남자 주연을 맡은 샤룩 칸Shahrukh Khan은 적어도 네 벌 이상의 청바지를 갈아입는다(제련소 노동자의 목수용 청바지와 안전모는, 궁금증을 자아내며 영화 줄거리와 구성의 관점에서 대단히 중요한 부분이 된다). 노래의 초반부에서 칸은 D&G 청바지 한 장만 걸친 채 수영장에 나타난다(영화《007 살인번호*Dr. No*》에서 우르줄라 안드레스Ursula Andress가 바다에서 걸어 나오는 장면과 다르지 않다).[4] 전형적인 "무대의상"을 입은 여자 스타들이 볼거리가 되는 것과 마찬가지로, 이 장면은 시청자들이 칸의 잘 다듬어진 몸매(영화 홍보물에서도 끊임없이 등장한다.)를 감상할 수 있도록 삽입되었다.

이렇듯 청바지밖에 걸치지 않은 몸을 과시하듯 드러내는 방식은 남자 배우를 고용한 최신 광고 두 편에도 나타난다. 두 편의 광고 카피 모두 시청자들에게 광고의 진정성을 드러내기 위해 데님 의상의 지극히 개인적인 속성(이 책의 밀러와 우드워드의 글 참조)을 강조하고 있다. 랭글러Wrangler사가 스타 배우인 존 에이브러햄John Abraham을 기용한 것은 도시 젊은이들에게 자사 브랜드를 어필하려는 "브랜드 개편"의 일환이었다(Kannan 2007). 에이브러햄은 여러 전자매체와 출판 광고물에서 랭글러 청바지의 모델로 활동했다. 에이브러햄은 광고 속에서 야외 욕조에 기대았거나 오토바이를 타고, 청바지만 입은 채 해변에 누워 있기도 하며 심지어 풀보이pool boy 같은 포즈를 취하면서 나른한 관능성을 드러내기도 한다. 보다 선정적인 비디오에서 에이브러햄은 그와 같은 랭글러 청바지를 입은 (그다지 유명하지 않은 여배우인) 지아 칸Jiah Khan과 욕조에서 뒤엉켜 있고 마지막에는 (청바지는 근처 나뭇가지에 걸려 있고) 분명 아무것도 걸치지 않은 채 끝이 난다.[5]

악샤이 쿠마르는 리바이스 청바지의 대형 광고에 출연하고 약 150만 불을 받았다. 리바이스의 도발적인 간판 이미지는 2008년 후반 (뭄바이 교외에 있는 여러 영화배우들의 고향이자 인기 있는 쇼핑가인) 반드라Bandra의 모든 리바이스 매장에 걸렸다. 광고에서 한 여성은 쿠마르에게 손

클레어 M. 윌킨슨 웨버

그림 2.1. **반드라 링킹 로드의 리바이스 청바지 아울렛 매장 광고판. 악샤이 쿠마르의 리바이스 청바지 광고 중 가장 대표적인 이미지이다.**

을 뻗어 바지 단추를 풀고 있고 쿠마르는 미소를 지으며 소비자들을 응시한다.

전반적으로 이 광고는 영화 속 쿠마르의 이미지인 강한 섹슈얼리티를 끊임없이 암시하고 있다. 광고는 유혹하는 행위만큼이나 스스로 유혹의 대상이 될 수 있어야 한다는 상당히 복잡한 성적 묘사로 이루어져 있다. 달리 말하자면, 쿠마르의 모습은 여성을 선동해 그의 "단추를 끄르기에" 충분히 유혹적이다. 이 광고는 성에 대한 쿠마르의 자유분방한 태도를 보여줄 뿐 아니라, 용인될 수 있는 여성들의 성적 표현 수위에 대해 완전히 새로운 메시지를 전달하고 있다. 따라서 광고에는 주로 외국 여자 모델들을 기용하며, 그녀들은 쿠마르의 몸 뒤에 부분적으로 가려진 모습으로 등장한다. 잠재적인 소비자들은 드러난 쿠마르의 몸을 보며 리바이스 특유의 바지 앞단추로 시선을 보내기 시작하는 것이다.

노래 장면과 광고가 여성 관객들에게 즐거움을 선사하고, 바람직한 이성으로서의 남성상에 대해 간접 경험을 제공함에도 불구하고, 광고는 욕망을 직접적으로 찬양하고 있지는 않다(Kavi 2000: 309). 고피나스 Gopinath의 주장대로 노래하는 장면들(랭글러와 리바이스의 광고가 담고 있는 다양한 퍼포먼스)은 "동성애적 욕구가 드러나는" "나머지 이야기에서는 담아내거나 설명할 수 없는 환상의 공간"이다. 이것은 1970년대와 1980년대 미국의 게이들이 찾아냈던 청바지의 "충격적인 에로티시즘" (Rabine and Kaiser 2006: 244)이 현재 큰 저항 없이 새로운 문화적 맥락 속으로 들어와 있음을 보여준다.

그러나 위와 같은 이성애적 욕구의 전복은 여전히 "반발"을 일으킬 가능성이 있다. 다시 악샤이 쿠마르의 리바이스 광고 사례로 돌아가,

클레어 M. 윌킨슨 웨버

광고의 핵심 주제를 강하게 전달하는 쿠마르를 검토해보겠다. 쿠마르는 "저에게 '단추를 풀다.'라는 단어는 대단히 매력적입니다. 단추를 푸는 것은 행위가 아니라 태도죠."라고 말했으며 "저는 브랜드 매니저에게 단추를 푸는 것의 육체적인 면뿐 아니라 광고 전체가 '속박에서 벗어나 자유로운 삶을 살고 자유로워진다'는 표어를 담아내야 하고, 콘셉트는 자유에 관한 것이어야 한다고 이야기해왔어요."라고 말했다. 이같은 반항적 자율성에 대한 노골적 표현에 이미 익숙해진 뭄바이 같은 도시에서는 이 광고가 별다른 문제 없이 수용되었으나 2009년 쿠마르가 라크메 패션쇼Lakme Fashion Show에서 그의 아내인 트윙클 칸나Twinkle Khanna를 초대해 "단추를 끄르는" 퍼포먼스를 선보였을 때 예상치 못한 사건이 터졌다. 아닐 나야르Anil P. Nayar란 사람이 "대중 앞에서의 외설적인 표현"을 혐의로 쿠마르를 고소한 것이다. 합법적으로 쿠마르의 단추를 끄를 수 있는 여성과 처음으로 공개적인 자리에서 행한 일이었음을 고려하면, 그것은 모순적인 고소였다(BBC 2009). (청바지의 연장선상에서) 인간해방과 에로티시즘을 결합한 광고는, 비록 중류층과 상류층은 조롱하지만, 인도 대중문화 전반에 걸쳐서 여전히 영향력을 행사하고 있는 도덕적 입장과 상치한다. 리바이스 청바지의 구조가 광고의 일부인 리바이스 청바지의 성적인 기능과 명백히 연관된다고 할 때, (현재까지 해결되지 않은) 이 소송은 그것이 쿠마르에게 미치는 영향과 관계없이, 특히 청바지가 물신화된 유명인사의 몸을 감싸고 있을 때 (혹은 드러내려 하고 있을 때) 청바지의 성적인 함의가 더욱 강하게 드러난다는 점만을 확인해주었을 뿐이다.

모방과 창조: 영화 안과 밖의 청바지

영화 의상의 페미니즘 읽기에서 대단히 중요한 저작물인『모조품: 의상과 여성의 몸*Fabrications: Costume and the Female Body*』의 도입부에서 제인 게인즈(Jane Gaines 1990: 17)는 할리우드 의상에서 나타나는 패션 "제휴" (혹은 영화 의상을 "영화 스타일"로 해석해 소매점에서 판매하는) 현상이 "이미지와 현실의 결합이라는 탈근대적 현상을 예시한다"고 말한다. 다시 말해 실재 의상이 영화 속 가공된 "진실의 모조품"이라고 하는 것이다. "실재"의 복제품과 "진정한" 이미지의 복잡한 관계에 대한 게인즈의 지적은 전적으로 옳다. 그러나 또 다른 진품을 끌어와 사전 촬영 의상으로서 일정한 "역할을 하게" 만드는 술책에 대해서는 간과했다. 여기서는 사전 촬영에서 의상이 사용되는 방식을 검토함으로써, 영화 제작 "생태"의 새롭고 중대한 차원을 살펴볼 것이다.

서구와 인도에서 기성복을 구입하는 것이 가능해지면서, 원자재를 가지고 옷을 제작하는 과정이 부분적으로 대체되고 있는 실정이다. 의상을 제작하는 데 필요한 의류와 직물은 심미적이고 실용적인 관점에서 선택된다는 점에서, 그것의 입수 가능성이나 적절성, 디자이너와 영화감독이 지향하는 목적 외(예를 들어 배우, 광고회사, 고급 의류회사, 브랜드)의 상업적·수사적 목적도 하나의 생산요인이 될 수 있다. 한 개인이 영화표를 구매하는 것이 누군가가 영화를 만들 수 있는 원동력이 되듯이, 한 개인이 영화를 본 후에 물건을 구입하는 것은 영화가 규정하는 정체성을 현실로 끌어내는 것이다. 즉, 의상은 단순히 디자이너의 상상력이 낳은 유형有形의 결과물이 아니라, 보다 광범위한 사회적 요소들을 함축하는 물질적 실천인 것이다.

뭄바이의 부유한 소비자가 살 수 있는 상품들은 의상팀의 보조 디자이너나 조감독이 촬영을 위해 "쇼핑"하면서 살펴보는 상품과 동일할 것이다. 차이가 있다면 한쪽은 자신만을 위해 쇼핑하는 것이고, 다른 쪽은 완전히 다른 방식, 즉 상상의 대상인 배우들을 대신해 소비하는 것이다. 청바지는 90년대 초반 공급 부족기를 거쳐 이제 인도의 대도시에서 쉽게 구할 수 있는 물건이 되었다. 뭄바이의 부유층들은 청바지, 데님셔츠와 재킷이 한 층 전체를 채우고 있는 쇼퍼스 스톱Shopper's Stop 같은 백화점에서 폭넓은 선택을 할 수 있다. 2008년 반드라 지역 분점은 "패션웨어"와 "데님웨어"의 두 개 층에서 청바지를 판매했다. 흥미롭게도, 인도는 통상적으로 의복을 성별에 따라 완전히 분리해 진열하지만, 청바지는 상표별로 남자 옷과 여자 옷을 함께 진열하고 있다. "패션웨어" 층은 게스, 에스프리, 베네통, 캘빈클라인, 가스 같은 유니섹슈얼한 해외 브랜드 제품들을 망라해 진열했다. 공간을 에워싼 광고 속 남녀 모델들은 악샤이 쿠마르를 제외하고는 모두 백인이었다. 쿠마르의 리바이스 광고는 실제와 거의 비슷한 크기로 재단되어 계단의 가장 윗부분을 장식했다. 다이어 스트레이트와 제퍼슨 에어플레인의 클래식 록음악들이 배경음악으로 흘러나와 데님과 여전히 결속되어 있는 미국적 분위기를 강조했다.

"데님웨어" 층에는 프로보그Provogue, AND(디자이너 아니타 동그레Anita Dongre의 브랜드), 르마니카Remanika, 바이브Vibe, 크라우스Kraus와 같은 인도 브랜드들이 진열되었다. 이 층에 입점한 외국 브랜드는 랭글러, 페페, 리바이스, 리 같은 남성적인 느낌을 주는 것들이었다. "데님웨어" 층에는 데님이 아닌 퓨마, 아디다스, 나이키 등의 스포츠웨어들도 입점해 있었다. 벽에는 프로보그의 광고 모델인 여배우 에샤 데올Esha Deol

을 비롯해 몇몇 인도 스타들의 사진들이 붙어 있었지만, 외국 브랜드의 모델로는 백인이 압도적이었다. 비＃인도계 모델들을 선호하는 경향은 잡지와 신문의 광고에서도 분명히 볼 수 있다. 이는 젊고 매력적인 신세대 "발리우드" 스타들이 스스로를 광고에 적합하게 만들었음에도 불구하고, 이국적인 것과 우월한 가치가 여전히 비인도적인 것과 결부되어 있음을 시사한다.

청바지 가격은 다양한데, 어떤 디자이너 제품인가에 따라 달라진다. 이를테면, 인도 청바지의 가격은 "데님웨어"에서 대략 850루피6부터 시작해 최고 1,600루피까지 올라간다. 이에 반해 랭글러, 리바이스, 리는 1,800루피에서 시작해 3,000루피까지 올라간다. 최고가는 캘빈클라인인데 3,500루피에서 시작한다. 해외 브랜드 청바지의 안쪽 라벨을 보면, 이 상품들이 일반적으로 동남아시아에서 수입된 것임을 알 수 있다.

청바지 제품을 취급하는 고급 의류점이나 브랜드 할인 매장들은 뭄바이의 도시 풍경 역시 새롭게 만들었다. 반드라 외곽의 링킹 로드 Linking Road는 페페, 랭글러, 리바이스 청바지 매장들이 길게 들어서 있는 인기 있는 쇼핑 지구다.

뭄바이 외곽에는 중산층 소비자와 영화 의상 담당자들이 선호하는 로칸드왈라Lokhandwala 같은 작은 규모의 쇼핑 지구도 있다. 여기에는 깔끔하게 접은 청바지들로 선반을 가득 채운 소규모 가게들이 늘어서 있는데, 판매원들은 능숙하게 청바지를 꺼내 판매대 위에 던져놓는다.

이곳의 청바지 가격은 평균적으로 700루피에서 1,200루피 사이이다. 이곳에서 파는 청바지는 아시아 지역에서 수입한 것, 인도에서 생산한 것, 무엇보다 디젤 같은 브랜드 제품의 위조품, 완곡히 말해 모조품들이 대다수이다. 이들은 특별히 잘 만들어진 위조품은 아니며,

클레어 M. 윌킨슨 웨버

그림 2.2. **로칸드왈라 쇼핑 지구. 청바지를 비롯한 여타 기성복을 판매한다.**

바느질이 조악하고 상표는 "비스듬히" 붙어 있는 청바지들로 가격은 1,200루피 정도다. 위조품으로 적절한 가격인지는 모르겠지만, 미국에서 평균 소매가가 약 250불인 진짜 디젤 청바지보다는 분명 싼 제품이다. 노점에서는 200루피 정도까지 떨어진 가격으로 청바지를 구할 수 있다.

뭄바이 의류시장이 크게 성장했음에도 불구하고, 디자이너들과 발리우드 대형 제작사의 스타일리스트들은 주연배우나 톱스타들의 의상을 구입할 만한 곳으로 뭄바이를 생각하지 않는다. 이 점에서 뭄바이는 LA와는 상당히 다르다. LA는 뉴욕과 파리에 견줄 만한 패션 "도시"는 아니지만 스타일 이미지를 생산하고 있기에 패션의 허브이자 직물 생산의 중심지이다(Rabine and Kaiser 2006).

LA에는 철회 가능한 "시착용" 의상 제작, 대량 복제품의 판매 허가 등등 복잡한 상호주의를 용이하게 만드는 패션업과 직물 소매업 사이의 돈독한 관계가 존재한다. 이러한 관계가 없다면 의류제조업은 정지될 것이다. 그리고 이러한 연결고리들은 제작사와 고급 양장점에 디자이너, 감독, 배우 등을 소개해주는 문화 "브로커"들을 통해 유지된다. 아주 최근 들어 LA는 "프리미엄" 청바지의 핵심 생산지로 부상했고, 이는 청바지를 착용하는 스타들의 몸과 매우 밀접한 관계를 맺는다.

반면 뭄바이에는 몇 가지 약점이 있다. 첫째, 뭄바이는 상품시장으로서 한계가 있다. 주인공의 의상을 구입할 때나 영화 속에서 여러 번 같은 의상을 착용하는 경우에는 (사실성을 위해) 마모와 손상이 있어야 하기 때문에 상황에 맞게 여러 벌의 복제품을 확보해야 한다. 미국 의상팀은 같은 의상을 여러 벌 구입할 수 있고, 혹은 복제품을 제작할 수 있는 솜씨 좋은 재봉사를 구할 수도 있다. 인도에서는 첫번째 선택부터 문제가 된다. 한 가게에서 구할 수 있는 동일 물품의 수가 제한되어 있기 때문이다.[7] 물론 복제품을 만들 수 있는 재봉사는 있겠지만, 원단이 부족하거나 배우들이 복제품이 아닌 기성복을 입으려고 고집할 때는 문제가 될 수 있다(Wilkinson-Weber 2010 참조). 노동 착취가 국제적으로 심각해져 재봉사가 줄어들면, 결국 맞춤복이 더 비싸지고 기성복은 저렴해질 것이라는 이야기를 들은 적도 있다.

두번째 문제는 높은 수입을 올리는 발리우드 스타들이 선호하는 디자이너와 최고급 브랜드가 뭄바이에는 많지 않다는 점이다. 오늘날 청바지는 스타들이 공적으로 (또 사적으로도) 자신을 드러내는 데 완전히 새로운 미적 기준으로 자리매김했다. 청바지는 기존의 드레스 코드를 뒤집었을 뿐 아니라, 유명 청바지 브랜드를 접할 수 있는 기회가 많아짐

클레어 M. 윌킨슨 웨버

에 따라 스타들 사이에서 빠르게 일상복으로 자리 잡아가고 있다. 이러한 현상은 남자 스타들에게서 특히 잘 나타나며, 그들은 "편안하게 입은 것"처럼 보이게 할 뿐 아니라 "잘 차려입은 것"처럼 보이게도 하는 청바지의 잠재력을 극대화한다. 스타들은 공식적인 자리뿐 아니라 비공식적 자리에도 청바지가 잘 어울리는 복장이라고 생각한다(이 책의 우드워드의 글 참조).

북미 지역에서 배우들이 특정 브랜드에 애착을 보이는 것은 이미 일종의 공식이 되었다. 남녀 배우가 촬영 계약서에 서명을 할 때, 그 배우의 신체 사이즈와 선호하는 브랜드가 즉각 의상 디자이너에게 전달된다. 만약 요구사항이 배우의 상대적 지위(전체 배우들 중 계약한 배우의 지위)에 적합하지 않다면 요구사항은 무시될 수 있다. 또 스타들은 브랜드에서 협찬을 받아 "공짜" 의상을 받아 오기도 한다. 나는 북미의 디자이너들이 배우들이 선호하는 브랜드를 이야기할 때, 청바지 이름을 언급하는 것을 여러 번 들었다. 영향력 있는 배우들은 그들이 원하는 것을 대부분 얻을 수 있다. 그들은 이렇게 말하곤 한다. "청바지는 300 달러는 되어야 하고 모두 브랜드 제품이어야 해요." 그들은 심지어 촬영장에 동행한 친구들의 청바지를 요구하기도 한다. 배우들 중에는 종종 뻔뻔스럽게 "작품이 끝나면 의상들을 집에 가져가고 싶다"며 촬영이 끝나고 개인 옷으로 사용하고자 하는 사람도 있는데, 이는 과하게 화려한 의상들에 비해 청바지가 훨씬 융통성 있고 유용하기 때문이다.

결국 "배우들이 우리에게 말하는 첫번째는, 자신이 어떤 청바지를 입는다는 것과 그것을 나중에 집에 가져갈 수도 있다"는 것이다. 이러한 맥락에서 청바지보다 빈번히 언급되는 물건은 없다. 청바지는 직업적인 것과 개인적인 것에 걸쳐 있으며, 배역과 배우의 사이에 독특하게 자리하고 있다. 이는 부분적으로 청바지가 안과 밖을 용이하게 이동할 수 있기 때문이다.

디자이너들의 개인적인 관리나 재단사의 개별 서비스를 받는 데 오랫동안 익숙해 있던 인도 스타들은, 이제 특정 브랜드와 인격적 관계를 만들어가고 있다. 아직까지는 브랜드 목록을 들고 제작사를 찾아오는 일이 일반적이지는 않다. 스타들은 촬영기간 동안 개인 디자이너들을 두는 편이고, 이 디자이너가 스타가 좋아하는 브랜드 제품을 구해 오는 일을 전담하게 된다. 스타들이 어떤 의상에 대한 호불호를 이야기할 때 가장 많이 언급되는 것이 청바지이다. 나는 디자이너로부터 다음과 같은 이야기를 들을 수 있었다. "어떤 배우는 캘빈클라인만 입어요. 다른 브랜드는 안 됩니다. 만약 내가 리바이스를 가져와서 입으라고 하면 당장 내 얼굴에 던져버릴 거예요. 캘빈클라인이 아니면 절대 입지 않는다고요." 사실 "배우들은 국산(인도산) 청바지를 입는 데 전혀 익숙하지가 않아요. 만약 국산 브랜드가 협찬을 해준다면 어떻게 할 거냐고요? 디젤 청바지를 구해야죠. 국산 청바지를 입을 만큼 나락으로 떨어질 순 없으니까요." 사실, 청바지 산업은 인도에서 현재 진행형인 셈이다. 실제로 구자라트Gujerat 주의 아마다바드Ahmedabad 에 위치한 아르빈드 밀스Arvind Mills는 한때 세계에서 세번째로 규모가 큰 데님 원단 및 완제품(뿐만 아니라, 농촌 주민들을 위한 거칠고 조악한 가봉 제품들까지)을 취급하는 제조업체였다(Baghai et al. 1996: 47). 수많은 세계적인 브랜드들이 아르빈드의 프랜차이즈 제품으로 인도에서 판매되고 있다(McCurry 1998). 인도에도 가장 잘 알려져 있고 가장 오래된 브랜드인 플라잉 머신Flying Machine을 비롯한 국산 청바지 브랜드들이 있다. 또 최근에는 새로운 브랜드들이 계속 생겨나고 있다. 비록 여전히 외국 브랜

클레어 M. 윌킨슨 웨버

드들에 비해 저급한 것으로 간주되기는 하지만, 일부 브랜드들은 스타들로부터 협찬을 따내기도 한다(여배우 에샤 데올은 수년째 프로보그 제품을 홍보하고 있다).

사실 스타들(및 일부 감독과 제작자)은 외국 제품이 더 낫다고 매우 강하게 확신하고 있다. 이러한 고집에 가까운 신념 때문에 예산이 큰 영화의 경우 가장 먼저 의상 조달을 위해 해외시장을 샅샅이 뒤지는 작업이 이루어진다. 예를 들어, 세계적으로 인지도가 높고 인기 있는 청바지 브랜드인 디젤은 현재 인도에서 구하기 어려운 상품이다(Yan 2004 참조). 한 디자이너는 "남자들은 디젤을 좋아해요. 보기도 좋고, 멋진 핏이 나오기 때문이죠. 저희는 디젤과 함께 꽤 많은 작업을 해왔어요." 라고 말했다. 상품 흐름의 속도가 세계적으로 동시적임에도 불구하고, 디자이너와 배우 들은 뭄바이 패션을 유럽이나 미국 패션보다 덜 "세련된" 것이라고 생각한다. 이들은 런던이나 뉴욕에서 톱 디자이너들을 데려오는 것을 선호한다. 그러나 시간이 부족한 경우에는 두바이나 방콕이 다음 선택지가 된다. 또 다른 디자이너는 "여배우들의 청바지는 방콕에서 들여옵니다. 아마도 복제품이겠지만, 원단이 정말 좋거든요. 신축성 있는 소재라서 여배우들에게는 좋은 선택이죠. 핏도 좋고, 잘 만들어진 제품입니다. 방콕은 정말 멋진 곳이에요. 너무나 활기차고, 정말 동남아 같죠. 모든 디자이너 제품들이 다 있어요. DKNY는 정말 싸요. 두바이보다도 싸요."라고 했다.

스타 배우들은 극 중 배역을 표현해주는 옷이 아니라 단지 그 배역처럼 보이게 해주는 옷을 요구한다. 그러나 배우 한 사람만 배역을 연기하는 게 아니라는 점, 즉 대역배우가 있을 수 있다는 사실을 기억할 필요가 있다. 대역배우들은 스타들과 동일하거나 비슷한 수준의 브랜드 옷을 입을 가능성이 거의 없다. 때때로 스턴트 대역배우들의 험한 촬영을 위해서 불가피하게 다른 소재를 사용해야 할 때도 있지만, 대체로 남녀 대역배우들의 의상에 스타들과 같은 돈을 쓰려고 하지 않기 때문이다. 한편으로는 빠듯하거나 불확실한 예산으로 촬영이 긴박하게 진행되기 때문에, 다른 한편으로는 여러 장면에 다양한 모습으로 출연하는 주인공이 완전무결하게 일관성을 지녀야 한다는 리얼리즘에 대한 집착이 약하기 때문에, 과거 인도 영화에서는 대역배우들이 스타들과 똑같이 보여야 할 필요성이 많지 않았다. 그러나 "전문성"을 점점 강조하는 고예산 영화에서는 의상을 보다 신중하게 사전 계획하고 리얼리즘에 부합하게 만들려고 하기 때문에, 극 중 배역에 맞는 여러 "버전"의 의상을 사용하는 것이 필수적이다. 디자이너와 의상 담당자들은 복제품을 구하기 위해 재봉사를 찾아가곤 했지만, 이제 그들은 티셔츠와 셔츠 같은 품목들을 구입한다. 이는 청바지의 경우에도 마찬가지이다. 디자이너는 재봉사가 청바지 같은 제품을 완벽하게 복제할 수 있다고 확신하지 않는다. "때때로 재봉사가 무언가를 만들기는 하지만, 그럴싸해 보이지 않는 경우가 있어요. 내가 매장에서 고르는 옷이 더 자연스럽게 보입니다. 내가 직접 만들더라도, 내가 가게에서 사는 것만큼 자연스럽지 않을 거예요. 특히 청바지의 경우가 그렇죠." 바꾸어 말해 지역 재봉사의 능력은 저임금 노동자에 비해 (아마 틀림없이) 상대적으로 하락했다. 재봉사를 고용해 대역배우들의 복제품 의상을 만드는 경우에는, 비록 이를 판단할 수 있는 자료는 없지만, 위와 같은 사항들이 고려되지 않았을 것이다(여자 재봉사를 고용해 모든 종류의 의류 복제품을 만드는 것은 미국의 의상 제작자들 사이에서 널리 통용되는 방법이다). 이러한 상황에서 진품 여부(상표, 디자인, 바느질 패턴)를 확인할 수 있는 "브랜드"

클레어 M. 윌킨슨 웨버

마크가 붙은 유명 청바지를 고집하는 것은 스타들이다. 브랜드에 대한 열망이 일군의 청바지를 (단일하지는 않지만) 특별한 제품군으로 차별화 시켰고 맞춤복에 더 높은 가치가 부여되는 정상적인 패턴을 역전시켰 다. 이에 따라 스타들은 규격화되고 대량생산된 제품을 입는 데 반해 대역배우들은 맞춤 청바지를 입게 되었다.

위조품을 사용하는 것은 오래전부터 존재하던 영화 의상 관행 중 하나인데, 가봉된 복제품은 하나뿐인 특별한 모조품이다. 디자이너들 이 위조품이나 저가 브랜드에 눈을 돌린 것이 비단 대역배우나 신인 연기자들 때문만은 아니다. 여러 기성복을 워낙 쉽게 구할 수 있기 때 문에, 스타들은 (조감독과 의상실 직원 같은 촬영장 스태프들에게) "속아서" 브랜드 의상 대신 위조품을 입게 된다고 한다. 의상 담당자들은 온갖 기만적인 방법을 사용하는데, 심지어 가짜 상표를 붙여 배우들에게 진 품이라고 속이기도 한다. 시간이나 예산이 부족한 상황에서는 이러한 방법이 동원된다. 겉으로 드러나지는 않지만, "위조품" 이야기를 할 때 제작진이 통쾌해하는 모습은 출연진과 제작진 사이에 존재하는 적대 감을 보여주며, 또 다른 한편으로 스타와 브랜드를 연결 지을 때 느끼 는 즐거움도 보여준다. 이러한 관점에서 스타들이 해외 수입 청바지를 선호하는 현상은, 개인적인 용도이건 (영화)의상으로서의 용도이건, 뜻 하지 않게 "위조품"을 입게 될 가능성을 차단하려는 일종의 방어 전략 이라고 할 수 있다. 이러한 속임수가 가능한 것은 지역 재봉사의 손재 주 덕분이라기보다는, 밀러와 우드워드가 지적한 대로 "청바지 가격이 30달러에서 230달러까지 다양하지만, 재질과 스타일에서 식별할 수 있 을 정도의 차이는 없다"는 단순한 사실 때문이다.

결론

1970년대 초반부터 산발적으로 등장하기 시작해 현재의 범람하는 이미지에 이르기까지, 데님은 인기 있는 인도 영화의 핵심적인 기표가 되어왔다. 청바지는 남녀 의복이 완전히 구별되던 과거 복식 체계를 파괴했고 오늘날 남녀 배우 모두가 착용하게 되었다. 또 정숙함에서 자유로운 선정성까지 다양한 표현과 역할을 적절히 묘사해주는 의상이 되었다. 스톤워시, 스트레치, 구제 등 다양한 종류의 청바지들은 이제 배우들이 (극 중 배역이면서 스타로서) 세련되고, 매력적이며, 자유롭고(리바이스의 표현으로는 "단추를 푼"), 부끄러움 없는 인도인의 모습을 표현하는 데 친숙한 요소가 되었다. 청바지가 영화 의상으로 널리 사용되면서, 또 인도 시장에서 지난 몇 년간 서구 브랜드 청바지가 소매 점포에 유입됨에 따라 청바지 선택 폭의 다양성이 절정을 이루고 있다. 이와 함께 청바지는 배우들이 촬영장 밖에서 입는 필수 의상이 되었다. 스타들은 고가의 해외 수입 브랜드를 선택함으로써 수많은 시청자 및 팬들과 구별되기 위해 애쓰고 있다. 이 책에서 우드워드가 제시한 아비투스적 의상 대 아비투스적이지 않은 의상 간의 구분은, 배우의 개인 의상과 극 중 의상 간의 구분과 등치되며, 데님은 분명 두 범주 모두에서 유사하게 기능하고 있다. 청바지만이 배우의 개인 의상과 극 중 의상 간의 경계를 흐릿하게 만들며, 계속해서 두 범주 모두를 넘나들고 있다. 즉, 청바지는 배우의 개인적인 옷이라는 지극히 사적인 영역에서 벗어나 촬영장에도 입고 나올 수 있는 유일한 옷이다. 배우가 유명 브랜드 청바지만 고집하고 대용품을 입게 되지 않을까 걱정해야 하는 현상도, 여타 사례와 마찬가지로 다른 옷에 비해 청바지가 독특한 친근함과 편안함을 제공하고 있기 때문이다.

따라서 영화 의상은 개인적인 것과 상징적인 것 사이, 브랜드의 요구와 디자이너 혹은 스타(이들의 고유한 특성은 브랜드에 의해 강화될 수도 혹은 약화될 수도 있다.)의 요구 사이, 대량생산된 브랜드 제품과 평가절하된 복제 맞춤의상 사이에서 아슬아슬하게 균형을 잡고 있다. 고가 브랜드 제품이 평범하게 보일 수 있지만, 반대의 경우(사실 이 경우가 더 많다.)도 존재하기 때문에, 영화 속의 청바지는 위장되기도 하지만 가장되기도 한다. 즉, 촬영장에서 브랜드 청바지가 평범한 청바지로 가장되기도 하고, 반대로 평범한 청바지가 브랜드 제품으로 위장되기도 한다. 평범한 청바지와 브랜드 청바지는 협업하여 매우 안정적이고 강력한 이미지들을 만든다. 또 이러한 이미지들에 상응하는 소비행위를 가시적으로 드러내 사람들이 열망하는 "스타일"에 대응하는 여러 물질들을 이끌어낸다.

디자이너, 보조 디자이너, 거기에 배우(스타부터 신인 연기자까지)는, 청바지의 소비와 실천을 통해 소비자인 관객들을 상대로 문화 브로커로서의 역할을 담당하게 된다. 그들은 소비자인 관객들의 소비행위를 기대하고, 심지어 그들의 소비행위를 미리 만들어내고 있다. 그들은 전문가로서 할리우드를 거쳐 새로운 탈국가적인 관중을 위해, 새로운 환경에서 데님의 강력한 이미지를 전파해가고 있다. 그러나 스타들이 일반 관객들은 따라 할 수 없도록 구분 짓고, 확연히 구별되는 소비 위계상의 최상위의 지위를 확보하려고 노력하고 있기 때문에, 관객들이 (극소수이지만) 부유한 세계일주 여행가가 아닌 이상 관객들은 스타를 완벽하게 모방할 수는 없다.

부기

이 장의 연구는 미국 인도연구소American Institute of Indian Studies와 워싱턴 주립대학교 밴쿠버 캠퍼스의 지원을 받아 진행되었다. 본문의 미주는 편집자의 도움을 받았다. 인도의 청바지 관찰 및 촬영에 도움을 준 친구들과 동료들에게 감사를 표한다. 마지막으로 이 장의 사진 작업에 함께한 헤더 리먼Heather Lehman에게 감사를 전한다.

미주

1. 간접적으로는 1969년부터 1994년까지 발간된 『필름페어Filmfare』라는 잡지의 광고와 사진에서 나타나는 청바지의 편재성을 분석한 연구에서 살펴볼 수 있다. 이 연구는 청바지가 1988년 이후 급격히 등장했음을 보여준다.

2. 이러한 성격이 잘 나타나는 대표적인 영화로는 《구루, 마크불, 락샤Guru, Maqbool, Lakhsya》와 《다 함께 춤을Ta Ra Rum Pum》이 있다.

3. 홉슨-좁슨Hobson-Jobson(Yule 1903: 330-1)에 정의되고 묘사된 "덩거리"는 1960년대 이후 인도에서 청바지가 등장한 현상과 문화적으로 관련이 없다. 청바지의 시각적 영향이나 의상으로서의 영향은, 완성품이든 원단이든 간에 인도 밖에서 들여온 것이다.

4. 《007 카지노 로열Casino Royale》에서 다니엘 크레이그Daniel Craig가 물속에서 등장하는 장면도 동일한 표현으로 볼 수 있다. 그것은 여성의 에로틱한 이미지를 남성의 몸으로 옮겨놓은, 분명한 통문화적cross-cultural 표현이라고 볼 수 있다.

5. 영화배우 리틱 로샨은 마크로만Macroman 평상복의 모델로 러닝셔츠를 입고 홍보 광고사진에 등장했다. 그러나 사진에서 가장 충격적인 부분은 그가 입은 구

제 청바지의 사타구니 부분에서 제조업체 문구가 시작되고 있다는 점이다. 다른 광고에서는 이러한 형태를 찾을 수 없기 때문에, 이것이 고의적인지 아닌지는 알 수 없다.

6. 당시 환율은 1달러에 약 50루피였고 1파운드에는 77루피였다.

7. 나는 캐나다 밴쿠버의 디자이너로부터 미국 백화점에서는 재고를 확인하지 않고도 사이즈를 찾을 수 있다고 들었다.

참고 문헌

Baghai, M., Coley S., White, D., Conn, C. and McLean, R. (1996), 'Staircases to Growth', *McKinsey Quarterly*, 4:39–61.

Banaji, S. (2006), 'Loving with Irony: Young Bombay Viewers Discuss Clothing, Sex and their Encounters with Media', *Sex Education*, 6(4): 377–91

Banerjee, M. and Miller, D. (2003), *The Sari*, New York: Berg.

BBC News/South Asia. 'Bollywood Star in Obscenity Case', 3 April 2009, http://news.bbc.co.uk/2/low/south_asia/7981081.stm (accessed 27 July 2009).

Berry, S. (2000), Screen Style: Fashion and Femininity in 1930s Hollywood, Minneapolis, MN: University of Minnesota Press.

Bhaumik, K. (2005), 'Sulochana: Clothes, Stardom and Gender in Early Indian Cinema', in R. Moseley (ed.), *Fashioning Film Stars: Dress, Culture, Identity*, New York: Routledge, pp.87–97.

Bourdieu, P. (1984), *Distinction: A Social Critique of the Judgement of Taste*, Cambridge, MA: Harvard University Press.

Bruzzi, S. (1997), *Undressing Cinema: Clothing and Identity in the Movies*, London: Routledge.

Cullity, J. (2002), 'The Global Desi: Cultural Nationalism in MTV India', *Journal of communication Inquiry*, 26(4): 408-25.

Derne, S. (1999), 'Making Sex Violent: Love as Force in Recent Hindi Films', *Violence Against Women*, 5(5): 548-75.

Dwyer, R. (2000) 'Bombay Ishtyle', in S. Bruzzi and P. Church-Gibson (eds), *Fashion Cultures*, New York: Routledge, pp. 178-90.

Dwyer, R. and Patel, D. (2002), *Cinema India: The Visual Culture of Hindi Film*, New Brunswick, NJ: Rutgers University Press.

Eckert, C. (1990), 'The Carole Lombard in Macy's Window', in J. Gaines and C. Herzog (eds), *Fabrications: Costume and the Female Body*, New York: Routledge, 110-121.

Fernandes, L. (2000), 'Restructuring the New Middle Class in Liberalizing India', *Comparative Studies of South Asia, Africa, and the Middle East*, 20 (1-2): 88-112.

Gaines, J. (1990), 'Introduction: Fabricating the Female Body', in J. Gaines and C. Herzog (eds), *Fabrications: Costume and the Female Body*, New York: New York, 1-27.

Gaines, J. and Herzog, C. (1990), *Fabrications: Costume and the Female Body*, Routledge, New York.

Ganti, T. (2004), *Bollywood: A Guidebook to Popular Hindi Cinema*, Routledge, New York.

Gopinath, G. (2000), 'queering Bollywood: Alternative Sexualities in Popular Indian Cinema', in A. Grossman (ed.), Queer Asian Cinema: Shadows in the Shade, New York: Haworth, 283-298.

Joshi, T. (2008), Akshay Unbuttoned, *Mid-day*, Mumbai, 22 August 2008, http://www.mid-day.com/entertainment/2008/aug/220808-akshaykumarsteamy-commercial.htm (accessed 27 July 2009).

Kannan, S. (2007), Wrangler's Urban Legend. *Business Daily*, 27 September 2007, http://www/thehindubusinessline.com/catalyst/2007/09/20/ stories/2007092050010100.htm (accessed 27 July 2009).

Kavi, A.R. (2000), 'The Changing Image of the Hero in Hindi Films', in A. Grossman (ed.), *Queer Asian Cinema: Shadows in the Shade*, Binghamton, NY: Haworth, pp. 307-12.

Mazumdar, R. (2007), *Bombay Cinema: An Archive of the City*, Minneapolis, MN: University of Minnesota Press.

McCurry, J.W. (1998), Arvind aims at denim supremacy, *Textile World*, 148(3): 42.

Miller, D. and Woodward, S. (2007), 'Manifesto for a Study of Denim', *Social Anthropology*, 15(3):335-51.

Moseley, R. (ed.) (2005), *Fashioning Film Stars: Dress, Culture, Identity*, London: BFI.

Prasad, M.M. (1998), *Ideology of the Hindi Film: A Historical Construction*, Delhi, Oxford University Press.

Rabine, L.W. and Kaiser, S. (2006), 'Sewing Machines and Dream Machines in Los Angeles and San Francisco', in C. Breward and D. Gilbert (eds), *Fashion's World Cities*, London: Berg, pp. 235-50.

Rajadhyaksha, A. (2003), The 'Bollywoodization' of the Indian Cinema: Cultural Natioanlism in a Global Arena', *Inter Asia Cultural Studies*, 4(1): 25-39.

Rao, R.R. (2000), 'Memories Pierce the Heart: Homoeroticism, Bollywood-style', in A. Grossman (ed.), *Queer Asian Cinema: Shadows in the Shade*, Binghamton NY: Haworth, 299-306.

Sheikh, A. (2007), Film Merchandising Comes of Age in India. In *Rediff India Abroad*, 9 November, http://www.rediff.com/money/2007/nov/09films.htm

(accessed 27 July 2009).

Stacey, J. (1994), Star Gazing: Hollywood Cinema and Female Spectatorship, London: Routledge.

Street, S. (2001), *Costume and Cinema: Dress Codes in Popular Film*, New York: Wallflower Books.

Tarlo, E. (1996), *Clothing Matters: Dress and Identity in India*, Chicago, IL: University of Chicago Press.

Vedwan, N. (2007), 'Pesticides in Coca-Cola and Pepsi: Consumerism, Brand Image, and Public Interest in a Globalizing India', *Cultural Anthropology*, 22(4): 659–84.

Virdi, J. (2003), *The Cinematic Imagination: Indian Popular Films as Social History*, London: Rutgers University Press.

Wilkinson-Weber, C. (2005), 'Tailoring Expectations: How Film Costume becomes the Audience's Clothes', *South Asian Popular Culture*, 3: 135–59.

Wilkinson-Weber, C. (2006), 'The Dressman's Line: Transforming the Work of Costumers in Popular Hindi Film', *Anthropological Quarterly*, 79(4): 581–608.

Wilkinson-Weber, C. (2010), 'From Commodity to Costume: Productive Consumption in the Making of Bollywood Film Looks', *Journal of Material Culture*, 15(1): 1–28.

Yan, J. (2003), 'Branding and the International Community', *Journal of Brand Management* 10(6): 447–56.

Yule, S.H. (1968), *Hobson-Jobson: A Glossary of Colloquial Anglo-Indian Words and Phrases, and of Kindred Terms, Etymological, Historical, Geographical and Discursive by Henry Yule and A.C. Burnell*, Delhi: Munshiram Manoharlal.

영상 자료

Akhtar, F. (dir.) (2004), *Lakshya*, UTV Communications.

Anand, S. (dir), *Ta ra rum pum*, Yash Raj Films

Bhandarkar, M. (dir.) (2008), *Fashion*, UTV Communications.

Bhardwaj, V. (dir.) (2003), *Maqbool*, Yash Raj Films.

Campbell, M. (dir.) (2007), *Casino Royale*, Sony.

Chopra, B.R. (dir) (1980), *Insaaf ka Tarazu*, B.R. Films.

Gadhvi, S. (dir.) (2006), *Dhoom 2: Back in Action*, Yash Raj Films.

Johnson, L. (dir.) (1976), *Lipstick*, Paramount.

Khan, F. (dir.) (2007), *Om Shanti Om*, Eros.

Ratnam, M. (dir.) (2007), *Guru*, Madras Talkies.

Sippy R. (dir.), *Sholay*, Sippy Films.

Young, T. (dir.) (1962), *Dr No*, United Artists.

3

어떻게 청바지는 친환경적이 되었나: 미국 아이콘의 물질성

보딜 비르케배크 올레슨
Bodil Birkebæk Olesen

덴마크 오르후스대학교 인류학과 박사후 연구원

먼저 그들은 국가의 기반을 만들고, 이를 집단 정체성으로 채웠다.

설리번Sullivan(2006. 6)

제임스 설리번은 2006년 저작에서 미국 청바지의 역사, 그의 표현대로라면 19세기 초라한(내지는 보잘것없는) 작업복으로 시작해 현재 "가장 잘 팔리고, 인기 있는 옷"(Sullivan 2006: 10)이자 "미국 유니폼"으로 자리잡기까지 청바지의 역사(Sullivan 2006: 8)를 추적한다.

데님이란 명칭의 유래에 대한 논란부터 최근 화폐용지의 원료로 재활용되기까지, 디젤과 럭키Lucky 등 최근 뜨고 있는 "라이프스타일 브랜드"에서 현재 광고에서 청바지의 역할에 이르기까지, 설리번은 2세기에 걸쳐 청바지가 체현해온 미국 문화의 신화와 이상을 종합적으로 보여준다. 설리번은 청바지와 문화 간의 독특한 상징적 관계는 과거와 현재, 상징과 물질을 모두 아우르며, 청바지를 입는 어떤 개인적 행위도 행위 자체를 초월하는 의미로 가득 차 있다고 지적한다.

청바지와 미국적 정체성 간의 관계는 역동적이다. 계속해서 변화하며 확장되고 있으며 설리번의 표현대로 상징적 레퍼토리에만 국한되지도 않는다. 미국적 가치규범은 청바지를 통해 강화되고 변화한다. 특히, 청바지는 윤리적 소비와 환경보호론 등의 쟁점들을 포괄하면서 기존의 규범적 가치들을 변형시키는 데 중요한 역할을 한다. 본 연구는 이러한 청바지의 역할에 주목해 현재 지배적인 기호학적 관점을 넘어설 것이다. 특히, 2006년부터 코튼사Cotton Inc.가 주관해온 "데님운동"에 초점을 두고 논지를 전개해나갈 것이다. 미국 소비자들은 데님운동을 통해 기존에 가지고 있던 오래되거나 낡은 청바지를 기부할 수 있었고, 이렇게 기부받은 청바지는 친환경 단열재로 가공되거나 자선활동에 사용되었다. 본 연구는 환경과 윤리적 소비에 대한 사회 전반의 관심 증대, 기업들의 이미지 제고를 위한 노력이라는 배경에서 데님운동을 다룬다. 또 청바지가 지닌 다의성과 미국적 가치규범을 구현하고 실천하는 것으로 알려진 청바지의 역할로 인해, 청바지가 데님운동의 이상적인 기부품이 될 수 있었다고 주장한다. 아울러 본 논문은 청바지에서 단열재 원료로의 물질적 변화를 추적하고, 한 발 더 나아가 정치경제적 상황이 재활용 섬유의 활용에 미친 영향에 대해서도 다룰 것이다. 이를 통해 청바지의 물질적 속성과 (역설적이게도) 청바지 자체의 인기에 힘입어 데님운동이 성공할 수 있었음을 보일 것이다. 이러한 설명은 미국에서 청바지의 의미를 이해하는 새로운 시각을 제시한다. 즉, 청색에서 녹색으로 변모한 청바지의 현대적 역동성을 이해하기 위해서 (물질적 특성, 사회경제적 배경, 상징적이고 범지구적 의미 등을 포함하는) 청바지의 전반적인 속성을 검토할 필요가 있는 것이다.

보딜 비르케배크 올레슨

상징적 편재와 물질적 무소부재 無所不在

설리번이 주장했듯이, 처음에는 실용적 가치 때문에 도입되기 시작한 청바지가 상징적 가치에 의해 인기를 누리게 되었다는 사실은 미국 청바지 역사에서 가장 흥미로운 점이다. 19세기 개척 광부들과 농부들은 청바지를 작업복으로 선택했는데 저렴한 가격에 견고하고 유용성도 높았기 때문이다. 도입 초기부터 청바지 광고는 개성과 진정성 등을 강조했고, 리바이스 같은 브랜드에서는 이 두 가지가 여전히 중요한 속성이 되고 있다. 청바지의 고유성과 실용성은 신흥 국가 미국의 정체성을 표현하기에 적합했을 것이다. 하지만 또 한 가지 우리가 주목해야 할 점은 청바지의 기의가 다양하다는 점과 함께 청바지가 편재하는 기표라는 사실이다(Davis 1989: 347-52; Rabine and Kaiser 2006: 236). "히피들의 필수 아이템"(Melinkoff 1984: 163), 1960년대 페미니스트의 양성평등 표현, 힙합 래퍼의 "갱 스타일" 등, 청바지 착용은 국가 정체성을 상징해온 것만큼이나 빈번하게 반체제적 혹은 대안적 정체성을 표상했다. 광고는 물론 사실상 모든 미국 음악 장르, 소설, 미술, 영화와 시 등에서 청바지를 다루고 있다(Botterill 2007). 또 청바지를 다룬 논문과 기사(Finlayson 1990; Gilchrist and Manzotti 1992; Marsh and Trynka 2005; Snyder 2008) 역시 늘어나면서, 청바지는 미국 문화에서 쉽게 연상되는 기표가 되었다.[1] 이처럼 청바지의 상징적 편재성은 미국인의 의생활에서 청바지가 편재하는 것과 궤를 같이한다. 코튼사의 라이프스타일 보니터 조사에 따르면, 미국인들은 평균 7~8벌의 청바지를 갖고 있다. 2008년 조사에서 37퍼센트가 지난달에 청바지를 구입했다고 응답했고, 35퍼센트는 다음 달에 청바지를 구입할 예정이라고 했다.[2] 또 미국인들은 일주일에 평균 4일 정도 청바지를 입으며,[3] 응답자의 75퍼센트가 청바지 착용을 즐기는 것으로 나타났다. 최근에는 다소 높은 수치인 전체 응답자의 78퍼센트가 "청바지를 입을 수 있는 장소에 가는 것을 선호한다."라고 답했다.[4]

사회학적 관점에서 청바지가 미국 문화와 사회생활 전반에 편재하는 현상과 관련해, 흥미롭지만 아직 연구가 이루어지지 못한 주제가 있다. 바로 청바지가 미국적 가치규범의 생산과 재생산에 있어 중요한 역할을 하며, 청바지의 편재성이 가치규범의 생산과 유지에 도움을 준다는 것이다. 여기서 나는 청바지가 미국의 개인주의와 순응성이라는 난제를 해결하는 이상적인 옷이라는 단순한 설명보다는(물론 미국 내 어느 대학 캠퍼스를 방문하든지, 청바지가 많은 학생들에게 여전히 유효한 해결책이라는 점을 확인할 수 있겠지만) 오히려 드레스 코드의 존재와 내용에 주목하고자 한다. 미국인들은 상황에 맞는 옷차림을 대단히 중시한다. 예를 들어, 공식 행사나 학술대회 등의 초대장에는 드레스 코드가 명시되어 있어, 중요한 사회적 모임에 적절한 옷차림을 준비할 수 있게 한다. 반면 친구, 가족, 동료와의 주말 나들이 등 비공식 행사에는 드레스 코드가 정해져 있지 않지만, 대부분은 청바지를 입는다. 드레스 코드가 없고 "융화될 필요가 있는" 비공식 행사에서 청바지를 선호하는 것은 "적절한 옷차림"이 무엇인가에 대한 개인적 불안에서 비롯되었을 수 있다. 미국 문화에서 청바지 착용은 일과 여가의 관념적 분리를 체현하는 것이다. 동시에 일과 여가의 분리라는 라이프스타일과 윤리적 가치를 받아들이고 있음을 각 개인이 체현해 보이는 것이기도 하다. 공동의 가치를 표상하는 청바지의 역할은 미국의 다른 관행들 속에서 더 분명히 드러난다. 미국 내 많은 회사들은 소위 캐주얼 데이를 만들어,

보딜 비르케배크 올레슨

보통 금요일에 직원들이 청바지를 입고 출근할 수 있게 한다. 얼핏 "파격적"으로 보이는 캐주얼 데이는 사실 복장을 엄격히 통제하는 관행으로, 직원들이 드레스 코드의 정당성과 함께 사회규범의 필요성을 받아들이게 만든다. 또 일과 여가 사이의 특수한 관계(와 사람들의 자발적인 준수)를 분명히 보여줌으로써, 결국 일의 목적이 개인의 물질적 이익 추구가 아니라 업무 외 시간에 공동의 가치를 실현하기 위한 수단이 되어야 한다는 점을 역설한다.[5]

우리가 캐주얼 드레스 코드가 최근 소위 지역봉사라 불리는 행사들로 어떻게 확장되었는지 고민할 때, 일과 여가, 둘 사이의 윤리적 관계에 대한 함의, 그리고 이에 대한 개인의 자발적 준수를 체현하는 도구로서 청바지의 핵심적 역할은 훨씬 명료해진다. 갈수록 많은 기업들이 직원들이 자선단체에 기부를 하면 특정 날짜에 청바지를 입고 출근할 수 있게 해주는 다양한 행사를 마련하고 있다. 몇 가지 사례들을 살펴보도록 하자. 세 개 지점과 1억 7,100만 불의 자산을 보유하고 있는 일리노이 주의 작은 은행 소크 밸리Sauk Valley Bank는 2004년 이래 매주 금요일마다 사전 선정한 자선단체 혹은 기관에 직원들이 2달러씩을 기부하는 "청바지 자선바자회Jeans for Charity" 행사를 개최해왔다.[6] 회계법인 전문 업체 딜로이트 앤드 투쉬Deloitte & Touche's의 시카고 사무소에서는 "청바지의 날 자선사업The Jeans Day Charity Initiative" 행사를 열고 있다. 행사에서 5달러짜리 스티커를 구매한 직원은 누구든지 매달 마지막 주 금요일에 청바지를 입을 수 있다. 그리고 스티커 판매 수익은 매달 직원들이 선정한 새로운 자선단체에 기부된다. 회사 대변인은 이 행사가 "시카고 지역사회와 연결점을 만들어내는" 동시에, "공동체 의식을 함양하는 데 큰 도움이 되었고" 또 사내에서 "직원들이 목소리를 낼 수 있는" 기반이 되었다고 소개했다.[7] 딜로이트의 "청바지의 날 자선사업"
은 소아마비 구호기금운동March of Dimes의 "영아를 위한 청바지Blue Jeans
for Babies" 프로그램에서 영감을 받아 시작되었다. 소아마비 구호기금운
동은 영아 보건 증진을 위해 설립된 북미 보건 자선단체로서 미국 내
모든 기업들과 함께 매년 모금 행사를 개최하고 있다. 영아를 위한 청
바지는 딜로이트의 프로그램과 유사하게 소아마비 구호기금운동을 지
원하는 스티커, 배지, 티셔츠를 구입하는 대가로 캐주얼 차림으로 출근
할 수 있게 해주는 행사이다.

1996년 이래 미국 청바지 브랜드 중 하나인 리는 유방암 자선기금
을 모금하는 "전국 리 청바지의 날the National Lee Denim Day" 행사를 열고
있다. 이 행사는 "희망은 당신이 가장 좋아하는 청바지와 함께 시작됩
니다.hope starts with your favorite jeans."라는 구호하에, 직원들이 팀을 짜서
등록하면 청바지의 날을 "재미있고 성공적"으로 보낼 수 있도록 제작
한 "참여 키트"를 무료로 제공한다. 또 5달러를 기부하면 청바지를 입
고 출근할 수 있다.[8] 하지만 우리는 규범적 가치를 체현하고 지속시키
는 청바지의 독특성이 옷으로 입었을 때만 표출되는 것은 아니라는 사
실에 주목해야 한다. 다음 장에서는 개인에게 청바지 기증을 격려하는
새롭고 혁신적인 자선활동 사례들에 대해 살펴보겠다.

상호적 자선활동

미국 면화 재배 및 수출업체인 코튼사는 2,700만 달러가 투입된 광고
홍보 행사의 일환으로 2005년 "세탁물 투어Dirty Laundry Tour"를 시작했

보딜 비르케배크 올레슨

다. 코튼사는 투어의 목적을 젊은 소비자층의 충성도를 높이는 데 두고, 대학생들에게 면제품을 관리가 수월하며 다용도로 활용 가능한 아이템으로 선전했다.[9] 코튼사는 전국 열 개 대학에서 음악, 패션쇼, 게임 등을 결합한 일일 캠퍼스 행사를 개최했고, "태어나서 처음으로 자기 빨래를 하게 된" 미국 젊은이들에게 면직물 관리 방법을 가르쳐주었다.[10]

투어는 2006년에도 개최되었고 "면화, 청색에서 녹색으로Cotton, From Blue to Green"라는 행사가 새롭게 추가되었다. "데님운동"으로도 알려진 이 행사의 아이디어는 단순하다. 학생들이 청바지 한 벌을 기부하면, 5달러짜리 청바지 할인권을 주는 것이다. 할인권은 행사에 참여하는 지역 상점에서 새 청바지를 구입할 때 사용할 수 있다. 캠페인을 통해 모인 1만 4,000벌이 넘는 청바지는 울트라 터치 데님 단열재Ultra Touch denim insulation로 재활용 가공 처리되었다. 울트라 터치는 친환경 단열재로 재활용된 면직물, 주로 데님으로 제작되며, 기독교 자선단체 해비타트Habitat의 배턴루지Baton Rouge 지사가 2005년 허리케인 카트리나 이재민을 위한 집을 지을 때 사용하기도 했다.[11] 언론은 코튼사가 데님운동을 통해 자사의 환경에 대한 헌신을 보여주고 있다는 기사를 내보냈다. 또 사람들에게 "친환경적이고, 지속 가능하며, 책임 있고, 재생 가능한 방식으로 환경부담Environmental Footprint을 최소화하는 노력이 중요하다는 것을 인식시키는 특별한 프로젝트"로 데님운동을 소개했다.[12] 코튼사의 대표는 데님운동이 청바지 기부를 통해, 학생들에게 재생 가능한 천연섬유의 유익함뿐 아니라, 환경을 위한 노력과 기부의 일상적 실천이 얼마나 쉬운 일인지 깨닫게 해주었다고 설명한다.

2008년 데님운동은 소매상들과도 협업하기 시작한다. 2008년 4월

8일 내셔널 진National Jean의 뉴욕 매장에서는 내셔널 진과 어니스트 소운Earnest Sewn이 공동 패션쇼를 주최했다. 패션쇼는 내셔널 진의 "정직한 변화 만들기Make an Earnest Difference"라는 자선행사의 일환으로서 입장료 대신 청바지를 기부받았다. 5일간의 행사에서 내셔널 진은 청바지를 기부한 사람들에게 자사의 신상품 청바지 20퍼센트 할인권을 나누어주었다. 이 자선행사는 "청바지 기부를 유도하고, '면화, 청색에서 녹색으로'라는 데님운동에 대한 인식을 제고하기 위한" 취지로 그다음 주말에는 내셔널 진의 롱아일랜드와 맨해튼 지점으로까지 확대된다. 패션 전문가들과 유명인사들은 매장에서 내셔널 진 청바지 할인권을 받으러 온 손님들에게 패션에 관한 조언을 해주고, 여러 패션 관련 게임의 심사를 맡기도 했다. 게스Guess by Marciano 역시 데님운동과 협업관계를 맺고 있다. 게스는 2008년 4월 한 달 동안 전국 모든 지점에서 청바지를 기부하고 새 청바지를 구입하는 고객을 대상으로 10퍼센트 할인 혜택을 제공했다. 게스의 부회장 데이비드 치오베티David Chiovetti는 데님운동과의 협업을 "우리의 공동체에 대한 헌신을 표상하는 것입니다. (……) 게스의 브랜드 DNA가 패션 그 이상임을 이야기하는 것입니다."라고 설명한다.[13]

데님운동이 시작되기 전인 2005년 폴로 랄프로렌 재단Polo Ralph Lauren Foundation에서도 유사한 행사를 개최했었다. 폴로 랄프로렌 재단은 유명 브랜드인 폴로 진, 가정용품, 장신구, 향수 등의 제품군을 거느린 의류 디자인, 마케팅, 유통 기업 폴로 랄프로렌사가 세운 자선재단이다. 직원들에게 자원봉사 기회를 제공하는 G.I.V.EGet Involved Volunteer Exeed 사업을 통해, 재단은 자사 직원, 대학생, 유명인사, 음악가들로부터 청바지를 기부받는 "새로운 집에 당신의 청바지를 기증하세요G.I.V.E

Your Jeans a New Home"행사를 기획했다. 이 행사는 대학에서 청바지를 기부한 학생들을 대상으로 폴로 청바지를 할인된 가격에 제공했다. 행사 책임자인 마리아 틸리Maria Tilley는 "학생과 지역공동체에 (자원봉사의) 의미를 전달하고 (……) 자원봉사의 실천을 격려하는 것"으로 기획의도를 설명했다. 틸리가 기부를 자원봉사로 여겼는지는 모르겠으나(어떤 학생들은 한 번에 청바지 네 벌을 기부해 상당한 봉사를 했다.) 한 학생의 표현대로라면 "청바지 한 벌에 60달러는 꽤 괜찮은 거래"이기 때문에 많은 학생들이 동기를 부여받은 것 같았다.[14] 이 행사를 통해 모인 1만 9,000여 벌의 청바지는 울트라 터치 단열재로 가공되었고, 랄프로렌사 광고 홍보 수석부사장 데이비드 로렌David Lauren 등의 도움으로 사우스 브롱크스에 소재한 19세기 건물에 설치되었다. 폴로 자원봉사팀은 휴머니티 뉴욕 시티Humanity New York City와 본디드 로직Bonded Logic 해비타트와 협력해 이 건물을 후원하고 있다. 데이비드 로렌은 단열재 설치에 앞서 언론과의 인터뷰에서 "자원봉사와 소외된 공동체를 향한 유의미한 기여는 회사 방침과도 합치되는"만큼 랄프로렌사는 데님운동과의 협업에 큰 자부심을 느낀다고 이야기했다.[15]

"새로운 집에 당신의 청바지를 기증하세요." 행사에 앞서 폴로 진은 2002년 3월 "레드, 화이트 앤드 뉴Red, White & New" 행사를 개최했다. 미국 내 20개 대학의 학생들은 이 행사를 통해 Macys.com에서 낡은 청바지를 폴로 진 할인권으로 교환할 수 있었다. 로렌 재단은 이렇게 기부받은 청바지를 스위프트 데님Swift Denim사에서 재활용 가공한 뒤, 이익금 모두를 미국 적십자 재해구호재단, 9.11 펀드, 트윈타워 펀드, 아메리칸 히어로스American Heroes 장학재단에 전달했다.[16] 랄프로렌사의 기업경영 수석부사장 로스 클라인Ross Klein은 "'레드, 화이트 앤드 뉴'는 랄프로렌사가 대학생 소비자들에게 감사를 표하고, 지역공동체에도 수익을 환원하는 행사입니다. 이러한 순환을 통해 학생들은 공동체에 기여하는 동시에, 자신들의 자선활동에 대한 보상을 경험하게 됩니다."라고 이야기했다.[17]

자선단체, 전략적 자선활동, 캠페인을 내세운 마케팅

이미 살펴본 바와 같이, 미국 개인주의와 그에 따른 일과 여가 개념에 대한 이해의 저변에는 강력한 윤리적 암류가 흐르고 있다. 그리고 앞서 언급했듯이, 이러한 생각은 일은 목적을 달성하기 위한 실질적 수단이기 때문에, 여가활동이 자선적 요소를 포함해야 한다는 것을 넌지시 암시한다. 여가시간이 자선활동을 포괄해야 한다는 생각을 전형적으로 보여주는 사례는 교회 봉사활동이다. 교회 봉사활동은 빵 판매와 급식 자원봉사뿐 아니라, 입장료와 참가비 수익을 여러 자선단체에 기부하는 자전거 타기와 달리기 같은 스포츠 행사에 이르기까지 실로 다양하다(Myerhoff and Mongulla 1986). 20세기 미국에서 기업의 독지활동은 상대적으로 큰 역할을 담당했다(Bremner 1988; Fredman and McGarive 2003). 자선활동과의 연관성을 부인할 수는 없지만, 대부분의 기업 독지활동은 사회공헌활동에 대한 정부의 세금우대제도에 힘입은 바가 컸다. 많은 학자들이 1990년대 이래 사회공헌활동과 마케팅에 대한 기업의 접근방식이 급변했다고 지적한다(McMurria 2008; Stole 2008). 기업들이 마케팅 수단으로서 사회공헌활동의 잠재력을 인식한 것이다. 갈수록 많은 기업들이 의식 있는 시민이 되고자 하는 변화된 소비자 욕구에 부응하고 기업 이익에도 합치되는 사회문제들을 브랜드 정체성 속에 녹여내려고 시도하고 있다(King 2001: 116). 이러한 전략적 자선활동의 대표적인 예는 소위 공익 마케팅이라 불리는 것으로, 영리를 추구하는 기업과 비영리기구가 협업하는 마케팅 유형을 가리킨다. 초기 공익 마케팅의 가장 잘 알려진 사례는 아메리칸 익스프레스American Express가 1983년 엘리스 섬의 "자유의 여신상" 보수작업을 지원한 일이다. 아메리칸 익스프레스는 카드 거래 시마다 1센트씩, 신규 가입 한 건당 1달러씩을 기부하기로 결정하고, 1983년 보수작업이 시작되기 전 마지막 3개월 동안 170만 달러를 기부금으로 조성했다. 이 활동을 통해 혜택을 누린 것은 "자유의 여신상"만은 아니었다. 아메리칸 익스프레스 역시 대중적 반향에 힘입어 카드 사용이 28퍼센트나 증가했다(Stole 2008: 26).

기업들은 보통 사회공헌활동에 앞서, 자사의 사업목표와 브랜드 특성에 부합하면서 기부 시 최대의 효과를 끌어낼 수 있는 한정된 범주 안에서 주제를 선정한다(King 2001: 122). 주로 폭넓은 호소력을 가지며 논란의 여지가 없는 주제들이 선택된다. 기업들은 자선활동을 통해 기업 이미지를 제고하고 혹시라도 문제가 발생할 상황을 피하기 위해, 최종 선택 시 소비자 조사 결과를 참고한다. 그러나 브랜드 구축이라는 관점에서, 기업과 이상적인 명분의 제휴는 브랜드 인지도를 확립하는 데 잠재적 역효과를 낳을 위험이 있다. 한 예로, 유방암 퇴치활동을 살펴보도록 하자. 몇몇 기업에서 동일하게 유방암 퇴치를 자사의 공익 마케팅 주제로 사용한 적이 있다. 기업들은 이 주제에 대해 "꿈의 명분dream cause"이라는 표현을 사용할 정도로 폭넓은 대중의 관심과 지지를 받았다. 유방암 퇴치라는 주제는 잠재적으로 인종이나 계층 논란을 불러일으킬 수 있는 사회경제적 요소가 없는 것처럼 보인다. 수잔 G. 코멘 유방암 재단Susan G. Komen Breast Cancer Foundation과도 협업할 수 있고, 더욱이 핑크 리본은 이미 많은 사람들에게 유방암 퇴치활동의 "브랜드"로 자리 잡았다. 그러나 유방암 퇴치를 공익 마케팅 주제로 선택하는 기업들이 갈수록 늘어가면서, 많은 기업들은 자선활동에서도 자사만의 독특한 차별성을 강조해야 하는 또 다른 도전에 직면했다(King 2001: 129).

코튼사가 환경보호를 주제로 선택한 것은 언뜻 상술한 문제들이 잠재적으로 발생할 가능성이 있는 것처럼 보이기도 한다. 환경보호는 최근 들어 비상하리만큼 폭넓은 지지를 받고 있지만, 상당수의 기업들(월마트Wal-Mart의 에이커스 포 아메리카Acres for America 프로그램과 제너럴 모터스General Motors의 미국 자연보존협회Nature Conservancy와의 협업 등)은 일찍부터 환경보존과 자사 브랜드 이미지를 결합하려 다방면의 노력을 기울여 왔다. 하지만 환경문제에 관심을 갖는 기업들이 늘어나면서, 많은 사람들이 환경부담을 최소화하려는 기업의 노력을 윤리적 경영 방식의 하나 정도로 생각하게 되었다. 이로 인해, 어떤 기업이 건강한 지구를 만드는 일에 헌신하고 있다는 메시지만으로는 타사 브랜드와의 차별성을 부각시키기에 역부족이 된 것이다. 이러한 상황에서 코튼사의 데님운동은 환경보호라는 대의를 전달하고 이를 통해 자사 제품의 이미지를 제고하기에 좋은 선택은 아닌 것 같았다. 하지만 데님운동은 기부금 대신 중고 청바지를 모으고, 이를 다시 환경운동에 기부하는 방식을 취했다. 이러한 방식으로 코튼사는 환경과 사회문제에 대한 관심을 행동으로 보여주었을 뿐 아니라, 자사 제품에 "자연적"이고 "환경친화적"인 이미지를 더하게 된다.[18] 청바지 기부에 담긴 혁신적이고 상호작용적

보딜 비르케배크 올레슨

인 요소가 기업의 브랜드 구축에 도움을 준 것은 사실이나, 이는 자선 활동의 개념을 극적으로 변형시켰다. 소비자들은 말 그대로 청바지를 직접 가져와 현장에서 기부하는 행위를 통해 "환경을 생각하는" 윤리적 소비자가 되는 경험을 체화하게 된 것이다. 더욱이 데님운동은 보통 대학 캠퍼스나 의류 매장에서 음악, 게임과 함께하는 행사의 일부로 진행되었고, 중고 청바지를 기부하는 대가로 새로운 청바지를 구입할 수 있는 할인권을 즉시 제공했다. 이로써 사람들은 최소한의 노력과 희생만으로도 환경보호에 동참할 수 있었다.

데님운동은 규범적 가치를 만들어내는 청바지의 속성으로 인해 성공을 거둘 수 있었다. 하지만 나는 청바지 자체가 가지고 있는 다의성 역시 중요한 성공의 요인이었음을 주장한다. 이제 청바지는 영화, 광고, 음악, 소설 등 도처에 편재하면서 여러 방식으로 인용이 가능한 상징들의 목록을 만들어내고 있다. 이렇게 재현된 청바지는 개인의 정체성, 애국심, 자선 혹은 윤리적 행위와 같은 사회적 쟁점들에 대한 폭넓은 공감대를 형성하면서, 동시에 이러한 쟁점들을 통합하고 있다. 많은 사람들이 한 번쯤은 청바지를 입고 소유했던 경험이 있기 때문에, 데님운동은 청바지 기부에 대한 자발적 공감과 참여를 손쉽게 유도할 수 있었다. 즉, 청바지는 누구나 한 벌 정도는 가지고 있는 옷으로 기부활동에 있어서는 더없이 이상적인 선택이 된다. 하지만 이러한 활동에 참여하는 것이 중요하고 도덕적이며 생산적이라는 인식은 가치규범들의 집합 가운데 청바지가 차지하는 중요성으로 인해 강화된다. 청바지가 지닌 다의성과 가치규범 내에서의 중요성은, 청바지가 단지 교환물의 하나가 된 지금도 계속해서 청바지와 관련된 관행에 영향을 미치고 있다.[19]

그러나 상술한 교환 행위는 청바지가 "옷"에서 일반적인 "물질"로 변이하는 과정을 수반한다. 이 장에서 나는 청바지를 단열재 원료로 사용하는 데 가장 중요한 부분인 청바지 재질에 관해 다룰 것이다. 면화 및기타 식물성 섬유의 주요 구성요소는 셀룰로오스, 폴리머, 거대분자이다. 강도, 연신율, 흡수성과 같은 섬유의 화학적, 물리적, 기계적 속성들은 섬유 내 긴 사슬 모양을 한 폴리머들의 독특한 배열에 따라 결정된다(Collier and Tortora 200: 34). 수명을 다해 버려진 옷이나 생산과정의부산물인 트리밍(잘린 천 조각들)과 클리핑(마름질하고 남은 부분들)도 섬유공학적 관점에서는 여전히 쓸모가 있다. 폐직물의 용도를 결정하는 가장 중요한 요소는 재활용에 소요되는 비용이다. 가공 직물이라는 점때문에 활용 범위가 제한적이긴 하나, 천연 직물에 비해 가격 경쟁력이있어 섬유의 질 자체가 문제시되지 않는 경우에 주로 사용된다.[20]

소비 전前 단계에서 발생하는 폐원단의 경제적, 물질적 잠재력은 섬유질 상태로 환원될 때 드러난다. 먼저 폐원단을 기계에 넣어 해체한뒤, 가넷기로 옮겨 섬유질 성분으로 분해한다. 이 과정을 통해 섬유의역학적 특성이 약화되고 재가공에 용이하게 변형된다. 가공의 최종 단계는 합성수지 등의 접착제를 첨가하거나 열이나 화학적 방법으로 섬유를 결합해 부직포 같은 형태를 만드는 것이다. 이렇게 최종 가공까지 마친 섬유는 매트리스와 베개의 충전재, 카펫의 밑깔개, 바닥 충전재 등 다용도로 활용이 가능하다.[21]

이처럼 폐직물의 활용 범위는 섬유의 특성과 용도에 맞게 가공할수 있는 기술력에 따라 달라진다. 하지만 이와 동시에 사회적 가치, 수

요와 공급, 국내외 법률 역시 폐직물의 용도를 결정짓는 데 영향을 미친다. 예를 들어, 면 재생섬유의 활용 범주는 1970년대 중반 이래 다양한 정치경제적 요인들로 인해 지속적으로 변화해왔다. 면직물은 자동차의 깔개와 도어 패널에 흔히 사용되는 재료였지만, 1970년대 초반 이후로는 차체 무게를 줄여 연비를 높이기 위해 합성섬유로 대체되기 시작한다. 그러나 매립 비용과 환경 영향(및 재활용)에 대한 관심이 갈수록 높아짐에 따라, 자동차 산업에서도 생물분해와 재활용이 가능한 원료들에 주목하기 시작한다. 카펫의 밑깔개는 실용적인 측면에서 흡음성이 중요하다. 자동차를 제작할 때에도 차내 소음 감소를 목적으로 바닥재, 패키지 트레이, 도어 패널, 차 천장, 보닛, 트렁크 안감 등 차내 여러 부분에 흡음재들을 부착한다. 최근의 중요한 연구 성과 중 하나는 천연섬유 부직포, 특히 폐면화를 사용해 제작한 바닥재에 관한 것이다. 폐면화 바닥재는 기존 제품과 비슷한 흡음성을 자랑하면서도 생화학적으로 분해되어 환경적으로도 우수한 장점을 지녔다.

울트라 터치 단열재

면 재생섬유의 용도는 섬유 자체의 속성과 정치경제적 요인의 상호 연계에 의해 결정된다. 이는 데님운동을 통해 기부받은 청바지로 만든 울트라 터치 단열재의 경우에도 마찬가지다. 울트라 터치는 부직포 단열재로 애리조나 주의 챈들러에 소재한 본디드 로직사가 제조하고 있다. 울트라 터치는 원료의 85퍼센트가 멕시코산 폐청바지 원단으로 만든 재생섬유다. 따라서 일반 섬유 유리 단열재에서 발견되는 발암물질과 포름알데히드가 없어 친환경적 단열재로 불린다. 본격적인 울트라 터치 생산에 앞서, 본디드 로직은 미국 내 섬유 재생업체를 통해 섬유 조직마다 방화제를 입히는 전처리 가공을 거친다. 가공을 마친 재생섬 유는 폴리올레핀 섬유와 혼합한 뒤, 열을 가해 용해하고 유착시켜 막 대 형태로 만든다. 마지막으로 벽, 천장, 바닥 등 용도별 R밸류R-value(단열성을 열류량의 저항으로 나타내는 수치) 규격에 따라 정해진 밀도와 두께로 압출한다.[22]

울트라 터치는 기존의 단열재와 동일한 열성을 가지고 있을 뿐 아니라 흡음성도 뛰어나지만, 가격이 30퍼센트에서 50퍼센트까지 높게 책정되어 있다. 그러나 갈수록 많은 사람들이 실내 환경에 관심을 갖고, 환경친화적 재료를 사용해 집을 짓고자 하는 등 환경에 대한 인식이 높아지면서 울트라 터치의 시장성도 높아졌다. 기존 섬유 유리 단열재 내의 포름알데히드와 기타 독성물질은 천식과 알레르기 등을 유발한다고 알려져 있다. 확인된 바는 아니지만, 단열재 제조업체들은 자체 실시한 실내 조사 결과를 공개하지 않고 있는 것으로 판단된다.

대외 이미지 제고 혹은 윤리적 경영에 대한 홍보로 고심하던 기관들 역시 환경문제를 적극 수용하고 나섰다. 기관들이 장소, 시간을 불문하고 기회만 주어지면 기관 건물 내에 사용된 친환경적 건축재에 대해 이야기하는 것은 이제 흔한 관행이 되었다. 한 예로, 해컨색대학 부설 의학센터는 "여성과 소아 병동" 신축을 발표하는 공식 기자회견 자리에서, 건축재로 청바지 단열재를 사용했다고 발표했다.[23] 미국 대학들 역시 신입생 유치 전략의 하나로 환경에 대한 관심을 강조하고 있다. 2005년 오리건 주 포틀랜드에 위치한 루이스 앤드 클라크대학은 사회과학대학 건물 신축에 울트라 터치와 함께 여러 친환경 건축자재

보딜 비르케배크 올레슨

를 사용했다.[24] 또 위스콘신의 오가닉 밸리Organic Valley 본부와 캘리포니아의 윌리엄 & 플로라 휴렛 재단William and Flora Hewlett Foundation 본부 역시 신축 건물에 울트라 터치를 사용했다. 당시 언론은 건물의 친환경적 재질을 부각했다.[25]

상술한 바와 같이, 단열재는 섬유 사이에 공기를 포함하는 재질로 만든다. 단열재로 사용되는 섬유의 가장 중요한 속성은 섬유의 길이와 순도인데, 섬유가 서로 연결되고 엉키면서 만들어지는 공간 사이에 공기가 들어가기 때문이다. 따라서 상대적으로 조직이 느슨한 실을 사용하는 데님 같은 직물이 단열재로 선호된다. 거칠고 적게 꼬인 실에서 섬유를 추출하는 편이 촘촘하고 많이 꼬인 실에서 섬유를 추출하는 것보다 비용 면에서도 유리하다. 단열재로서의 적합성을 판단하는 또 하나의 기준은 재활용 가공을 거친 후 남아 있는 섬유의 탄성, 즉 압축되었다가 본래의 두께로 되돌아가는 속성이다. 데님은 여타 직물에 비해 탄성이 약하다. 물론, 데님이 이러한 속성을 가진 유일한 섬유는 아니다. 양모를 비롯해 수많은 종류의 면섬유들이 유사한 특성을 갖고 있다. 하지만 현 섬유생산 조건하에서, 저가의 대량 공급이 가능한 폐면직물에 비해 모직물 생산은 여전히 미미한 수준이다.[26] 더욱이 여러 종류의 직물이 혼합된 합성섬유의 경우 단열성을 통제하기 어렵다. 이는 결과적으로 공급이 충분하고 접근성이 높은 단일 종류의 폐직물을 선호하게 만들었다.

데님은 이러한 조건에 완벽하게 부합한다. 청바지의 인기로 인해 매년 엄청난 수의 청바지가 새로 만들어지고 동시에 그에 상당하는 클리핑들이 쏟아진다. 청바지의 원단인 데님은 먼저 긴 천으로 짜서 두루마리 형태를 만든 후, 정확히 필요한 만큼을 조각별로 짧게 재단한다.

이 과정에서 엄청난 양의 폐원단이 만들어진다. 반면 티셔츠 같은 다른 면 의류는 제작과정에서 폐원단이 훨씬 적게 발생하는 편이다. 덧붙여 업자들은 운반비 절감을 위해 인근 국가에서 폐원단을 구하려 한다. 본디드 로직사 역시 비용절감을 위해 미국 내 섬유재생업체 한곳에서 모든 재료를 공급받고 있다. 그러나 최근 중미 지역에서도 청바지 제조업체가 많이 생겨났고 그중 일부는 하루에 2만여 벌 이상의 청바지를 생산한다.[27] 데님운동이 환경문제와 청바지 기부를 성공적으로 연결할 수 있었던 배경에는 기존의 상업적·도덕적 관심뿐 아니라, 연구대상인 섬유 자체의 물리적 성향이 있었다. 환경에 대한 기존 관심이 울트라 터치 시장이 유지될 수 있었던 배경이었고, 데님운동을 성공적으로 이끈 매개를 제공했다. 그러나 울트라 터치를 생산할 수 있었던 것은 일차적으로 데님 소재의 화학적, 물리적, 기계적 특성 때문이었다. 역설적이게도 청바지의 인기와 다의성 때문에 청바지가 많이 소비될 수 있었고, 이로써 울트라 터치의 원료가 되는 (청바지 생산의 부산물인 클리핑 같은) 폐직물들이 충분히 공급될 수 있는 것이다.

결론

「청바지 선언문」(2007)에서 밀러와 우드워드는 청바지가 전 지구적으로 편재하기 때문에 인류학이나 민속학 연구의 주제로 중요하다고 주장했다. 청바지를 연구함으로써 현재 우리가 살고 있는 세계를 구성하고 있는 사회경제적 힘들을 이해할 수 있고, 다른 어떤 상품에 대한 연구보다 청바지의 지역적 전유가 갖는 특수성과 다양성을 통해 전 지구

보딜 비르케배크 올레슨

적 근대성을 심도 있게 고찰할 수 있다. 본 연구는 표상 중심의 연구 혹은 청바지와 일상복 관행과의 역동적인 관계가 드러나는 영역, 장르에 대한 심층 연구에서 출발해, 청바지의 편재성, 특히 미국에서 청바지의 중요성을 살펴보았다. 앞서 밀러와 우드워드도 언급했듯이, 청바지는 단순히 전 세계 사람들이 입기 때문이 아니라, 특정 지역에서 특수한 가치가 창조되고, 유지되며, 경쟁하고, 굴절되는 매개로 기능할 수 있다는 점 때문에 중요하다. 여기서 우리는 미국의 윤리적 가치와 합치되는, 미국에서 청바지가 갖는 독특한 역사적 깊이와 문화적 호흡, 청바지 착용이 표상하는 미국인다움의 여러 가지 양상들에 주목해야 한다. 나는 유서 깊고 다채로운 역사를 지닌 물건들이 독특한 무언가를 가지고 있다고 믿으며, 아마도 그러한 물건들만이 창조하고 유지할 수 있는 중요성, 의미, 가치를 담고 있다고 생각한다.

미국이 근대 국민국가로 이행하던 때부터 미국인들은 이미 청바지를 즐겨 입었기 때문에, 현재 미국에서 거의 모든 사람들이 청바지를 입는 현상은 상당한 역사적 깊이를 지닌다. 그리고 이러한 일이 가능할 수 있었던 것은 서론에서 인용한 설리번의 말처럼 옷이 착용되는 것, 즉 물질적 실체이기 때문이다. 처음에는 내구성과 편리함 때문에 청바지를 입기 시작했다면, 그다음부터는 먼저 청바지를 입어본 사람들이 실용적이라고 하기 때문에, 제임스 딘이 입었기 때문에, 많은 사람들이 입는 옷이라 "안전함"과 편안함을 느끼기 때문에 등 다양한 이유로 청바지를 입는다. 청바지는 노래, 영화, 소설, 광고, 시, 예술 속에 등장하고, 대학 캠퍼스, 일요일 소풍, 금요일 캐주얼 데이, 자선행사 등 특정한 사회적 맥락 속에도 출현하기 때문에, 미국에서 청바지는 독특하고 정주定住하는 실체가 되었다. 즉, 행위자는 항상 준비되어 있는 청바지를 이용해 언제든지 자신을 표현할 수 있다. 청바지의 정주성에 내포된 함의 가운데 하나는 청바지가 동원력을 갖고 있다는 것이다. 수많은 맥락 속에서 청바지가 표상해내는 가치규범들 덕분에 청바지는 미국의 핵심 가치에 호소하는 새로운 프로젝트(혹은 사회운동)에 대중을 동원할 수 있는 독특한 능력을 갖게 된다. 그리고 환경문제는 앨 고어(Al Gore 2006) 같은 인물들이 달성하고자 노력하는 미국적 가치들 가운데 하나로 자리 잡아갈 것이다.

본 연구에서 설명한 청바지 기부 캠페인의 사례를 통해 알 수 있듯이, 자선활동에 대한 관심(애국주의, 자연재해나 사회 빈곤층, 환경을 위한 올바른 행위 등 다양한 요소들을 포함하는)과 대기업들의 관행, 미국 문화의 핵심 가치, 이상과 공감하고 연합하려는 시도, 그리고 이러한 자선활동이 청바지를 매개로 이루어진다는 사실은 결코 우연이 아니다. 만약 자선활동이 습관처럼 자연스럽게 이루어지고 어디에나 존재하는 것처럼 보이게 하고 싶다면, 이러한 생각은 곧바로 청바지와 연결된다. 본 논문은 청바지의 물질성을 청바지가 발휘하는 영향력의 핵심이라고 주장하면서, 물질문화의 일부로서 청바지의 위치를 역설했다(Kuchler and Miller 2005). 그리고 이어서 옷으로서의 착용 가치를 상실하고 버려진 청바지의 움직임에도 주목했다. 결론만을 간추려 말하자면, 청바지가 심지어 더는 옷이 아닌 완전히 다른 물질인 단열재로 변형되었을 때조차도, 미국의 유니폼으로서의 상징성은 사라지지 않고 계속 영향력을 발휘하면서 단열재를 청바지의 대리물로 만든다.

미주

1. 미국 음악에서 나타나는 청바지의 편재성에 대해서는 http://www. cottonicnc.com/lsmarticles/?articleID=168(2010년 6월 7일 접속) 참조.

2. Denim Jeans-the US Wardrobe Stable. Cotton Inc.의 공급망 요약본, 2008년 11월 http://www.cottonicnc.com/SupplyChainInsights/Denim-Jeans-US-Wardrobe-Staple/Denim-Jeans-US-Wardrobe-Staple.pd f?CFID=13608758&CFTOKEN=9847703(2010년 6월 7일 접속).

3. Cotton Inc. Lifestyle Monitor Trend Magazines Denim Issue Summer/Fall 200, http://www.cottonicnc.com/LifestyleMonitor/ LSMDenimIssue/?Pg=16(2010년 6월 7일 접속).

4. Denim Jeans-the US Wardrobe Stable. Cotton Inc.의 공급망 요약본, 2008년 11월 http://www.cottonicnc.com/SupplyChainInsights/Denim-Jeans-US-Wardrobe-Staple/Denim-Jeans-US-Wardrobe-Staple.pd f?CFID=13608758&CFTOKEN=9847703(2010년 6월 7일 접속).

5. 미국 개인주의의 역사적 기원에 대해서 질문하거나(Shain 1994), 개인주의를 동질화하는 경향을 비판하거나(Kusserow 1999), 그러한 경향이 사회적 관행에 미치는 영향을 기술하기도 한다(Bellah, Madsen et al. 1985; Gable and Handler 2006; Varenne 1977). 개인주의가 미국의 지배적인 가치이고, 흔히 집단적 가치 혹은 열망에 대립하는 반대 명제로 인식됨에도 불구하고, 많은 학자들은 개인주의가 좋은 삶에 대한 가치규범이 된다고 주장한다. 즉 자신의 가족과 공동체의 이익을 위해 열심히 일할 수 있는 원동력으로 작용하는 것이다.

6. http://www.saukvalleybank.com/Jeans%20For%20Charity20-%20 August.htm(2008년 3월25일 접속).

7. http://www.winningworkplaces.org/library/features/blue_jeans_day. php(2010년 6월 7일 접속).

8. http://www.denimday.com(2010년 6월 7일 접속).

9. http://www.promomagazine.com/news/cotton_tour_091505/index. html(2010년 6월 7일 접속).

10. http://www.accesscotton.com/(2010년 6월 7일 접속).

11. http://www.promomagazine.com/news/cotton_tour_091505/index. html(2010년 6월 7일 접속).

12. http://www.cottoninc.com/PressReleases/?articleID=460(2010년 6월 7일 접속)

13. http://www.cottoninc.com/PressReleases/?articleID=461(2010년 6월 7일 접속).

14. http://www.dailyfreepress.com/news/used-jean-sale-helps- inculate-homes-1.926892(2010년 6월 7일 접속).

15. http://www.findarticles.com/p/articles/mi_m0EIN/is_2006_May_26/ ai_n26878043(2010년 6월 7일 접속).

16. http://www.fashionwiredaily.com/first_word/media/article. weml?id=614(2010년 6월 7일 접속).

17. http://www.media.www.centralfloridafuture.com/media/storage/ paper174/news/2002/03/27/Entertainment/Jeans/Were.Traded. InTowards.The.Purchase.Of.A.New.Pair-224062.shtml(2010년 6월 7일 접속).

18. 코튼사의 보도자료에 따르면, "면화, 청색에서 녹색으로" 캠페인을 추진한 배경에는 많은 소비자가 "환경을 위해 무언가를 하길" 바라지만 무엇을 어떻게 해야 할지 잘 모르겠다고 한 조사 결과가 있었다. 데님운동에 덧붙여, 보도자료에 따르면 (85퍼센트의 미국인이 인지할 정도로 잘 알려진) 실 오브 코튼Seal of Cotton이란 마크가 붙은 상품은 "천연" 상품이며 재생 가능하고 환경에도 좋은 물건이라는 점을 알리기 위해서도 조직이 열심히 일했다고 한다

(www.cottoninc.com/PressReleases/?articleID=460, 2010년 6월 7일 접속). Jacobson and Smith(2001:162-5) 참조.

19. 자신들이 제작하고 홍보한 상품의 수요를 유지하는 데 기득권을 가진 회사와 조직이 관여하는 것은 당연히 비판에 부딪혔다(예를 들어 Smith 1996; Smith 1998; Todd 2004). "면화, 청색에서 녹색으로" 캠페인에서 환경주의는 소비주의와 완벽하게 조화를 이루었다. 이제 소비자는 못 쓰는 옷을 버리는 방식을 제대로 결정하면 친환경적 행위를 할 수 있게 되는 것이다. 소비는 천연자원, 공해, 소비 후 쓰레기(미국 소비자는 매년 평균 30킬로그램의 의상을 버린다. http://www.textilerecycle.org/facts/pdf, 2010년 6월 7일 접속) 등 다양한 형태로 환경주의와 배치되는 긴장을 만들어내는데, 앞의 캠페인은 이러한 긴장들을 일으키지 않고 편리하게 환경주의를 실천할 수 있게 한다.

20. 못 쓰는 옷을 활용하는 가장 잘 알려진 방법은 옷을 중고로 사용하는 것이다. 많은 학자들은 못 쓰는 옷이 제3세계 국가에서 값싼 대용품으로 사용될 수 있다고 논의해왔다(Hansen 2000; Norris 2005).

21. http://www.inda.org/Glossary/pdf(2010년 6월 7일 접속).

22. R밸류는 와트당 켈빈Kelvin 제곱미터로 계산한다.

23. 보도자료에 따르면 그것의 목적은 "환자들을 더 건강하게" 하는 것이다. 보도자료는 무독성의 세정제만 사용하고 바닥은 합판 대신에 고무를 사용하고 통로의 손잡이에는 PVC를 사용하지 않는다고 말하면서, 건강에 대한 "총체적 접근"을 강조한다.

24. http://www.schoolconstructionnews.com/ME2/Audiences/dirmod.asp?sid=86E03AC2EC4B4A00843270C8C92B5A9D&nm=Archives&type=Publishing&mod=Publications%3A%3AArticle&mid=8F3A7027421841978F18BE895F87F791&tier=4&id=F0AFF79F084B449085C11BBFEA307590, http://www.bondedlogic.com/news.htm(2009년 4월 28일 접속).

25. http://www.homegreenhome.biz/, http//www.bondedlogic.com/ ultratouch=features.htm(2009년 4월 28일 접속).

26. 2007년 세계 양모와 면 생산은 각각 210만 톤과 2,500만 톤이었다. http://www.naturalfibres2009.org/en/fibres/index/html(2010년 6월 7일 접속).

27. 2008년 4월 23일에 한 미국의 재생업자와의 인터뷰에 따르면, 멕시코 북부의 토레온 시 주변에서 운영되는 청바지 제조공장에서 매주 평균 400만 벌 이상의 청바지가 생산되고 있다(Bair and Gereffi 2001: 1889). 또 콜롬비아, 온두라스, 니카라과도 주요 청바지 생산국이다.

참고 문헌

Bair, J. and Gereffi, G. (2001), 'Local Clusters in Global Chains: The Causes and Consequences of Export Dynamism in Torreon's Blue Jeans Industry', *World Development*, 29(11): 1885–903.

Bellah, R. N., Madsen, R., Sullivan, W.N., Swidler, A. and Tipton, S.M. (1985), *Habits of the Heart: Individualism and Commitment in American Life*, New York: Harper & Row.

Botterill, J. (2007), 'Cowboys, Outlaws and Artists: The Rhetoric of Authenticity and Contemporary Jeans and Sneaker Advertisements', *Journal of Consumer Culture*, 7(1): 105–25.

Bremner, R.H. (1988), *American Philanthropy*, Chicago: Chicago University Press.

Collier, B.J. and Tortora, P.G. (2000), *Understanding Textiles*, Upper Saddle River, NJ: Prentice-Hall.

Davis, F. (1989), 'Of Maid's Uniforms and Blue Jeans: The Drama of Status

보딜 비르케배크 올레슨

Ambivalences in Clothing and Fashion', *Qualitative Sociology*, 12(4): 337–55.

Finlayson, I. (1990), *Denim: an American Legend*, New York: Simon & Schuster.

Friedman, L.J. and McGarvie, M.D. (eds) (2003), *Charity, Philanthropy, and Civility in American History*, Cambridge: Cambridge University Press.

Gable, E. and Handler, R. (2006), 'Persons of Stature and the Passing Parade: Egalitarian Dilemmas at Monticello and Colonial Williamsburg', *Museum Anthropology*, 29(1): 5–19.

Gilchrist, W. and R. Manzotti (1992), *Cult: A Visual History of Jeanswear: American Originals*, Zug, Switzerland: Sportswear International.

Gore, A. (2006), *An Inconvenient Truth: The Planetary Emergency of Global Warming and What We Can Do about It*, New York: Rodale.

Hansen, K.T. (2000), *Salaula: the World of Secondhand Clothing and Zambia*, Chicago: University of Chicago Press.

Hawley, J.M. (2006), 'Digging for Diamonds: A Conceptual Framework for Understanding Reclaimed Textile Products', *Clothing and Textile*, 24(3): 262–75.

Jacobson, T.C. and Smith, G.D. (2001), *Cotton's Renaissance: A Study in Market Innovation*, Cambridge: Cambridge University Press.

King, S. (2001), 'All-Consuming Cause: Breast Cancer, Corporate Philanthropy, and the Market for Generosity', *Social Text*, 69(4): 115–43.

Kusserow, A.S. (1999), 'De-Homogenizing American Individualism: Socializing Hard and Soft Individualism in Manhattan and Queens', *Ethos*, 27(2): 210–34.

Küchler, S. and Miller, D. (eds) (2005), *Clothing as Material Culture*, Oxford: Berg.

Marsh, G. and Trynka, P. (2005), *Denim: From Cowboys to Catwalks: A History of the World's Most Legendary Fabric*, London: Aurum.

McMurria, J. (2008), 'Desperate Citizens and Good Samaritans', *Television and*

New Media, 9(4): 305–32.

Melinkoff, E. (1984), *What We Wore: An Offbeat Social History of Women's Clothing 1950 to 1980*, New York: Quill.

Miller, D. and Woodward, S. (2007), 'Manifesto for a Study of Denim', *Social Anthropology*, 15(3): 335.

Myerhoff, B. and Mongulla, S. (1986), 'The Los Angeles Jews' "Walk for Solidarity": Parade, Festival, Pilgrimage', in H, Varenne (ed.), *Symbolizing America*, Lincoln: University of Nebraska Press, pp. 119–35.

Norris, L. (2005), 'Cloth that Lies: The Secrets of Recycling in India', in S. Küchler and D. Miller (eds), *Clothing as Material Culture*, Oxford: Berg, pp. 83–106.

Parikh, D.V., Chen, Y. and Sun, Y-L. (2006), 'Reducing Automotive Interior Noise with Natural Fiver Nonwoven Floor Covering Systems', *Textile Research Journal*, 76(11): 813–20.

Rabine, L.W. and Kaiser S. (2006), 'Sewing Machines and Dream Machines in Los Angeles and San Francisco: The Case of the Blue Jean', in C. Breward and D. Gilbert (eds), *Fashion's World Cities*, Oxford: Berg.

Shain, B.A. (1994), *The Myth of American Individualism: The Protestant Origins of American Political Thought*, Princeton, NJ: Princeton University Press.

Smith, N. (1996), 'The Production of Nature', in G. Robertson, J. Bird, B. Curtis and M. Mash (eds), *FutureNatural: Nature, Science, Culture*, London: Routledge, pp. 35–55.

Smith, T. (1998), *The Myth of Green Marketing: Tending our Goats at the Edge of the Apocalypse*, Toronto: University of Toronto Press.

Snyder, R.L. (2008), *Fugitive Denim: A Moving Story of People and Pants in the Borderless World of Global Trade*, New York: W.W.Norton & Company.

보딜 비르케배크 올레슨

Spindler, G. and Spindler, L, (1983), 'Anthropologists View American Culture', *Annual Reviews in Anthropology*, 12: 49-78.

Stole, I.L. (2008), 'Philanthropy as Public Relations: A Critical Perspective on Cause Marketing', *International Journal of Communication*, 2: 20-40.

Sullivan, J. (2006), *Jeans: A Cultural History of an American Icon*, New York: Gotham Books.

Todd, A.M. (2004), 'The Aesthetic Turn in Green Marketing: Environmental Consumer Ethics of Natural Personal Care Products', *Ethics and the Environmental*, 9(2): 86-102.

Varenne, H. (1977), *Americans Together: Structured Diversity in a Midwestern Town*, New York: Teachers College Press.

4

케랄라 주 칸누르 지역에서의
청바지의 한계

다니엘 밀러
Daniel Miller

글로벌하지는 않은 데님

글로벌 데님 연구에 있어 남아시아의 중요성은, 상대적으로 청바지 착용이 널리 나타나지 않는 대표적인 지역이라는 데 있다. 하나의 지역이 남아시아 전체를 대표할 수는 없지만, 적어도 북부 케랄라 주 칸누르 지역은 대도시의 세계화와 지방의 보수주의의 중간지대로서의 지역적 특성이 나타나는 곳이다. 많은 칸누르 사람들은 기존의 지역적, 전통적 특성이 사라지고 있으며, 청바지 문화로 대표되는 세계주의의 물결과 함께 불가항력적인 새로운 변화의 시기에 직면해 있다고 생각한다. 그러나 이 논문은 이러한 변화가 불가피한 것이 아닐 수 있으며, 칸누르가 변하기까지는 상당한 시간이 소요될 수 있다는 점을 보여줄 것이다. 본 연구는 청바지의 전파보다는 청바지 착용을 제약하는 보수주의의 등장에 초점을 맞출 것이다.

　미국화Americanization에 대한 반발로는 상대적으로 청바지를 많이 입지 않는다는 현상을 설명할 수 없다. 사실 청바지와 미국화는 전혀 관계가 없다. 청바지의 기원이나 오늘날 청바지와 가장 연관이 깊은 지역을 묻는 질문에, 아주 소수의 사람들만이, 특히 마을 엘리트나 서구와 관계가 있는 사람들만 미국을 언급했다. 다수의 의견은 청바지가 인도에서 시작되었다는 것이다. 많은 이들이 동의하는 바는, 청바지가 광업 및 채광에 적합하게 만들어진, 특별히 더 강한 소재를 사용한 바지라는 것이다. 인도에서 시작되었다는 의견이 다수였고, 만약 인도가 아니라면 독일 혹은 영국이라고 답했으며, 미국을 언급한 경우는 아주 드물었다.

칸누르는 케랄라에서 가장 중요한 지역이며, 지역 내 모든 뉴스나 논쟁은 칸누르에서 시작된다. 동시에 이곳은 말라얄람어가 사용되는 대표적인 곳이기도 하다. 케랄라의 바로 옆인 남인도의 타밀나두Tamil Nadu는 주 구성원이 빈곤층인데, 케랄라 이주민들은 대개 타밀나두 출신이다. 대부분은 인도 정부의 공식어인 힌디어에 무지하며, 국가 정치가 지역 정치에 밀리는 현상도 빈번히 나타난다. 마체렐라(Mazzerella 2003)를 비롯한 많은 연구자들이 상업과 광고를 중심으로 세계주의의 부상 또는 인도적인 것Indianess에 대해 연구를 했으며, 델리의 젊은이들을 조사한 파베로(Favero 2005)의 논문도 있다(본서의 윌킨슨 웨버의 글 참조). 이 연구들 중 몇몇은 케랄라에 대한 것이다(Lukose 2005). 그러나 칸누르 사람들이 떠올리는 외국의 이미지는, 많은 이들이 일자리를 구하고 있는 걸프 지역이다. 케랄라는 비교적 교육 수준이 높은 지역이며, 해외 근무 경험이 없는 사람들조차 외부 세계를 매우 잘 인지하고 있다. 세계적 디아스포라 현상이 있으며, 몇몇 지역에서는 청바지가 아니라 크리켓이나 풋볼과 같은 보다 넓은 세계의 문물에 대한 상당한 지식과 관심이 존재한다.

출신은 다르지만 칸누르 전체 인구 약 6만 3,000명의 구성은 힌두교 50퍼센트, 이슬람교 35퍼센트, 기독교 15퍼센트이고, 타이야르Tiyyar 카스트가 지배적이다. 오셀라(Osella 2000)가 기술한 이자라Izara와 유사한 상황임을 알 수 있다. 계급적으로는 나야르Nayar가 전통적으로 우세한 카스트이다(Fuller 1976). 이슬람교와 기독교는 적어도 지금까지, 카스트와 힌두교의 관계를 따르는 경향이 있다. 칸누르는 무슬림 왕이나 종종 여성 통치자가 통치했던 매우 오래된 역사적인 도시이다. 반면, 칸누르는 군기지 및 철도, 대형 교도소 시설이 위치한 마드라스 행정구로서 영국에 의해 개발된 현대 도시이기도 하다. 이러한 변화는 극심한 정치·경제적 변화를 겪으며 나타났다. 케랄라 주는 1957년 이후 타정당이 집권하기도 했지만 주로 민주적으로 선출된 공산정부가 통치해왔다. 칸누르는 케랄라와 같이 CPI(M)Communist Party of India, Marxist이라는 인도공산당(마르크스주의자)을 상징하는 깃발과 프레스코 벽화로 장식되어 있는데, 이러한 정치성향은 여성단체나 노동조합, 마을 자치회관에까지 영향력을 발휘하고 있다. 이러한 공산주의 통치는 토지 재분배 및 상대적 평등을 강조했고, 결국 미국보다 높은 평균 수명과 인도의 타 지역들에 비해 상대적으로 높은 식자율을 성취한 케랄라 경제모델(Jeffrey 1992; Desai 2007)을 만들었다. 그러나 공산주의 통치는 비효율적이고 국가 지원이 절대적인 기업과 관료주의 역시 만들어냈고, (주로 낮은 카스트의 사람들, 부족들 중에서) 부채 심화로 인한 농민들의 실업과 자살이라는 심각한 문제가 나타났다.

역설적이지만, 높은 교육 수준 덕분에 칸누르 출신 근로자는 이슬람 전통과 결합해 걸프에서 상대적으로 고임금 근로자가 되었다. 걸프 등에서 유입된 외화는 건설 붐을 일으켜 토지 가격을 상승시켰고, 지역 자본주의와 소비를 부추겼다. 이 점은 외국에서 돌아온 노동자들이 지은 으리으리한 주택을 통해 분명히 알 수 있다(전반적인 사항에 대해서는 whilete 2008 참조). 공산주의자든 자본주의자든 이처럼 새로운 근대화와 전통적, 사회적, 종교적 차이에서 갈등이 발생하면서, 칸누르는 케랄라 지역의 주요 정치 분쟁지가 되었다. 빈도수는 낮지만, 인도공산당 간부와 주로 극우힌두단체 RSS에 의한, 또는 힌두 전통주의 극우파 정당에 의한 살해 사건이 꾸준히 일어나고 있다.

칸누르 의상

청바지가 없는 사람은 아마 없을 것이다. 그러나 청바지 착용에는 여러 가지 이유가 뒤따른다. 남아시아를 제외한 전 세계 대다수 지역에서 청바지를 착용하는 성인의 비율은 절반 가까이 된다. 반면 칸누르에서는 거리를 지나는 성인 중 약 5퍼센트만이 청바지를 입는다. (필자가 실제로 목격한 바에 따르면) 전체 성인 남성의 10퍼센트, 성인 여성은 0퍼센트가 청바지를 착용했다. 남성 대부분은 단순하고 곧게 재단된 고전적인 캐주얼 "바지"를 입었다. 바지 색은 보통 어두운 갈색이었고 흰색이나 베이지색의 짧은 소매 상의와 매치했다. 바지는 캐주얼, 카고, 진, 운동복 등 종류가 한정적이고, 길이로 분류하면 버뮤다팬츠, 반바지, 칠부바지로 나뉜다. 데님은 직물의 명칭으로서만 알려져 있다. 데님 청바지는 청색이 아닌 것도 포함되며 흔히 검은색이나 갈색이 청색을 대신할 수 있다(단, 필자의 거리 조사에서는 모두 청색이었다). 남성 중 약 25퍼센트가 가봉되지 않은 천인 도티dhoti나 룽기lunghi를 입고 마을 한복판을 돌아다닌다. 여성 중 43퍼센트는 사리sari를, 33퍼센트는 추리다르(지방에서 살와르-카미즈를 일컫는 말), 21퍼센트는 부르카burkha, 3퍼센트는 완전한 부르카full burkha(북쪽 지방에서 통용되는 종류)도 아니고 일반 스카프와도 다소 상이한 베일이나 넓은 머릿수건을 두르고 다닌다. 잔치가 있을 때에는 남성은 도티를, 여성은 사리를 특히 많이 착용한다. 여성은 집에서 페티코트 위에 형태가 거의 없는 "맥시maxi" 드레스를 입곤 한다.

아이들의 옷은 예외적인데, 카고와 진이 혼합되어 있는 스타일이 인기가 많다. 이러한 옷은 청바지 중에서도 매우 화려하며 바지에 여러 개의 주머니가 달려 있다. 많은 제품들이 상의와 하의 세트로 판매되는데, 밝은색에 정교한 자수를 놓거나 화려한 패턴을 날염한 것이다. 청바지처럼 보이는 것 중에 실제로는 청바지 소재가 아닌 것이 있다. 일반적으로 칸누르 어린이의 바지는 매우 화려한 편이다. 이러한 사실로부터 바로 데님 청바지가 연령에 따라 달라진다는, 아주 타당한 추론을 도출할 수 있다. 어린아이용 청바지는 매우 정교하게 장식되어 있고, 청소년용 바지의 경우에도 뒷주머니에 빨간색이나 하얀색의 장식 패턴을 넣는 경향이 있다. 청바지에 카고 스타일의 주머니를 달거나, 낡아 보이게 만드는 디스트레싱 기법을 비롯한 다양한 워싱 기법을 사용한다. 이러한 장식이나 워싱 기법은 연령대가 올라갈수록 사라지는데, 대학생이나 대학 졸업생은 대개 뒷주머니에 약간의 장식만 들어간 평범한 청바지를 입는다. 연령대가 더 올라가면, 이러한 장식마저도 보기 힘들어진다. 35세에서 40세 사람들은 전혀 장식이 없는 캐주얼 바지나 저렴한 가격의 바느질로 만든 바지를 입는다. 임금이 높은 사무직 근로자는 대체로 치노chinos와 같은 주름 잡힌 고급 면바지를 입는다. 이러한 고급 의상은 종종 정부기관이나 회사의 공식 드레스 코드가 된다. 그러나 이 같은 연령과의 상관성은 앞으로 논의할 다른 사항과 마찬가지로 예외가 있을 수 있는 일반화에 불과하다. 아기가 (코지코드kozikhode 시내의 고가 상점에서 볼 수 있는) 장식 없이 단순한 청바지를 입을 수도 있고, 나이 든 남자가 청바지를 입고 있는 모습을 볼 수도 있다. 그러나 연령과의 상관성은 대체로 들어맞는 듯 보인다.

아주 어린 여자아이가 입는 옷 중에는 남자아이가 입는 카고 스타일의 청바지뿐 아니라 데님 소재의 치마, 꽃무늬나 반짝이는 스팽글 장식 등이 들어간 청바지가 있다. 대개 9세에서 12세 사이는 또래 남자아이가 입는 찢어진 청바지와 함께, 분홍색이나 녹색 같은 밝은 색상이 조합된 워싱 기법의 여성스러운 청바지를 입었다. 여성에게 청바지는 남성과 달리 일반적으로 통용되는 옷이 될 수 없다. 소녀들이 십대 후반에 접어들어 결혼할 나이가 되면, 청바지는 마을의 공공 영역에서 사라진다. 그러나 특정 상황에서는 청바지 착용이 계속 이루어진다. 예를 들어, 한 학교의 13~15세 소녀 중 20퍼센트는 아주 가끔이지만 교복 외에 다른 옷을 착용할 수 있게 허용된 날에 청바지를 입었다. 청바지 착용 비율은 16세 이상의 연령층에서는 감소했다. 공대는 예외적인 경우인데, 여성들 중 절반이 청바지를 입었다. 다만, 필자가 방문했을 때에는 일하는 날이 아니었기 때문에 100퍼센트 추리닝을 착용하고 있었다. 청바지는 사실상 일할 때 입는 옷으로 받아들여지고 있었다. 많은 대학과 학교는 학생들을 집까지 태워다주는 통학버스를 운영하고 있기 때문에, 자연히 마을 거리에서 청바지를 입은 여성을 찾아볼 수 없었다. 그러나 대부분의 여학생은 청바지를 가지고 있었는데, 수학여행이든 가족여행이든 간에 칸누르 지역을 떠날 때면 언제든 청바지를 입을 생각이 있기 때문이다.

오셀라의 교훈

청바지 착용 패턴에 대한 필자의 분석은, 필리포Filippo와 캐롤라인 오셀라Caroline Osella가 케랄라의 한 마을에서 수행한 3년간의 현지조사를 통해 얻은 심층적인 연구『케랄라의 사회적 유동성Social Mobility in Kerala』 (1999, 2000)에서 영감을 얻었다. 이 책은 (칸누르 지역의 타이야르와 같이) 수적으로 지배적인 이자바Izava 카스트가 크리스천 풀라야Chritian Pulaya 와 같이 상대적으로 낮은 카스트에 대한 차별화를 통해 계급 신분을 점진적으로 상승시켜 가는 과정을 기록한다. 풀라야 카스트는 말라얄람 영화산업에 영향을 받은 라가raga 스타일의 거리 패션에 빠져 있었다. 이에 반해, 이자바 카스트는 복식에 대해 더욱 보수적이었고 자신들을 상층 카스트와 연결 지으려 했다.

이와 유사하게 칸누르 지역에서 무슬림 집단은 밝은색, 반짝이는 소재들로 이루어진 의상을 자주 입었고 청바지를 과도하게 선호했다. 최근 들어 검은색과 퍼르다purdah(베일의 일종)를 사용하는 빈도가 늘어나고 있지만, 결혼식장 외 공개석상에서 보석류를 걸친 여성들은 보통 무슬림으로 인식된다. 이와 반대로 힌두교 집단은 결혼식장 외에는 어둡고 차분한 스타일을 선호한다. 최근에 무슬림 패션에 관심이 증대됐지만, 역시 칸누르의 상황은 글로벌 이슬람 패션(Tarlo, Moors 2007)이나 심지어 이슬람 신학과도 큰 관련이 없다(터키 연구자 Sandikci, Ger 2006, 2007; 이집트 연구자 Abaza 2007 비교 참조). 밝고 반짝이고 빛나는 스타일의 미학은 걸프에서 들어온 "새로운 자본"과 더 관련이 깊다(Osella 2007).

젊은 무슬림 남성의 상대적으로 화려한 스타일은 청바지에서 더욱 분명히 드러난다. 젊은 무슬림 남성은 더 최신의 청바지를 더 많이 구입하는 경향이 있었다. 밑위가 짧은 청바지, 찢어진 청바지, 구겨지고 빛바랜 청바지, 뒷주머니나 다리 부분에 매우 화려한 장식이 달린 청바지를 구입한다. 의복 도매상은 청바지 판매량을 네 시기, 즉 비슈Viishu와 오남Onam의 힌두 축제와 이드 알피트르Eid ul-Fitr와 이드 바크리드Eid Bakrid의 이슬람교 축제와 연계해 설명한다. 의복 판매는 이드 축제 기간에 대부분 이루어지는데, 판매량이 네 배에서 열두 배까지 상승한다. 상인들에 따르면 힌두가 아닌 이슬람 축제 기간에 수입 청바지나 고가의 패션 진, 가장 정교하고 화려한 청바지가 판매된다고 한다. 하지만 필자의 사례연구는 젊은 무슬림 남성 의상의 내적 차이점을 충분히 고려할 수 있을 정도로까지는 진척되지 못했다(Osella 2007; Freak Style and Chinos 참조).

전통적으로 취향을 폄하거나 천박하다고 비난하는 것은 본질적으로 종교보다는 카스트 제도 자체에 기인한다. 오늘날 힌두인은 분명 밝은색에 대한 무슬림의 취향이 도시의 교양인이 아닌 지방의 천박한 취향에 가깝다는 암시를 주기 위해 노력한다. 이는 무슬림 의상, 특히 화려한 청바지가 힌두 문화권에서는 책임감 있는 성인의 옷이 아니라 오히려 아동복에 가깝다고 생각해 유치하다고 폄하하는 것과 관련이 있다. 상인들에 따르면, 힌두인들이 축제의상으로 덜 비싸거나 덜 세련된 옷을 구입하는 것은 아니다. 다만 무슬림 집단의 경우 성인 남성들이 자신들이 입기 위해 화려한 옷을 구입하지만, 힌두인은 아이들을 위해 구입한다는 것이다. 패션은 발리우드와 기타 영화 등을 통해 아동복에 영향을 미친다. 예를 들어 2008년 1월 말라얄람 영화단지에서 큰 인기를 얻은 영화《초콜릿Chocolate》은 구릿빛 원형 단추를 유행시켰고, 몇 개월 뒤 4~5세 아동복 의류에 반영되었다.

그렇다면 오셀라의 주장은 이 마을에 얼마나 적용될 수 있을까? 어떤 공동체는 다른 공동체와 거리를 유지하기 위해 해당 공동체와 연계된 특정 의복 스타일을 따르지 않을 수 있다. 이는 세련되거나 정교하게 장식되고 워싱 처리된 청바지에도 적용될 수 있다. 그러나 칸누르의 상황을 자세히 들여다보면 상당한 차이가 있다. 크리스천 풀라야 계층은 지역 내에서 상대적으로 가난하고 억압된 집단이다. 반면 칸누르에서 힌두 집단, 특히 타이야르 집단은 수적으로 우세하지만, 무슬림이 모든 측면에서 유리한 지위에 있다. 무슬림은 전통적으로 이 지역을 지배해왔으며 걸프 취업시장에서도 선호되는 집단이다. 무슬림은 분명 칸누르에서 부유한 집단에 속한다. 지역 내 호텔 식당에서 외식을 즐기는 사람 중에는 무슬림이 압도적으로 많다. 무슬림은 일반적으로 저녁 시간에 공원에 가족 단위로 산책을 나가는 사람이 많은, 매우 외향적인 집단이기도 하다.

무슬림 여성은 전체적으로나 부분적으로 검은색 의복을 착용하더라도, 검은색이 아닌 나머지 부분에는 종종 굉장히 화려하며 금속이나 스팽글 같은 반짝이는 장식이 들어가 있는 의복을 착용한다. 더욱이 남성들은 점점 더 노란색 등의 밝은색 셔츠와 장식이 들어간 청바지를 입고 싶어 한다. 따라서 무슬림들은 마을을 돌아다니는 장식품처럼 눈에 띈다. 청바지가 본질적으로 무슬림을 연상시키는 것은 아니다. 케랄라 전체라고 할 수는 없지만(Osella 2007), 흥미롭게도 이러한 연상관계는 살와르-카미즈에서도 나타나지 않는다(Bahl 2005, Banerjee and Miller 2005 자료 참조). 청바지는 보다 큰 미적 가치에 따라 평가되는데, 비싸고 화려하고 현란하고 장식이 많은 청바지는 젊은이와 무슬림의 취향과 관련이 깊다. 칸누르의 힌두인이 만들어낸 이러한 연상관계에는 일정한 양면성이 있는데, 청바지가 최근까지 성공과 부, 존재감을 드러내는 분명한 표식이었기 때문이다. 또 무슬림 집단은 자기 존재를 자랑하거나 미적 가치를 세상에 드러내지 않을 이유가 없다고 생각하기 때문이다. 힌두인들의 대화를 자세히 들어보면, 청바지와 반짝이는 의상에 대한 논의가 양면성을 띠고 점차 늘어가는 분노를 드러내고 있음을 알 수 있다.

　오늘날 모든 사람들은 특정 브랜드를 구입하거나 발리우드 영화산업 내 유명인사들의 의복을 구입하는 것을(이 책의 윌킨슨 웨버의 글 참조) 무시하거나 단순히 멸시하기에는, 소비 열망이 매우 강력하다는 사실을 인식하고 있다. 결국 말라얄람 영화의 신예들뿐 아니라 발리우드의 존경받는 원로인 아미타브 바찬도 영화 속에서 빛바랜 청바지를 입고 연기하고 싶어 한다. 얼마 전 아이슈와라 라이Aishwarya Rai와 "세기의 결혼"을 올린 아미타브 바찬의 아들 아비섹 바찬Abhishek Bachchan 역시 청바지 TV 광고에 자주 등장한다. 예를 들어, 석사 과정을 마치고 결혼하려는 보수적인 23세 힌두 여성은 구혼자 중 십중팔구가 청바지를 입고 나타날 것이라고 생각한다. 구혼자가 입은 청바지가 브랜드가 있는 비교적 무난한 청바지라면, 여성은 청바지를 구혼자의 경제적 안정과 좋은 인격의 표식으로 받아들일 것이다. 브랜드에 대해 다 알지는 못할지라도, 여성은 기회가 된다면 분명 브랜드를 인지하려 할 것이다. 이러한 관점에서 무슬림의 의상을 유치하다고 폄하하는 경향에 대한 위의 해석이 너무 단순했을 수 있다. 사실, 아이들은 주로 열망의 투사체이다. 즉, 힌두인들이 어린아이에게는 청바지와 카고 바지, 혹은 다른 패셔너블한 의상을 입히는 것에서 힌두인 일반의 양면성을 볼 수 있다.

　청바지를 둘러싼 양면성을 더 깊이 이해하기 위해서는 오셀라의 보다 최근의 작업을 살펴볼 필요가 있다. 오셸라는 남성성과 관련해, 심하게 훼손되고 장식이 과하게 들어간 청바지를 입는 십 대 청소년들에 관해 논의했다. 이들의 옷차림을 전형적인 십 대들의 행동 정도로 치부할 수도 있다. 그러나 이런 옷차림은 그들을 "불량소년"이나 여자들과 "놀아보려는" 남자처럼 보이게 한다. 나아가 이러한 이미지는 힌두인이 젊은 무슬림 남성과 결부시키는 노골적이고 공격적인 남성성을 떠올리게 하기도 한다. 말라얄람 영화의 두 남자 주인공을 통해 드러나듯 (Osella 2004), 남성성에 대한 오셸라의 다각적인 분석(Osella 2001, 2007)은 케랄라에서 관찰되는 이상적 유형의 남성성을 단순히 이분법적으로 볼 수 없음을 지적한다. 남성성은 오히려 분석상 일종의 대안 형태일 수 있다. 종교, 카스트, 젠더를 통해 표현되는 다양한 상징적 구분과 편견 모두에 적용 가능한, 더 큰 가능성의 구조를 형성한다("종족성과 소비Ethnicity and Consumption"에 대한 Miller 1998 참조). 걸프에서 들어온 새로운 자금력을 기반으로, 젊은 남성들은 더 책임감 있는 성인 혹은 아버지의 이미지에 가까이 갈 수 있었다. 오셸라의 분석이 보여주듯이 (Osella 2006), 진보 담론은 종종 다양한 요인에 의해 서로 모순되며 교차된다.

지금까지 논의한 칸누르 자료들이 강조하는 바는 청바지가 지닌 양면성에 관한 것이다. 그리고 이러한 양면성은 일차원적인 의상이 훨씬 더 다차원적인 가능성의 영역 속에서 포착되는 방식을 부분적으로 반영하고 있다. 우리는 남성과 바느질된 바지 사이에 존재하는 단순한 관계에서 논의를 시작했다. 그리고 연령과 청바지 착용 간의 일반적인 상호관계를 살펴보았다. 이제 다양한 남성 이미지의 의미를 보여주는 정교한 영역을 살펴볼 수 있다. 여기에는 청바지와 화려한 바지, 장식 없는 디자인과 장식이 많은 디자인 간의 대조가 나타난다. 특히 인도의 전통적인 단조로운 갈색 바지와 비교했을 때, 다른 바지와 달리 화려한 장식이 달린 청바지는 남성성의 훨씬 더 복잡하고 유동적인 내적 복잡성에 맞춰 정교하게 발전될 수 있다. 동시에 청바지는 전체적이고 지배적인 주류의 남성성을 표현하는 방식과도 관련될 수 있다. 즉, 책임감 있는 성인 남성 노동자는 처음에는 화려한 청바지를 입다가, 나중에는 청바지 착용 자체를 멀리하게 되는데, 이처럼 청바지는 무책임하고 철없는 젊음과의 절연을 표현하는 매개물이 된다.

또 청바지의 양면성은 많은 사례에서 볼 수 있는데, 각 사례에서 사람들이 청바지에 대해 말하는 것은 다른 증거와 명백히 모순된다. 한 예로 이것은 시장의 빠른 흐름을 반영하는 것이긴 하지만, 비용에 대해 생각할 필요가 있다. 모든 정보제공자들은 사실상 청바지가 가장 값비싼 스타일의 바지라고 설명한다. 힌두인은 무슬림이 청바지를 많이 구입하는 것은 단순히 돈이 많기 때문이라고 설명한다. 이러한 설명이 사실이던 때, 청바지의 소유가 걸프 자원과 관계되어 있음을 암시하던 때가 있었다. 그러나 오늘날 청바지는 가장 싼 바지 중 하나이다. 브랜드가 없는 청바지는 시장에서 200에서 300루피 정도(2008년 1월 기준으로 1파운드는 약 80인디언루피였다.)에 거래된다. 때문에 바느질이 필요한 청바지 재료는 더는 팔리지 않게 되었다. 재봉사에게 바느질만 맡겨도 170루피가량은 들기 때문이다. 재봉사는 자신에게 맞는 기성복을 구할 수 없는 걸프 출신의 부유한 고객의 의상만을 만들 뿐이다. 그러나 캐주얼 바지는 바느질 마감이 여전히 불완전하다. 최대 2,000루피까지 올라가는 브랜드 청바지도 있지만, 대다수의 브랜드 바지들은 아주 싼 축에 속하지 않는다. 따라서 청바지는 다른 대용품보다 더 저렴하다고 말하기는 어렵지만 비교적 저렴한 편이다.

청바지를 더 가치 있게 만드는 또 다른 요인들이 있다. 많은 사람들은 청바지가 다른 바지들보다 더 오래, 아마도 두 배가량 더 오래간다고 생각한다. 빛이 바래거나 낡아 떨어지더라도 청바지 형태가 더 멋있어진다고 생각한다. 반면, 다른 바지들은 새것일 때 가장 좋아 보이고, 바래거나 떨어지면 가난한 사람들에게 보내거나, 소재가 면일 경우에는 걸레 등으로 쓴다. 여기서 논의할 것은, 무슬림이 돈이 더 많기 때문에 청바지를 더 많이 갖고 있다는 점이다. 이는 무슬림이 의상에 큰돈을 사용하는 현실을 반영하며, 또 집값이나 결혼비용 등에서 알 수 있듯이 실제로도 돈이 많다는 사실을 보여준다.

이러한 부가 걸프에서의 노동으로 얻은 것이긴 하지만, "걸프 청바지"와 같은 개념은 존재하지 않는다. 걸프에서 청바지를 가져온 사람들은 실은 그 청바지가 태국이나 중국 제품임에도 불구하고 인도 제품이라고 생각한다. 많은 사람들은 여전히 걸프의 의류가 더 비싸고 질이 우수하다 생각하지만, 일부는 사실 다른 인도 브랜드 의류보다 저렴하고 질이 떨어지는 경우가 많다는 점을 인정하고 있다. 오쎌라가 현지조사를 수행했던 시기의 상황, 즉 패션이 걸프에서 시작되던 시기와는 상황이 많이 변한 것이다. 현재 칸누르 사람들은 걸프가 사람들의 패션에 영향을 주고 있다고 생각하지 않는다.

청바지를 착용한 기혼 여성에 대한 전설

카스트 제도와 종교가 여성의 영역으로 넘어오면 청바지의 양면성이 더욱 명백해진다. 이것은 누가 청바지를 입을 수 있고, 또 입어야 하는가와 관련된 문제이다. 칸누르는 성인 여성들의 청바지 착용이 금지된 시골 지역과, 청바지 착용이 거의 문제가 되지 않는 벵갈루루 혹은 뭄바이 같은 인도 도시 지역의 중간 지대쯤에 해당한다. 에르나쿨람 Ernakulam과 코지코드와 같은 케랄라 내 다소 큰 읍 소재지는 문제가 좀 더 불확실하다. 칸누르 사람들에게 공개석상에서 청바지를 입고 있는 기혼 여성의 모습은 비난의 대상이 된다. 필자는 시내 중심가에서, 길거리를 걷다 보면 청바지를 착용한 여성들이 매춘부처럼 말을 걸어올지 모른다고 주장하는 사람들을 만날 수 있었다. 마찬가지로 많은 사람들이 청바지를 입었던 여성의 이름을 그녀가 사는 마을과 그녀의 먼 친척에 대한 정보와 함께 알고 있었다. 칸누르에서 청바지를 착용한 기혼 여성을 볼 수는 없었지만, 청바지를 착용한 기혼 여성의 이미지는 거의 전설적인 지위를 가지고 있었다.

이러한 변화가 상징하는 바에 대해 합의된 의견이 있는 것은 아니다. 영어 중학교를 다니는 비교적 부유한 십 대 후반의 소녀들을 대상으로, 기혼 여성이 공개적으로 청바지를 착용해도 되는가에 대해 물어보았을 때, 찬반 의견은 50 대 50으로 나뉘었다. 한 젊은 미혼 여성은 불과 5년 전인 열여덟 살 때 처음 청바지를 입자 아버지가 불같이 화를 냈었던 것을 기억하고 있었다. 부모님뿐 아니라 대학 총장들, 여자 기숙사 사감, 인척들까지 여성 의상에 적극적으로 개입한다고 했다. 남편이 걸프에 가 있던 한 여성은 남편이 두고 간 청바지를 입었지만 집 안에서만, 즉 사적인 공간에서만 입었을 뿐이었다. 십 대 후반의 미혼 소녀들은 거의 모두 같은 이야기를 했다. 청바지를 가지고는 있지만 칸누르 이외 지역에서만 입는다는 것이었다. 다른 곳에서 청바지를 착용하는 것은 청바지의 착용 방식에 따라 달라지긴 하지만 대체로 수용되고 있었다. 길고 헐렁한 쿠르타Kurta나 블라우스로 하체의 일부를 가린 청바지 차림은 괜찮았다. 그러나 짧거나 딱 달라붙는 블라우스를 특히 가슴이 큰 여성이 청바지와 함께 착용하면 잠재적인 "문란한" 행동의 표시가 될 것이 분명했다.

이러한 경향은 여성 행동을 일반적으로 통제하는 기제가 되고 있다. 이러한 전통은 제인 오스틴Jane Austen의 소설을 유추해보면 쉽게 이해할 수 있다(자이스리 미스라Jaishree Misra의 『아주 오래된 약속Ancient Promises』이 더 나은 소설일 수 있다). 미혼 여성들은 해가 진 뒤에는 동행자 없이 돌아다녀서는 안 되고, 이웃에 사는 대학 친구나 함께 등교하는 남성이라도 동일한 남성과 너무 자주 다녀서도 안 된다. 사람들의 입에 오르내릴 만한 것이라면, 그래서 결혼에 영향을 미칠 만한 것이라면 문제시된다. 상층 카스트의 경우나 중간 소득 이상의 여성의 경우 학창 시절이 끝나자마자 결혼하며, 보통 주변 사람들이 배우자를 결정해준다. 결혼 이후 일하는 것이 금지되고, 이는 남편이 걸프에 수십 년을 나가 있는다 해도 마찬가지이다. 지난 몇십 년 동안 영화와 드라마에서 정략혼에 반한 연애혼이 수없이 다루어지고 있는 만큼, 여성의 전통적인 역할과 변화 사이의 긴장관계는 대부분의 가정에서 분명히 나타나고 있다.

청바지를 입은 기혼 여성이라는 신화적 이미지는 위협인 동시에 기대로 작용한다. 일부 남성들은 얌전하고 순수하며 전통의상을 입은 이상형과의 성적인 환상을 꿈꾸고 마침내 꿈을 이루곤 한다. 그러나 여성과의 섹스를 최우선 순위에 두는 한 남성은 자신과 취향이 비슷한 여러 남자들이 청바지를 입은 여성이 등장하는 에로틱한 꿈을 꾸기도 한다는 점을 지적했다. 청바지는 헤픈 여성과 동시에 강인한 여성을 상징하기에, 남성에게는 잠재적으로 반항적이며 또한 매력적일 수 있다. 이러한 양면성은 적어도 청년 시절에 공산주의 사상에 심취했던, 혹은 부모로부터 대학에서 열심히 공부해 한자리를 차지하라는 교육을 받고 자란 많은 젊은 남성들에게서 복합적으로 나타난다. 두 경우 모두 성적인 절제뿐 아니라 억압된 욕망을 드러낸다. 결론적으로 필자는 이것이 더 진전된 변화를 이끌어낼 것인지의 문제로 돌아올 것이라 예상한다.

청바지, 브랜드, 기능

위에서 다룬 사회적 지표와 청바지 간의 연상관계는 지난 몇십 년간의 장기적인 역사적 흐름을 보여줄 뿐 아니라, 청바지가 단기적 역동성에도 영향을 받는다는 것을 보여준다. 상인들은 최소 1년은 지속되는 패션에 관심을 둔다. 청바지는 2008년도에는 유행이 아니었다. 현재는 면 소재에 단색으로 된 캐주얼 바지 형태가 유행이다. 찢어진 스타일과 워싱 기법은 상당히 "유행에 뒤떨어진" 형태이지만, 뒷주머니 장식과 같은 스타일들은 특정 연령층에서는 유행하고 있다. 발리우드, 더 좁게는 말라얄람과 접한 타밀 영화산업이, 인기 있는 TV 시리즈와 함께 패션에 강력한 영향을 미친다.

칸누르는 전기료가 비싸기 때문에 냉방시설을 가동하는 상점들이 없다. 마을에는 작동이 되지는 않지만 에스컬레이터가 있는 "시티센터"로 알려진 분홍색의 3층짜리 건물이 있다. 시티센터에는 칸누르에서 가장 비싼 청바지를 파는 "시티마트"가 있다. 시티마트는 인도의 직물 생산 중심지인 구자라트 아마다바드 지역에 1931년에 설립된 아르빈드 밀스(Paul 2008)의 프랜차이즈 할인 매장으로 시작했다. 1987년부터 데 님에 투자하기 시작한 이 회사는, 1991년에는 연간 1억 미터의 데님 원 단을 생산해 세계에서 네번째로 큰 데님 생산자가 되었고, 인도에서 가장 큰 직물 생산 공장이기도 하다. 국제적인 데님 생산자로서 현재 청바지 시장의 큰 부분을 차지하는 매우 다양한 면 혼방 직물을 생산 하고 디스트레싱 처리를 하고 있다. 이 회사는 2000년에서 2004년 사 이 재정난을 맞았지만 최근 들어 회복세를 보이고 있다.

데님이 지역 의상의 일부로 자리 잡아 성인 인구의 10퍼센트가 청바 지를 착용하는 현 상황에도 불구하고, 칸누르에서는 성인 인구의 5퍼센 트만이 청바지를 입는다. 칸누르에서 판매되는 대부분의 청바지는 아 르빈드 브랜드 옷보다 저렴하고 브랜드도 없다. 아르빈드의 원단을 쓰 는 러프 앤드 터프Ruf & Tuf는 저소득층에게 잘 알려진 브랜드로, 한동 안 잘 판매되었으나 브랜드 없는 저가 청바지보다 재봉 비용이 비싸지 면서 판매량이 떨어졌다. 시티마트는 현재 멀티브랜드화 되었다. 아르빈 드는 마체렐라의 연구에서 인도화된 브랜드의 중요한 사례이다. 시티마 트는 랭글러, 페페, 리와 같은 여러 경쟁 브랜드들을 팔고 있지만, 실제 로 모두 아르빈드 밀스의 제품이며 소비자들은 모두 인도 브랜드라고 알고 있다. 이 바지들은 약 1,600루피 정도에 팔리고 있으며, 이 브랜드 들은 부유층만 알고 있다. 상점의 다른 한편에서는 600~900루피 가격 대의 다소 저렴한 청바지를 판다. 이 코너에서도 뉴포트Newport 등 아르 빈드 밀스의 또 다른 세 브랜드를 팔고 있다. 발리우드 영화 스타인 악 샤이 쿠마르(윌킨슨 웨버가 논의한 인물)가 등장하는 뉴포트 광고는 소비 자들 사이에서 가장 많이 회자된다. 이 밖에도 시내의 많은 상점에서 는 킬러Killer, 리브인Live-in, 스터디Sturdy, 하드 커런시Hard Currency 등이 시티마트보다 더 저렴한 500~700루피대의 인도 브랜드 청바지로 팔리고 있다. 리브인의 경우 이 브랜드만을 취급하는 상점도 있다. 이 브랜드 제품들은 대개 뭄바이와 벵갈루루에서 생산된다. 사실상 거의 모든 청바지가 브랜드 제품처럼 라벨을 달고 팔리기 때문에 상황은 복잡하다. 다양한 청바지의 종류만큼 수많은 상표들이 존재하기 때문에, 브랜드 라벨 자체는 근본적으로 아무런 의미가 없다. 전통시장의 평범한 상점에서 팔리는 청바지와 걸프 자금과 직접 연관이 없는 사람들이 입는 대다수의 청바지는 400루피 정도에 거래되지만, 잘 찾아보면 300루피 이하의 청바지도 구할 수 있다. 이 청바지는 아마도 타밀나두의 에로드Erode와 티루푸르Tirupur 지역에서 생산되었을 것이다.

마을에서 가장 패셔너블한 상점은 매장 진열 방식이 실험적인데, 아이언 메이든과 같은 헤비메탈 그룹의 티셔츠로 매장을 꾸미기도 한다. 진열 상품은 모두 방콕에서 수입한 것이다. 브랜드는 아니지만, 디스트레싱을 하거나 새로운 장식을 부착해 스타일이 새롭고 화려하다. 브랜드 자체는 지역화될 수 있다. 예를 들어, 몇몇 상점에서는 브랜드 제품을 정가로 판매하기도 한다. 그러나 대개 브랜드 제품이 사용하는 동일한 원단을 구입해 지역에서 가봉한 후, 정품 브랜드 제품의 금속제 라벨 대신 천으로 만든 라벨을 붙이는 식이다. 저렴한 복제품은 브랜드의 공인하에서 만들어진다. 이러한 시장 확대 전략은 가짜 라벨 청바지의 생산 전략보다 훨씬 더 일반적인 것처럼 보인다. 그러나 수입이 가장 낮은 소비자층은 브랜드에 관심이 없다. 여성과 아이들은 대개 브랜드 없는 청바지를 입는다.

필자는 케랄라에서는 데님이 생산되지 않는다고 생각했지만, 사실 칸누르 지역은 손베틀 생산지로 유명하다. 지역 회사인 암바디Ambadi는 여러 해 동안 디자이너 길드^{Designer Guild}와 같은 회사에 고품질의 장식용 손베틀 직물을 공급해왔다. 이 회사의 생산품은 버킹엄 궁전과 백악관을 장식하는 데 사용될 정도였다. 암바디는 청바지 재료를 사용해 전통적인 생산물을 만들었다. 계속되는 주문 때문에 엔자임 워싱 처리된 천을 충분히 조달하는 데 어려움을 겪기도 했다. 최근에는 베틀로 생산한 데님에 대한 새로운 시도가 있었다. 시장만 형성된다면, 공정무역을 거친 유기농 식물성 인디고로 염색한 데님을 베틀로 생산할 수 있다. 필자가 들은 끔찍한 근무조건들은 가장 값싼 청바지를 생산하는 타밀 지역과 관련이 있었다.

청바지 착용 제한과 관련된 마지막 논의는 기능성과 적정성에 대한 것이다. 케랄라 지역은 의류 건조가 거의 불가능한 몬순기가 있다. 청바지는 건조 시간이 길고 젖었을 때 불편할 정도로 무겁다는 단점이 있다. 또 너무 두껍고 무거워 더운 계절에는 잘 어울리지 않아 보인다. 추운 계절에 더 어울릴 것 같은 옷이지만 케랄라에는 추운 계절이 없다. 12월에서 1월까지 상대적으로 기온이 낮은 몇 주가 있을 뿐이다. 이러한 문제들과는 무관하게 사람들은 청바지를 착용한다.

청바지 세탁에 관한 문제는 여성과 남성, 세대 간의 갈등을 드러내곤 한다. 인도에서 살아본 사람이라면 누구든 뚜렷이 알 수 있는 문제이다. 인도에서는 새소리와 기차 경적과 함께, 빨래하며 천을 바위에 때릴 때 나는 철썩 소리를 매우 자주 들을 수 있다. 청바지의 문제점은 젖었을 때 무겁다는 것이다. 따라서 세탁기가 없는 여성들은 대부분 청바지 때문에 허리 통증에 시달린다고 한다. 젊은이 대부분은 패션 때문에 나타나는 안타깝지만 불가피한 현상이라고 생각한다. 어떤 남성들은 자기 어머니의 건강을 위해 더는 청바지를 입지 않겠다고 말하기도 했고, 절대 청바지를 입지 않겠다고 분명히 선언하기도 했다. 하지만 자신이 빨래를 하기 때문에 입지 않겠다고 한 것은 단 한 사람뿐이었다.

결론

칸누르는 글로벌 데님 연구에 있어 특히 중요한 지역이다. 100개 이상의 국가가 소위 "세계화" 혹은 "미국화"라 불리는 흐름에 편승하고 있지만, 세계 인구 대부분은 여전히 중국과 남아시아 두 지역에 살고 있다. 이 지역에는 보편 담론이 쉽게 담기 어려운 규모와 내적 통합성이 모두 존재한다. 마찬가지로 인디고와 관련된 식민지 유산은 인도인의 기억에서 완전히 사라져 오늘날 사람들은 알지 못한다. 결국, 발리우드의 영향력과 아르빈드 밀스의 브랜드가 글로벌 트렌드를 매개하고 있다. 칸누르 지역에서 청바지 착용이 제약되는 현상을 이해하기 위해, 우리는 케랄라의 사회적 역동성에 초점을 맞출 필요가 있다.

필자는 오셀라의 인류학적 사례연구, 타인과 스스로를 구분 짓기 위해 패션을 거부하는 집단에 대한 연구와 연령, 걸프 자금, 남성성, 근대성과 같은 요인들이 교차하는 방식을 보여주는 최근 연구를 출발점으로 삼았다. 필자의 조사는 오셀라의 연구에 비해 다루는 범위가 훨씬 협소하고 덜 미묘하지만, 청바지와 칸누르와의 관계에 초점을 맞춰 분석했다는 점에 중요한 의의가 있을 것이다.

첫째는 청바지와 (청바지의) 이동 간의 일반적인 관계를 살펴보았다. 논리정연한 우주론이나 모든 것에 적용될 수 있는 명료한 상징체계를 의미하는 것은 아니지만, 지역에서 외부 세계에 이르는 이동과 청바지 사이에는 연결고리가 분명 존재한다. 보통 이러한 현상에는 실용적인 근거가 있다. 청바지는 보통 이상적인 여행 복장이라고 간주된다. 청바지는 상대적으로 튼튼하고 빨기까지 여러 번 입는 것도 가능하다. 청바지는 연례행사인 수학여행 때 학생들이 입는 복장 중에서 절대 우위에 있다. 청바지는 젊은 여성들이 칸누르를 벗어날 때 입는 옷이다. 그러나 청바지를 실용주의적으로 설명하는 것은 이 정도에 불과하다. 뱅갈루루나 뭄바이와 같은 큰 도시를 방문해보면, 청바지는 일상복처럼 보인다. 왜냐하면 대개 이 지역들이 청바지를 착용할 만한 장소라고 여겨지기 때문이다. 또 청바지는 친척들을 방문할 때 입는 옷이다. 청바지를 입기에 가장 이상적인 경우는 바로 해외로 나가는 사람을 환송하는 파티이다.

　움직임 및 유동성과 연결 짓는 것은 시공간적 차원을 다룬다는 것을 의미한다. 많은 이들은 칸누르 역시 인도의 대도시를 따라갈 수밖에 없는 불가피한 현대화의 흐름이 있고, 결국 청바지도 대도시에서처럼 흔히 볼 수 있게 될 거라고 생각한다. 아마도 동전의 다른 한 면이 존재할지 모른다. 역방향으로 작동하는 다양한 힘들로부터 매우 인상적인 현상을 볼 수 있다. 힌두인과 무슬림의 구분 짓기, 즉 무슬림이 추구하는 패션이 힌두인의 보수주의를 더 강화함으로써 생기는 저항력이 바로 그것이다. 또한 칸누르 자체 내에서 청바지를 착용한 여성이 부재하면서도 존재한다는 문제가 남아 있다. 젊은 여성들 대부분이 청바지를 가지고 있고, 대학에서 청바지를 착용하기도 하지만, 감사나 감독으로 인해 통학버스나 마을의 공공장소에서는 청바지를 입지 않는다. 이것이 바로 본 연구에서 반복해서 강조하는 주제이다. 이 연구가 끝날 때쯤 친구들은 마을에서 청바지를 입은 성인 여성들을 "찾아다 니다" 발견하게 되면 즉시 필자에게 알려주기로 약속했다.

세계 여러 지역에서와 마찬가지로, 칸누르에는 근대성의 상상 방식에 대응한 정치적, 종교적, 기타 담론들이 존재하며, 전통과 관습을 강고하게 만드는 또 다른 흐름이 나타난다. 칸누르는 전통이 확고히 자리 잡은 장소로서의 지위를 갖는다. 작고 별로 특별할 것이 없는 칸누르는 사람들의 고향으로 이상적인 곳이다. 심지어 다시 돌아오지 않더라도 그렇다. 밖을 보고 돌아온 사람들에게 제공해줄 것이 없기에, 이곳은 기원이라는 중요성만이 남는다. 이러한 맥락에서 칸누르가 갖는 의미는 올위그(Olwig 1996)가 분석한 디아스포라의 방문을 위해 만들어진 카리브 해의 섬처럼 극단적이지는 않지만, 결코 칸누르를 떠난 적이 없는 사람들에게도 유효해 보인다. 시골과 대도시 사이의 중간적 특수성은 칸누르에 변화가 멈추는 곳이라는 구조적 지위를 부여한다. 한 여성 교사는 "지금까지 누구도 우리 문화를 변화시킬 수 없었어요. 걸프 지역에서 어느 옷이나 입던 사람들도 돌아오면 우리의 전통의상으로 갈아입어요."라고 말한다.

이러한 칸누르의 규율에 사람들이 동의하는 이유는, 청바지 착용이 이루어지는 세계가 점점 복잡해지는 것에 반해, 칸누르의 규율이 아마도 더 가치 있는 무엇을 비교적 간단하고 안정적으로 대상화할 수 있게 해주기 때문이다. 남성이 100년 이상 셔츠와 바지를 착용해온 남아시아에서 여성은 옷차림에 있어서 명백하게 전통을 대상화하는 존재로 남았다(Banerjee and Miller 2003). 결과적으로 대부분의 여성들은 그들의 욕망과 신념이 무엇이든 간에 칸누르 지역 내에서 청바지를 입는다는 생각 자체에 불편함을 계속 느낄 수밖에 없다. 남성의 경우 이러한 상황은 존슨(Johnson 1997)이 묘사한 필리핀 상황에 상응한다. 다만, 지역적 특수성이 작동해 외부 힘이 침투하는 것을 제한한다는 점이 다르다. 연령에 따라 청바지 종류가 달라지고, 또 청바지를 입지 않는 것이 성숙함의 상징이기 때문에, 여성뿐 아니라 청바지를 입는 남성의 비율 역시 상대적으로 낮은 것이다.

따라서 이 논문은 칸누르에서 사람들이 청바지를 입는 이유가 아니라 입지 않는 이유를 다루었다. 이 연구는 하층 카스트가 서양 문화를 수용하면서 하층 카스트와의 구별 짓기를 원하는 사람들 사이에 보수주의가 나타났다는 오셀라의 논의에서 시작했다. 이 논문은 사례를 확대해, 기존의 피지배 집단 내의 역동성을 억제하기 위해 청바지를 거부하는 여러 유사 사례를 검토했다. 이것은 장년층 남성들이 책임과 안정을 추구하는 새로운 신분을 주장하기 시작하면서, 점점 단순한 청바지를 선호하다가 거부하는 과정에서 분명히 나타난다. 이는 또한 수적으로 우세한 힌두 인구가 무슬림 남성들을 연상시키는 화려한 청바지를 멀리하고 청바지의 밝고 화려한 장식을 촌사람의 천박함과 유아적인 측면과 연결 짓는 현상에서 나타난다. 마지막으로 우리는 대다수의 남성 집단이 청바지를 입은 기혼 여성을 계속 감시하고 있음을 알 수 있었다. 문제는 소위 미국이나 서구로 대표되는 바깥 세계에 있지 않다. 종종 이러한 상징적 잠재성은 훨씬 더 직접적이고 지역적인 것에 의해 영향을 받아 변형된다. 칸누르의 경우는 청바지라는 단일한 의복 안에서 청년, 여성, 이슬람이 지닌 상징적 잠재성과 청바지가 지닌 확고한 자기주장과 규범을 깨는 능력이 결합한 사례이다.

부기

2007년 12월부터 2008년 1월에 진행된 조사에서 큰 도움과 환대를 아끼지 않은 루시 노리스Lucy Norris와 그의 가족 더크Dirk, 플로리안Florian에게 깊은 감사의 마음을 표한다. 또 칸누르에서 조사에 협조해준 시마Seema, 시빈Shibin, 베누Venu 등 수많은 주민 여러분께도 감사를 전한다. 이 연구와 관련한 사진 자료는 www.ucl.ac.uk/global-denim-project에서 찾아볼 수 있다. 연구와 관련해 진심 어린 조언을 아끼지 않은 루시에게 다시금 감사를 표하며, 소피 우드워드의 조언에도 감사 드린다.

참고 문헌

Abaza, M. (2007), 'shifting Landscapes of Fashion in Contemporary Egypt', *Fashion Theory* (special issue edited by E. Tarlo and A. Moors), 11(2/3): 281-97.

Bahl, V. (2005), 'Shifting Boundadies of "Nativity" and "Modernity" in South Asian Women's Clothes', *Dialectical Anthropology*, 29: 85-121.

Banerjee, M. and Miller, D. (2003), *The Sari*, Oxford: Berg.

Chopra, R., Osella, C. and Osella, F. (eds) (2004), *South Asian Masculinities*, Delhi: Kali for Women/Women's Unlimited Press.

Desai, M. (2007), *State Formation and Radical Democracy in India*, London: Routledge.

Favero, P. (2005), *India Dreams: Cultural Identity among Young Middle Class*

Men in New Delhi, Stockholm: University of Stockholm.

Jeffrey, R. (1992), *Politics, Women and Well-Being, How Kerala become a 'Model'*, London: Macmillan.

Olwig, K. (1996), *Global Culture*, Island Identity, London: Routledge.

Fuller, C. (1976), *The Nayar Today*, Cambridge: Cambridge University Press.

Johnson, M. (1997), *Beauty and Power*, Oxford: Berg.

Lukose, R. (2005), 'Consuming Globalization; Youth and Gender in Kerala, India', *Journal of Social History*, 38: 915–35.

Mazzarella, W. (2003), *Shoveling Smoke: Advertising and Globalization in Contemporary India*, Duke University Press.

Miller, D. (1998), 'Coca-Cola: A Black Sweet Drink from Trinidad', in D. Miller (ed.), *Material Cultures*, Chicago: Chicago University Press.

Osella, F. and Osella, C. (1999), 'From Transience To Immanence: Consumption, Life-Cycle and Social Mobility in Kerala, South India', *Modern Asian Studies*, 33(4): 989–1020.

Osella, F. and Osella, C. (2000), *Social Mobility In Kerala: Modernity and Identity in Conflict*, London: Pluto. Osella, C. and Osella, F, (2001), 'Contextualizing Sexuality: Young Men in Kerala, South India', in L. Manderson and P.L. Rice (eds), *Coming of Age in South Southeast Asia: Youth, Courtship, and Sexuality*, Curzon Press: London.

Osella, C. and Osella, F. (2004), 'Malayali Young Men and their Movie Heroes', in R. Chopra, C. Osella, and F. Osella (eds), *Masculinities in South Asia*, Kali for Women: Delhi, Osella, F, and Osella, C. (2006), 'Once upon a Time in the West: Stories of Migration and Modernity from Kerala, South India', *Journal of the Royal Anthropological Institute*, 12(3): 569–88.

Osella, C. and Osella, F. (2007a), 'Muslim Style in South India', Fashion Theory (special issue edited by E. Tarlo and A. Moors), 11(2/3): 233-52.

Osella C. and Osella F. (2007b), *Men and Masculinities in South India*, London: Anthem Press.

Paul. J (2008), International Business, New Delhi: Prentice Hall of India.

Sandikci, O. and Ger, G. (2006), 'Aesthetics, Ethics and Politics of the Turkish Headscarf', in S. Küchler, and D. Miller (eds), *Clothing as Material Culture*, Oxford: Berg.

Sandikci, O. and Ger, G. (2007), 'Constructing and Representing the Islamic Consumer in Turkey', in *Fashion Theory* (special issue edited by E. Tarlo and A. Moors), 11(2/3): 189-210.

Tarlo, E and Moors, A. (eds) (2007), *Fashion Theory* (special issue edited by E. Tarlo and A. Moors), 11(2/3).

Whilete, H. (2008), *Consumption and the Transformation of Everyday Life: A View from South India*, Basingstoke: Macmillan.

5

브라질리언 진: 리우데자네이루 펑크 볼 파티의 물질성, 몸, 유혹[1]

밀렌 미즈라히
Mylene Mizrahi

브라질 리우데자네이루대학교 인류학 박사

"카우사 다 강^{Calça da Gang}" 혹은 "브라질리언 진"이라고 불리는 독특한 스타일의 청바지는 전 세계적으로 널리 알려져 있다. 브라질 문화의 보편적 상징들이 확대되면서, 사람들은 이제 브라질리언 진이 섹시하고, 입는 사람도 섹시해 보이게 만들어준다고 생각한다. 그리고 이러한 생각은 브라질리언 진이 탄생한 독특한 맥락에서 비롯되었다. 브라질리언 진은 과거에도 그랬고 지금도 브라질 여성들이 리우데자네이루의 펑크 볼 파티에 갈 때 가장 즐겨 입는 옷이다. 브라질리언 진이 이토록 광범위한 믿음을 불러일으킬 수 있었던 이유를 알아내기 위해서, 우리는 앞으로 펑크 볼 파티라는 맥락 속에서 브라질리언 진과 관련한 대중매체의 담론들을 살펴볼 것이다. 매체들이 펑크 볼 파티의 청바지에 대해 전달하는 메시지는 간명하다. 청바지라는 사물 자체가 이상적인 몸을 만들어냈고, 특히 브라질리언 진의 성공은 그것이 브라질 문화에서 가장 중요한 여성의 신체 부위인 "엉덩이를 돋보이게" 만들어주기 때문이라는 것이다. 상류층에서 청바지를 입기 시작하면서 브라질의 청바지 제조업자들은 국내에서 청바지의 시상성을 확인하고 또 "브라질리언 진"이라는 이름으로 해외에도 판로를 개척한다. 이 과정에서 브라질리언 진은 전 세계적으로 통용되는 스타일로 자리 잡았고, 섹시함은 브라질리언 진의 가장 뚜렷한 특징이 되었다(Mizrahi 2003). 나는 브라질리언 진이 만들어진 신화에 대한 의문과 개인적, 미학적, 인류학적 호기심을 가지고 연구 현장인 펑크 볼 파티에 도착했다.

펑크 볼은 파벨라favela라는 브라질 리우데자네이루의 대표적인 빈민가에 위치한 운동장이나 주거지 외곽에 버려진 스포츠클럽에서 열리는 파티를 말한다. 참가자 대부분이 파벨라의 젊은이들이지만, 이 파티는 리우데자네이루 밤 문화를 대표하는 전통들 가운데 하나로도 꼽힌다. 리우데자네이루에 사는 젊은이라면 한 번쯤은 펑크 볼 파티에서 펑크 카리오카Funk Carioca라는 음악에 맞추어 춤을 춰본 일이 있을 것이다. 카리오카는 북미 소울과 마이애미 베이스에 뿌리를 둔 음악으로, 동시에 이 리듬의 근원지인 리우데자네이루를 표상한다. 브라질 스타일 일렉트로닉 음악인 현재의 카리오카는 1980년대 말부터 카리오카 리듬에 브라질 특유의 가사를 덧입혀, 리우데자네이루의 파벨라에서 연주되기 시작했다.[2]

파티장에 도착했을 때, 나는 의외의 모습들을 발견할 수 있었다. 무엇보다 중요한 발견은 본 연구의 주제이자 "카우사 다 강" 혹은 "브라질리언 진"으로 알려져 있는 청바지 스타일이 현장에서는 전혀 다른 범주로 분류되고 있다는 사실이었다. 파티에서 입는 바지는 몰레톰 스트레치Moletom Stretch(Calça da Moletom Stretch)라고 하는데, 바지의 원단인 몰레톰이라는 신축성 소재의 이름에서 따온 명칭이다. 이전까지 나는 몰레톰 스트레치라는 바지를 언론매체와 (이 바지의) 가장 유명한 제조사인 강 브랜드Gang Brand의 설명대로 그저 평범한 청바지의 하나 정도로만 인식하고 있었다. 반면, 파티에서 만난 젊은이들은 대중매체와는 전혀 다른 용어로 몰레톰 스트레치 바지를 정의했다. 이 지점에서 나는 몰레톰 스트레치 바지라는 사물 자체의 물질성(데님이 아닌 직물로 만들어졌으나 외형은 데님을 모방한 것)에 관심을 갖게 되었다. 파티에서는 청바지를 이야기할 때, 다양한 스타일을 강조하고 더 큰 문화적 맥락을 드러내는 포괄적 용어를 사용했다. 따라서 펑크 볼 파티에서 강 브랜드는 단지 몰레톰 스트레치를 만드는 제조업체의 하나일 뿐이었다. 파티에서는 이 청바지를 최초로 만든 사람이 누구인지보다 스타일 자체가 중요했다. 나는 실제로 몰레톰 스트레치의 창시자에 대해 많은 정보를 가지고 있었지만, 시간이 갈수록 파티에 참석한 다른 사람들과 마찬가지로 창시자를 찾는 일로부터는 점차 관심이 멀어졌다. 본 연구의 목표는 (전 세계적으로 브라질리언 진으로 알려져 있는) "카우사 다 강"이 어떠한 맥락에서 만들어졌는지를 이해하는 데 있다. 해외 매체에서 차용된 브라질리언 진이라는 용어[3]는 실제 브라질에서 생산된 청바지를 의미하기보다는 브라질에서 창조된 독특한 스타일을 의미한다. 스타일에 관한 내용은 이 책의 피네이루 마차도의 논문에서도 심도 있게 다루고 있다. 피네이루 마차도는 특정 브랜드가 제조업자와 유통업자에 미치는 영향력에 초점을 맞추고 있다.[4] 이와 대조적으로 본 논문은, 실제 펑크 볼 파티에 참석하는 사람들이 정의하는 범주에서 몰레톰 스트레치 바지에 대해 다룬다. 이를 통해 (현지의 맥락에서) 몰레톰 스트레치 바지가 브랜드 독점을 완화시키면서, 창의성과 스타일의 문제를 강조하고 있음을 보일 것이다.[5]

이 연구는 사물의 물질성(Miller 1987)과 (사물의 물질성을 표현하는) 대리물의 질적인 측면(Gell 1998)을 통해서 사물의 용도와 취향을 지배하는 논리를 파악할 수 있다고 제안한다. 나는 몰레톰 스트레치를 중심으로 논지를 전개할 것인데, 이 바지가 펑크 볼 파티에서 남녀가 상대의 패션과 몸매를 파악하는 방식의 주요한 특징들을 가장 잘 보여준 다고 생각하기 때문이다. 하지만 내가 사물의 분류체계의 중요성(Lévi-Strauss 1966; Sahlins 1976) 자체를 부정하려는 것은 아니다. 오히려 현지 조사 중 몇몇 사건들을 통해, 나는 펑크 볼 파티에 모인 젊은이들의 옷들로 구성된 통합적이고 체계적인 전체 구조를 그려볼 수 있었다. 이렇게 수집된 자료들은 사물들 간의 관계와 사물의 상징적 특징들 간의 관계를 보여줄 수는 있지만, 몰레톰 스트레치 바지에 부여된 의미에 대해서는 만족할 만한 설명을 해주지 못한다. 그리고 민족지적 설명은 몇 가지 이론적 접근들을 상호 배타적으로 보기보다는 하나로 통합할 것을 요구한다.

모든 의미들이 지역에 따라 달리 형성된다는 관점(Geertz 1983)에서는 옷 역시 공연, 음악, 노랫말, 춤과 같은 축제의 심미적 활동들에 관한 담론 속에 자리 잡을 것이다. 이러한 접근방식을 통해 나는 옷의 민족지, 몸, 춤으로 이루어진 삼각형 구도 안에서 논지를 전개할 수 있었다. 이 세 가지 요소는 단순히 서로 중첩되는 것이 아니라 결국에는 서로 완전히 결합한다(Latour 1994, 2005).6

펑크 볼 파티

본 연구의 조사지인 펑크 볼 파티는 힘의 정치가 지배하는 곳이다. 조사에 앞서 파티 매니저로부터 파티장 안에서는 사람들에게 접근해선 안 된다고 미리 주의를 받았기 때문에, 나는 조심스럽고 은밀한 방법으로 조사에 착수했다. 감히 매니저의 경고를 무시하고 사람들에게 접근할 수는 없어서 나는 댄스 플로어를 마주 보고 있는 스탠드의 가장 높은 곳에 올라가 파티를 관찰해보기로 했다. 사물의 물질성과 물질성의 대리자 간의 관계를 통해 사물을 해석하려던 프로젝트는 잠시 미뤄둘 수밖에 없었다. 하지만 매니저의 경고는 오히려 파티를 지배하는 역동성을 관찰할 수 있는 좋은 기회가 되었고, 취향과 심미관이 탄생하는 큰 그림을 보여주었다. 나는 파티에서 관찰한 대비되는 현상들을 바탕으로 하나의 대립 구조를 만들어보았다. 이 구조는 실제 관찰에 근거한 심미관을 체계화한 것으로, 이 작업으로부터 펑크 볼 파티에서 취향과 사회적 관계 둘 다를 지배하는 논리에 대한 내 나름의 설명이 시작된다.

연구 초기에 나는 파티의 심미적 측면을 이해하기 위한 수단으로서 옷과 파티의 현장 풍경에 대한 개념들에 주목했다. 여기서 옷은 마치 연극에서 의상이 등장인물 간의 상이한 사회적 역할을 표현해주는 것과 같은 역할을 한다. 본 연구는 펑크 볼 파티의 옷을 상호 대비에 의해 형성되고 장신구와 옷을 구성하는 다양한 요소들로 이루어진 하나의 집합으로서 접근한다. 이러한 관점에서 사물은 독립된 실체가 아니라 관계에 속한 하나의 요소가 된다. 따라서 사물의 의미는 반드시 관계 속에서 다른 요소들과의 대비를 통해 드러난다(Lèvi-Strauss 1963). 펑크 볼 파티의 시간적, 공간적 분할은 파티 참가자들이 만들어내는 풍경, 파티 절정의 순간, 발레의 듀엣 춤pas-de-deux을 연상시키는 대형隊形, 관객과 공연자 간의 분리, 휴식시간 등을 통해 경험할 수 있다.[7]

파티는 자정부터 시작되었다. 처음엔 펑크 클라시코Funk Clássico로 불리는, 로맨틱한 펑크 멜로디와 지역색이 강하게 드러나는 가사의 옛날 펑크 카리오카류類 음악이 나왔다. 춤은 보통 남녀가 따로 추지만 함께 추는 경우도 있다. 파티에 참석한 사람들 가운데 종종 임산부도 눈에 띄었는데, 이들은 배를 내놓고 엉덩이를 좌우로 흔드는 레보란도 rebolando라는 춤을 추곤 했다. 뿐만 아니라, 뚜렷하게 상반되는 스타일의 여성들이 함께 어울려 춤을 추는 모습도 볼 수 있었다. 자정을 넘어 새벽 한 시경이 되자, 춤추기 좋은 강렬한 최신 펑크 곡들이 흘러나왔다. 가사는 크게 두 종류로 구분되는데, 흔히 파벨라 지역의 폭력적인 일상을 그린 것과 남녀관계에 관한 것이었다. 이 시간쯤 파티장은 이미 사람들로 꽉 차 있었고, 분위기 역시 절정을 향해 가고 있었다. 이 무렵 파티장 안에서는 트렌지노스trenzinhos라는 작은 기차놀이가 시작된다. 이 기차놀이는 남녀로 나뉘어서 하는데, 긴 줄을 지어 파티장 여기저기를 돌아다니며 춤추는 젊은이들을 갈라놓기도 하면서 볼거리를 제공했다. 이렇게 파티 분위기가 한껏 무르익었을 때 "한 시One o'clock"라는 제목의 노래[8]가 흘러나왔다. 곧바로 전문 가수들과 댄서들이 안무와 패션 등을 뽐내며 등장했고 이들은 파티장에서 볼 수 있는 다양한 심미적 특징들을 종합적으로 구현해냈다.

파티장은 크게 두 가지 분위기의 공간으로 이루어져 있다. 첫번째 장소는 펑크 분위기의 넓은 공간인데 보통 여기가 파티의 중심 공간이 된다. 파티가 막 시작되었을 때, 그리고 파티 중간에는 가벼운 힙합 음악을 틀어준다. 첫번째 장소보다 규모가 조금 작고 따뜻한 분위기의 두번째 장소에서는 스윙이나 파고드 로만티코Pagode Romântico로 불리는 삼바 리듬의 느린 변주곡들이 흘러나온다. 젊은이들은 파티에 막 도착했을 때와 파티 중간에 펑크 음악이 잠시 꺼지고 힙합이 나오면서 휴식시간이 시작될 때 등 두 번 정도 이곳에 들른다. 두번째 공간에서는 화장실을 다녀오거나 머리를 매만지고, 스낵이나 음료, 담배 등을 사는 등 파티 중간에 잠시 휴식을 취할 수 있다.

펑크 볼 파티에서 여성들의 춤은 관능적인 동작들 위주로 구성된다. 레보람rebolam이라고 불리는 춤은 골반을 돌리거나 엉덩이를 좌우로 흔들며 뒤로 움직이는 동작들로 이루어져 있다. 여성들은 가사에 맞춰 엉덩이를 흔들며 앞으로 움직이며 춤을 추기도 한다. 반대로 남성들의 춤에서는 성적인 동작이 훨씬 적었다. 물론 몇몇 남성은 여성의 환심을 사기 위해 엉덩이를 흔드는 춤을 추기도 한다. 일반적으로 이런 춤을 추는 남성들은 셔츠를 벗어 의도적으로 상체를 노출하곤 했다. 또 레보람을 흉내 내며 여성들을 희롱하기도 했다. 남성 춤에서 관능성은 이례적인 것도, 일반적인 것도, 특징적인 것도 아니다. 남성 춤만의 눈에 띄는 특징은 여성의 신체가 만들어내는 곡선이 많은 춤과는 완전히 반대로, 팔과 다리의 움직임만으로 강하고 직선적인 동작을 만들어낸다는 것이다.

트렌지노스 기차놀이는 이러한 남녀의 몸, 춤, 심미적 측면을 대비하며 관찰해볼 수 있는 좋은 기회였다. 여성들이 몸을 움직이며 곡선을 과장되게 표현하는 반면, 남성들은 각이 진 동작에 집중했다. 남성들은 어깨를 앞으로 내밀면서 엉덩이를 반대 방향으로 흔들었다. 여성 트렌지노스는 좀 더 부드러운 동작으로 이루어졌다. 여성들은 걸으면서 엉덩이를 흔들거나, 가끔씩 멈춰 엉덩이를 뒤로 튕기기도 했다. 또 서서 몸 전체를 훑어 내려가는 웨이브 동작을 선보이기도 했다. 마치 뱀이 움직이는 것처럼 머리에서부터 몸통을 지나 엉덩이까지 곡선을 그리며 춤을 추는데, 가끔 팔을 옆으로 뻗어 손부터 웨이브를 타기도 했다. 직선을 강조하는 전형적인 남성들의 춤은 이들의 옷차림과도 일치한다. 남성들은 나이키, 아디다스, 푸마 같은 글로벌 브랜드 운동화를 신고, 농구선수들이 입는 것 같은 폴리에스터 재질의 긴 반바지에 메시 소재의 면 티셔츠를 입는데 위아래가 모두 몸에 붙지 않고 뚝 떨어지는 라인을 만들어낸다. 간혹 야구모자를 쓰기도 하는데, 이때는 브랜드 로고를 눈에 띄게 드러내고자 한다. 아니면 추상적인 도안과 문양으로 장식한 헤어스타일을 보여주기 위해 아예 모자를 쓰지 않기도 한다. 머리에 장식하는 도안들은 염색을 하거나 면도기로 밀어서 만드는데, 서퍼surfer들로부터 영감을 받은 전형적인 풍케이루funkeiro 스타일의 멋 내기 방식이다.

남성들의 옷차림에서 두번째로 눈에 띄는 스타일은, 통이 넓은 청바지를 입고 셔츠는 탈의한 부류들이다. 앞서 설명한 풍케이루들처럼 메시 소재의 면 티셔츠를 입기도 하는데, 다른 점은 몸에 딱 붙는 스타일을 선호한다는 데 있다. 이렇게 대조적인 두 가지 스타일은 모두 몸과 관련되어 있다. 보통 풍케이루 스타일은 마른 남성을 지칭하는 마그림magrim이라는 부류가 선호한다. 후자는 봄바도스bombados라 불리는 근육질의 남성들, 즉 운동만이 아니라 근육강화제를 뜻하는 봄바bomba(bomb, 폭탄)를 복용해 만든 것 같은 몸매를 가진 부류가 선호한다. 이들은 펑크 볼 파티에서 뽐내기 위해 일주일 내내 몸을 만드는 운동을 한다고 했다. 상체 근육을 강조하는 몸에 꼭 끼는 셔츠를 입고 다리를 가려주는 통이 넓은 바지를 입는 것을 선호하는데, 이런 스타일은 사비아sabiá라는 새처럼 상체에 비해 다리가 상대적으로 빈약해 보이지 않게 하기 위해서라고 설명했다.[9]

에릭과 에마누엘은 각각 상술한 두 가지 스타일을 대표하며, 자신과 비슷한 스타일을 추구하는 친구들이 있다. 나는 이들의 일상을 관찰하면서, 몸과 옷에 대한 심미적 관점이 어떻게 "생활양식"과도 연결되

그림 5.1

느지를 알 수 있었다. 반면 여성들의 옷차림에서는 남성들처럼 특정한 부류가 나타나지 않기 때문에 종합적으로 분석하기에는 어려움이 있었다. 남성들의 경우와 달리, 여성들에게는 춤과 옷 사이의 연속성이나 친구들 사이에서 공유되는 심미적 특징들이 전혀 나타나지 않았다.

한 예로, 한 무리의 여자 친구들의 옷차림을 살펴보겠다. 리비아는 흰색의 짧은 튜브톱 원피스를 입었는데, 폴리아미드와 라이크라 메시의 혼용 소재로 붉은색과 초록색의 커다란 꽃무늬가 프린트된 것이었다. 소피아는 몰레톰 스트레치 스타일의 무릎까지 오는 검은색 스키니진을 입었는데 표면에는 작은 구멍을 뚫어 만든 커다란 별 모양 장식이 있었다. 상의는 매우 타이트한 폴리아미드와 라이크라 혼용의 흰색 보디스, 코르셋을 매치했다. 아이린은 빨간색의 짧은 민소매 셔츠와 짧은 플레어스커트를 입었다. 아이린의 친구는 신축성과 장식이 없는 일

그림 5.2

반 진청 데님 소재의 미니스커트에 폴리아미드와 라이크라 혼용 소재의 타이트한 검정 상의를 입었다. 또 다른 여성 역시 아무런 장식이 없는 몰레톰 스트레치 바지에 장식이나 신축성이 없는 실크 소재의 헐렁한 핑크색 셔츠를 입고 있었다.

앞선 설명을 통해, 남성들의 옷차림 분석에 있어 분류적 접근법

그림 5.3

밀렌 미즈라히

그림 5.4

이 유효함은 명백해졌다. 남성들이 옷에 대한 취향을 통해 소통체계를 만들어내는 논리를 확인할 수 있었다. 그리고 이 소통체계 안에서 옷은 (춤을 출 때 직선적인 동작이 잘 표현될 수 있도록 연결해주는) "가교"이자 (상체에 비해 빈약한 하체를 감춰주는) "울타리"로 기능한다(Douglas and Isherwood 1979). 다시 말해, 옷 입는 스타일, 몸, 춤동작과 "생활양식" 사이에 강한 상관관계를 확인할 수 있었다. 그러나 여성들의 경우에는 이러한 동질성이 관찰되지 않았다. 또한 여성들의 옷차림에서 나타나는 다양한 레퍼토리는 어떻게 체계화하더라도 그 자체로 (남성들의 경우처럼) 스타일을 지배하는 논리를 도출해내기 어렵다는 점을 분명히 보여준다. 나는 스탠드 꼭대기에서 관찰을 마치고 내려와 파티장 안을 돌아다니며 여성들과 옷과 액세서리에 대해 이야기했다. 여성들의 옷이 갖는 중요성을 이해하기 위해서, 개개인의 선택과 물질성을 면밀히 관찰했다. 그리고 스타일이 갖는 의미를 파악하기 위해서 (의미를 만들어내는) 파디 자체를 경험하고자 했다.

여성복의 스타일상의 특징

본 연구의 두번째 부분은 현지조사 중에 영감을 받은 상호 보완적인 이론에서 출발한다. 엄격하고 위협적인 파티 매니저가 눈에 보이지 않을 때 즈음, 나는 근처 스포츠클럽의 다른 파티장으로 잠깐 이동했다. 이곳의 주목할 만한 점은 핑크 분위기의 공간이 천장이 없는 노천 테라스라는 점과 (쉬는 시간을 위한 별도의 공간이 있었던 첫번째 장소와는 달리) 공간 분리가 되어 있지 않다는 점이었다. 결국 나는 파티 중간에 불쑥 끼어들어 새로운 공간의 질서에 적응해야 하는 신세가 되었다. 공간적 경계의 부재는 나와 사람들 사이의 거리를 가깝게 만들었고, 나는 순수한 관찰과 단순한 분류만으로는 내가 추적하고 있는 다양한 스타일을 설명해내기 어렵다는 사실을 깨달았다. 나는 파티장에 모인 여성들의 몸, 옷차림, 춤 가운데 정확히 무엇이 내 시선을 잡아끌었는지 설명할 수 없었다. 왜냐하면 결국은 이 세 가지 요소가 상호작용하며 만들어내는 하나의 통합체, 곧 "행위체actant"(Latour 1994, 2005)가 나를 사로잡았기 때문이다. 물건들이 우리의 행동을 은밀하게 조종하는 방식을 고찰하기 위해, 나는 먼저 사물들의 세계가 창조한 물질성에 답해야 했고, 이어 밀러(1987, 1994a)와 겔(Gell 1998)이 발전시킨 개념적 전환을 따라야 했다.

이 지점에서 몰레톰 스트레치 바지가 다시 등장한다. 이 바지의 소재는 면과 라이크라 혼방으로 섬유의 조성 자체는 일반 스트레치 데님과 같아서 보통의 청바지처럼 보인다. 하지만 저지 소재처럼 직조되어 가로세로 양방향으로 모두 늘어나게 되어 있어서, 수평으로만 늘어나는 라이크라 혼용 소재의 일반 청바지와는 다르다. 바로 이 지점에서

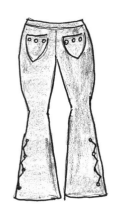

그림 5.5

반드시 유지해야만 하는 두 가지 핵심 요소가 등장하는데, 이 둘 모두 청바지의 물질성과 관련된 것이다. 하나는 "청"바지를 모방하기로 선택하는 것인데, 실제로 원하는 색은 어떤 색이든지 섬유에 입힐 수 있지만 인기를 끄는 건 항상 전형적인 청바지이기 때문이다. 다른 하나는 바지의 순응성(혹은 가소성)에 관한 것이다. 나는 먼저 이 두번째 요소를 살펴보고자 한다.

여성들은 몰레톰 스트레치 바지가 춤을 출 때 편하고, 신축성이 좋아서 움직임이 자유롭다고 이야기한다. 더욱이 데님보다 얇은 소재라 몸에 잘 밀착되어 몸매의 곡선을 강조하고, 춤을 출 때도 동작의 곡선을 부각시켜 준다고 말한다. 이 옷은 얇은 소재로 만들어지는데 몸에 부피감을 최소화하고, 마치 제2의 피부처럼 몸매의 굴곡을 그대로 드러내줄 수 있어야 하기 때문이다. 옷과 신체의 결합은 옷의 소재뿐 아니라 디자인(어떤 종류의 스타일인지와는 무관하게)을 통해서도 가능하다. 이 경우 엉덩이를 강조하기 위해 절대 뒷주머니를 만들지 않으며, 뒷주

그림 5.6

머니가 있는 경우에도 실제로는 진짜 주머니가 아닌 박음질로 모양만
낸 것일 뿐이다. 몰레톰 스트레치 바지는 어떤 형태를 만들기보다는
몸 자체의 곡선을 극대화해준다. 파티에서 만난 한 여성의 말처럼, 이
바지는 "엉덩이를 만들어주는 것"이 아니라 엉덩이를 예쁘게 보이게
해준다. 바지의 신축성 덕분에 여성들은 보통 자신의 실제 사이즈보다
작은 치수의 바지를 입을 수 있고, 이 때문에 다리와 엉덩이가 더 탄력
있어 보인다.[10] 따라서 마른 몸매의 경우에는 몰레톰 스트레치 바지의
효과를 극대화할 수 없고, 오히려 굴곡 없는 직선의 몸매가 그대로 드
러난다.

밀렌 미즈라히

그림 5.7

또 몰레톰 섬유는 보통 저지 소재보다는 두껍기 때문에, 라인스톤, 스터드, 자수, 레이스 같은 화려한 장식을 덧댈 수 있다. 구멍buracos을 뚫어서 끈을 끼우거나, 망사를 덧대거나, 절개하거나 찢어서 바지를 꾸미기도 하고, 라인스톤을 붙이거나 작은 구멍을 여러 개 내서 별, 하트, 나비 같은 도안들을 그려 맨살이 그대로 드러나 보이게 하기도 한다. 이러한 장식들은 미적인 효과를 높이고 섹시함을 강조해 몰레톰 스트레치 바지를 특별한 공간에도 잘 어울리는 옷으로 만든다. 마지막으로 청바지의 길이와 밑단의 모양은 나팔형이나 부츠컷이 될 수도 있고, 무릎 위로 올라오는 타이트한 버뮤다팬츠나 종아리 중간까지 내려

오는 스타일로 만들기도 한다. 이처럼 여러 변이에도 불구하고, 이 모두가 "진정한" 몰레톰 스트레치 바지로 인식되는 이유는 이 모든 스타일상의 특징들이 본질적으로 섬유의 물질성과 관련되어 있기 때문이다. 여기서 청바지는 단 한 번도 "대단히 명백했던" 적이 없다(Miller and Woodward 2007).

겔(1998)은 우리가 어떤 스타일에 대해 언급할 때 사실은 이것이 특정 사물에 대해 이야기하는 것이라고 지적한다. 예술 양식이 개별 예술 작품들이 모여서 이루어진 하나의 통일체를 의미하는 것과 마찬가지로, 특정 스타일은 사물들 간의 상호관계를 통해 형성되기 때문이다. 사물과 디자인은 상호 변형의 결과물이다. 각각의 예술 작품은 전체 홀로그램의 하나로서 의미가 축소되긴 했지만 어떤 정보를 담고 있으며, 따라서 전체 양식을 규정하는 개별 작품들의 위치는 다시 조정될 수 있다. 이러한 관점에서 예술 작품들의 컬렉션은 "별개의 사물들을 모아둔 것이 아니라, 여러 장소에 분포되어 있는 다양한 부분들로 구성된 하나의 사물"인 것이다(Gell 1998: 167). 겔의 관점은 파티장의 여성들을 설명하는 데에도 상당히 잘 들어맞는다. 상술한 바와 같이, 펑크 볼 파티에서는 특정 물건의 창시자보다 서로 다른 형태들 간의 내적 관계에 의해 규정되는 전체 스타일이 더 중요하다. 몰레톰 스트레치 바지를 정의하는 요소는 그 외형을 결정짓는 디자인과 소재이다. 디자인과 소재는 "어떤 영역의 가변성이 표현될 수 있는 한정된 범위"(Miller 1987: 128)이자, 특정 양식을 규정하는 요소이다.

여성복 중 청바지를 대신할 만한 옷과 청바지를 비교한다면, 다시 한 번 청바지가 춤추는 데 더없이 적합하다는 사실을 확인할 수 있을 것이다. 이 점은 실제 여성들의 대화와 몸의 움직임을 통해서도 분명히

그림 5.8

드러난다. 여성들은 파티에서 길이는 짧지만, 타이트하거나 헐렁한 두 종류의 스커트를 입는다. 이 중에 다렌느Darlene로 알려져 있는 치마는 헐렁하게 떨어지는 스타일의 얇고 가벼운 메시 소재로 된 치마로, 타이트한 밴드가 엉덩이 주변을 둘러주며 밴드 아래쪽으로는 고데godet 주름 장식이 달려 있다.[11] 타이트한 스타일의 치마 중에는 데님, 스트레치 데님, 혹은 몰레톰 스트레치 소재를 사용한 청바지 스타일의 미니스커트가 있다.

플라비아와 친구 마르시나는 춤출 때는 헐렁한 스커트 입기를 꺼렸는데, 치마를 입고 춤을 출 때마다 몸을 만지려고 접근하는 남성들의 "나쁜 손" 때문이다. 한 예로, 아이린은 빨간색 다렌느 스커트에 짧은 민소매 상의를 입었는데, 남자들 몇몇이 아이린의 뒤편에서 춤추는 모습을 빤히 쳐다봐 매우 불쾌했던 경험이 있다고 했다. 마찬가지 이유로 베라는 "나는 춤추는 걸 좋아해서 파티에 갈 때는 치마를 입지 않아요. 손을 무릎에 얹고 앞으로 몸을 숙이는 동작이 있는데 이때 내 뒤태를 감상하는 남자들이 있거든요."라고 이야기했다.

일반적으로 치마는 여성의 노출을 극대화하는 경우가 많다. 앞으로 살펴보겠지만, 이러한 노출을 신경 쓰지 않거나 심지어는 즐기는 경우도 있다. 여성들은 치마를 입을 때 라이크라 소재의 짧은 반바지를 안에 받쳐 입어 스스로를 보호하기도 하는데, 이는 리비아가 흰색 튜브톱 원피스를 입을 때 사용하는 방법이기도 하다. 다렌느 스커트는 타이트하지 않아서 춤을 출 때 동작을 제한하지 않는다는 장점이 있다. 그러나 이 스커트는 춤을 출 때 몸의 움직임에 따라 위아래로 흔들리면서 의도치 않게 위험한 노출 장면을 연출하기도 한다. 반면 몰레톰 스트레치 바지의 경우 남성의 악의적 접근으로부터 여성을 보호해준다. 타이트한 미니스커트와 청바지 모두 다리의 움직임에 제약이 많은 옷이다. 미니스커트가 허벅지의 움직임을 불편하게 한다면, 청바지는 무릎 쪽의 동작을 어렵게 만든다. 마지막으로 짧은 데님 반바지 쇼트 치노shortinho가 한때 댄스파티에서 유행하며 여성들의 취향을 선도했으나 지금은 한물간 패션이 되었다.

몰레톰 스트레치 바지의 의미에 대한 이해의 폭을 넓히기 위해서, 우리는 이 바지를 남성들의 세계와도 연결 지어 생각해볼 필요가 있다. 헐렁함과 타이트함, 즉 몸과 옷 사이의 멀고 가까움 같은 대비와 대조가 다양한 층위에서 나타난다. 남성들의 굽 없는 운동화와 대비되는 여성들의 하이힐 샌들과 클로그clog, 남성의 "천연" 면 소재 티셔츠와 대비되는 여성복의 신축성 있는 라이크라 방적사를 함유한 "합성" 섬유, 여성들의 길고 자연스러운 헤어스타일과 대조를 이루는 짧고 인위적인 남성들의 헤어스타일 등이 있다. 이 밖에도 서로 다른 남녀의 안무 동작에서 보이는 차이, 그리고 가장 중요한 파티장 안에서 표현되

밀렌 미즈라히

그림 5.9   그림 5.10

는 남녀의 심리상태에서 나타나는 차이가 있다. 남성들은 파티에서 습관적으로 여성들을 희롱하는 듯한 행동을 보이는 반면, 여성들은 에너지 넘치는 동작을 구사하며 자신이 이들을 완전히 무시하고 있으며 춤에만 몰두하고 있다는 것을 표현한다. 여성과 남성의 옷차림은 편안함을 추구하지만, 이는 아름다움과 젠더에 대한 현지의 가치와 관념이라는 틀 안에서 이루어진다. 따라서 타이트하거나 헐렁한 상호 대조적인 옷차림은 반드시 몸의 관점에서 해석해야 한다. 신축성 있는 여성복은 편안함을 드러냄과 동시에 (사회적으로) 선망하는 몸매를 표현하기에 적합하다. 남성복은 정반대의 논리가 지배하고 있다. 남성들 역시 편안함을 추구하기는 마찬가지이지만, 통이 넓고 신축성이 없는 옷을 입어 마르고 각진 몸매를 보완하려고 한다. 아이러니한 것은, (헐렁하고 신축성이 전혀 없는) 남성복이 도리어 착용자들의 몸매의 단점을 더 두드러지게 한다는 사실이다. 펑크 볼 파티에서 볼 수 있는 남성들의 두번째 유

그림 5.11

형이자 비주류인 부류는 "근육질 남성"들, 보통 근육질의 상체에 하체
는 빈약한 부류이다. 이러한 남성들의 스타일은 여성들의 옷차림과 "마
른" 남성들(풍케이루)의 옷차림 중간에 위치하면서 둘 다를 동시에 설명
하는 데 도움을 준다. 나는 파티에서 근육질의 남성들이 팔을 움직이
기 힘들 정도로 몸에 딱 붙는 티셔츠를 입는 것을 관찰할 수 있었다.
에마누엘이 이야기했듯이 "근육을 보여준다"는 것은 몸의 굴곡을 드러
낸다는 것을 의미한다. 이런 점에서 "근육질 남성"들의 취향은 여성들
의 옷차림을 지배하는 취향과 유사한 역학을 보여준다. 반면, 이 근육
질 남성들이 입는 헐렁한 청바지는 남성들의 가느다란 다리를 보완해
주면서 새로운 실루엣을 만들어내는데, 이는 마른 남성들이 (크고 헐렁
한) 옷을 선택하는 논리와도 매우 닮아 있다.

밀렌 미즈라히

파티를 파티답게 만드는 것, 유혹

리우데자네이루의 펑크 볼 파티는 성별에 따라 구분되며, 유혹이 지배하는 곳이다. 남녀는 종종 의례적인 방식으로 서로를 자극한다. 이렇게 서로를 유혹하는 분위기는 마치 적대관계에 있는 두 집단이 서로 대치하는 상황과 유사한 분위기를 만들면서 끝을 맺기도 한다. 파티에서 유혹은 남녀를 대립시키는 방식으로 서로를 더욱 가깝게 만드는데, 이를 바탕으로 동성 간, 이성 간의 관계에 대해서도 설명할 수 있다 (Strathern 2001). 여성들에게 금요일은 "가방이 무거운 날"이다. 아침에 집을 나설 때 헤어 용품, 바디로션, 땀 냄새 제거제, 향수, 메이크업 도구 등을 모두 챙겨 출근해야 하기 때문이다. 저녁 퇴근 후에는 바로 남자친구나 애인, 남자친구로 관계가 발전될 수도 있는 누군가를 만나러 간다. 한편, 토요일 밤은 최소한의 짐만 챙겨 외출하는 날이다. 몰레톰 스트레치 바지를 설명하면서 이미 언급했지만 펑크 볼 파티 때 입는 청바지에는 주머니가 없다. 따라서 여성들은 핸드폰, 립스틱, 현금 등을 목걸이나 브래지어에 끼워 보관하거나 혹은 그들을 따라다니는 (나 같은) 인류학자에게 맡겨야 했다. 파티에서 마음껏 춤추기 위해서는 양손이 자유로워야 한다. 남자친구가 여자친구가 파티에 가는 것을 방해하거나 구속하는 경우도 있기 때문에, 여성들은 이런 남성들을 성가신 물건 같다고 하여 "여행가방"이라는 뜻의 말라^mala라고 부르기도 한다. 남성들도 비슷한 생각을 가지고 있다. 에릭은 나에게 파티에서는 한곳에 가만히 서 있어서는 안 된다고 알려주었다. 밤새도록 파티장을 휘젓고 돌아다녀야 한다는 뜻인데, 이런 행동은 결과적으로 한 여성에게만 집중하는 일을 불가능하게 만든다.

그림 5.12

남녀 모두에게 토요일 밤은 동성 친구들끼리 놀러 나가는 날이다. 펑크 볼 파티에서 남녀의 차이가 대조적으로 나타나기 때문에 파티 장소는 마치 두 라이벌 그룹이 만나 대결하는 경기장처럼 보인다. 이때 여성의 무기는 육체적 아름다움이다. 몸으로 상대 남성을 유혹하며, 자신들이 가진 힘을 시험해본다. 그리고 파티에 여성이 많이 모일수록 남성들에게 미치는 영향력도 배가된다.[12]

한번은 나의 주 제보자였던 리비아가 친구들 여덟 명을 모아 다 함께 펑크 볼 파티에 간 적이 있었다. 이날 남성들이 리비아와 친구들을 둘러싸고 여러 번 노골적인 관심을 드러냈다. 리비아와 친구들은 예상대로 이 남성들이 전혀 눈에 보이지 않는다는 듯 계속해서 자기들끼리 춤을 추며 노는 데만 열중했다. 자기들끼리 원을 만들어서 노랫말에 맞춰 거의 바닥에 닿을 듯이 쭈그려 앉아 엉덩이를 앞뒤로 움직이며 신나게 춤을 췄고 자신들이 "주목받았다"는 사실에 만족하며 파티장을 떠났다. 간혹 여성이 친구들과 떨어져 단독으로 남성을 유혹하는 경우도 있다. 이 역시 단순히 유혹을 위한 유혹인 경우가 많은데, 궁극적으로는 자신이 남성에게 매력적으로 보이는지 확인하고 싶은 것이다. 한번은 파티에서 소피아가 흰색 다렌느 스커트를 입었는데, 치마가 춤을 출 때마다 아래위로 펄럭였다. 리비아는 친구에게 조심하라는 신호를 보냈는데, 한 남성이 소피아 뒤에서 춤을 추는 척하면서 소피아의 엉덩이를 만지려 했기 때문이다. 소피아는 여기에 별로 대수롭지 않은 것처럼 행동하면서 남자가 스스로 지쳐 떠나도록 내버려두었고, 지겨워질 때까지 춤을 추며 즐겼다. 이와 유사하지만 또 다른 사건의 주인공은 댄스 플로어를 마주 보고 있는 스탠드로 올라가는 계단 위에서 친구들과 춤을 추던 한 여성이다. 이 여성은 플로어에 있던 한 남성이 자신을 바라보며 다가오는 것을 눈치챘고 더 관능적으로 춤을 추기 시작했다. 플로어 쪽에 있던 남성은 그녀 앞에서 멈춰 섰고, 남성의 바로 위쪽 계단에서 춤을 추던 이 여성은 의도적으로 먼 곳을 응시하며 마치 이 남성을 못 본 것처럼 행동했다. 이 남성은 친구들이 도착하자 한 친구의 어깨에 이마를 대고 우는 시늉을 했다. 계단 위의 여성은 더 관능적으로 보이려고 노력하면서 계속해서 춤을 추었다. 이 상황은 여성의 애인처럼 보이는 남성이 등장하면서 종료되었다. 플로어의 남성은 파티장을 떠났고, 여성은 아무 일도 없었던 듯 친구들과 모여 계속해서 춤을 추었다.

남성과 여성 트렌지노스(작은 기차놀이)의 조우는 대립과 결합이 뒤얽혀 있는, 파티를 구성하는 사회성에 대한 훌륭한 척도(Strathern 1991)가

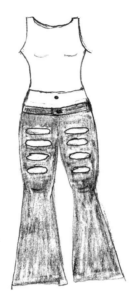

그림 5.13

된다. 나는 제보자인 여성들과 함께 파티에 참여하면서 이러한 상황을 관찰하고 또 즐기기도 했다. 파티 현장은 유혹, 자극, 익살스러움, 멸시 등이 복잡하게 얽혀 있는 남녀관계를 살펴볼 수 있는 한 편의 훌륭한 공연이라고 볼 수 있다.

남성 두 명이 기차놀이를 리드하고 있었는데, 이 둘이 이끄는 팀은 먼저 여성 한 명을 찍어놓고 앞으로 다가가 마치 여성을 위협하는 듯한 이상한 동작을 보였다. 하지만 이때 남성들의 본심은 단지 이 여성과 즐기며 놀고 싶은 것이다. 남성들은 표정으로 곧 자신들의 행동이 단순한 농담이나 장난일 뿐이라는 것을 보여준다. 두 남성 모두 한쪽 팔꿈치를 반대쪽 손등에 올린 채 팔꿈치를 올린 쪽 손을 눈 가까이 가져가 마치 망원경으로 보듯이 여성의 특정 신체 부위를 응시했다. 그리고 이런 식으로 여성을 전체적으로 "스캔"했다. 얼마 후, 두 남성은 기차놀이를 하며 지나가는 여성들 앞을 막아섰다. 남성들은 다리를 넓게 벌리고 팔을 위아래로 크게 펼쳐 여성들의 진로를 막았다. 두 남성은 네 개의 팔과 네 개의 다리를 가진 기괴한 생명체를 만들어냈다. 반대로 여성들은 남성들에게 눈길도 주지 않고 춤을 추었다. 빙빙 돌면서 부드럽게 엉덩이를 흔드는 도발적인 안무를 선보이며 남성들을 무시했다. 여성들은 시선을 지평선 어딘가에 고정한 채 어떠한 감정도 얼굴에 드러내지 않았다. 여성들은 기차놀이를 하며 계속해서 파티장 여기저기를 돌아다녔다. 그러다가 섹시한 춤을 추며 유난히 몸을 과시하는 "근육질" 남성들 무리 앞에 멈추었다. 여성들은 "우" 소리를 내며 이들 무리를 헤치고 지나갔다. 계속해서 파티장을 돌아다니다가 또 다른 남성들이 무리 지어 있는 것을 보고 마치 보지 못했다는 듯이 남성

그림 5.14

들 사이를 헤집고 지나갔다. 이때 여성들은 남성들이 자신의 머리카락 이나 팔, 허리 등을 터치하도록 하는데, 유혹해서 데이트를 이끌어내거 나, 아니면 거절하는 시점이 온 것이다.

남성과 여성의 상이한 심미관에 의해 만들어진 강렬한 대비는 펑크 볼 파티의 사회성 안에 체화된 경쟁과 유혹을 가시적으로 보여준다. 몰레톰 스트레치 바지는 여성복이 중시하는 특징들을 집약적으로 표 현해냄으로써, 육체적인 측면들과 관련을 맺는 동시에 개성이라는 관 념과도 연결된다. 이 바지는 젠더와 파티장을 지배하는 유혹의 관계를 보여주는데, "몸"이라는 관점에서 펑크 볼 파티에서 사람은 남자 아니 면 여자이기 때문이다.

결론

결론에서는 상술한 민족지적 설명 중 몇 가지에 대해 논의를 좀 더 진 행해보고자 한다. 간략하게 언급했던 여성복에 대한 이야기로 돌아가 보겠다. 한때 파티에서 유행했던 쇼트치노라는 짧은 데님 반바지가 지 금은 선택의 폭이 매우 좁았던 한 시대를 대표하는 옷이 되어버렸다. 1990년대에는 쇼트치노를 입은 여성만 입장할 수 있던 바일리 두 쇼 트치노Baile do Shortinho라고 불리던 파티도 있었다. 브라질의 물질문화 소 비 영역이 일반 대중에게까지 확대되면서 펑크 볼 파티에 청바지가 등 장했다. 이는 다른 관점에서, 시장이 일반 대중의 수요와 소비가 자신 들의 글로벌 수익에 미칠 파급효과와 중요성을 인지하기 시작했다는 뜻이기도 했다. 몰레톰 스트레치 바지는 노동자 계층이 자신의 권리를 주장하는 시대를 표상하는데, 이러한 특징은 펑크 볼 파티에 오는 여성들의 스타일에 초점을 맞출 때 더 잘 이해할 수 있다.

여성들이 옷들을 조합해 입는 방식은 그들이 다른 사람들의 눈을 크게 신경 쓰고 있음을 보여준다. 리비아의 사촌인 파올라는 "반드시 어울리는 것들이 있어야 한다"고 했다. 전체 스타일과 개별 요소들이 일관성을 갖는 것은 현대 예술이 독특한 궤적으로 삼고자 했던 것이고, 기어츠(Geertz 1983)의 주장대로 "대중의 취향"을 통해 드러난다.

열여덟 살의 셜리를 처음 만났을 때, 셜리는 청바지처럼 보이도록 염색하고 워싱 처리한 몰레톰 스트레치 계열의 바지를 입고 있었다. 이 바지는 표면에 작은 구멍을 뚫어 꽃무늬를 만들었는데, 작은 구멍들 중 몇몇 군데는 라인스톤으로 장식되어 있었다. 상의는 라이크라와 폴리아미드 혼방의 타이트한 숄더 톱(한쪽 어깨만 드러나는 옷)을 입었는데, 강렬한 녹색 바탕에 상의의 아랫부분과 목 주위에만 작은 흰 점들이 찍혀 있었다. 액세서리로 흰색과 녹색의 하트 모양 버클이 달린 흰색 벨트를 매고 흰색 웨지힐 샌들을 신었다. 또 옷과 같은 톤의 녹색 계열 팔찌와 반지를 꼈다. 셜리는 검은 머리에 땋은 머리 가발을 길게 붙이고 녹색과 흰색이 들어간 야구모자를 썼다. 마무리 화장으로 녹색 아이섀도를 칠했다.

셜리의 스타일은 여성들이 펑크 볼 파티에 입고 갈 옷을 조합하는 방식에 대해 설명해주는데, 이와 유사한 사례는 수없이 많다. 다만 여기서 지적하고 싶은 것은, 몰레톰 스트레치 바지의 화려함과 전체 외관상의 형식석인 측면, 양자 모두가 "실용적이고 기능주의적 '미학'"(Bourdieu 1984: 376)을 만들어내는 노동자 계층의 "필요 취향"(Bourdieu 1984)과 대립한다는 것이다. 부르디외에 따르면, 취향은 "필요에 의해 만들어진 미덕"으로(Bourdieu 1984: 177) 하층민들은 취향의 부재로 인해 멸시당한다. 하층민들은 금전적으로 제약을 받으며, 상류층이 만든 유행을 계속해서 모방할 뿐 자신들의 취향에 따라 선택할 수 있는 자율성이 없기 때문이다.

반면에 리우데자네이루 펑크 볼 파티에서 취향은 부르디외의 논리와는 전혀 다른 방식으로 형성된다. 펑크 볼 파티의 취향을 만들어낸 형식성과 지역성은 펑크 미학Funk Aesthetics을 형성하는 모든 헤게모니적인 취향으로부터 상대적 자율성을 갖는다. 리우데자네이루의 펑크 볼 파티에서 몸이 개념화되는 방식을 리우데자네이루의 다른 맥락과 연결 지어보면 유사한 추론이 가능하다.

"몸의 테크닉Body Techniques"이라는 모스(Mauss 1979)의 개념에 따라, 리우데자네이루 엘리트 계층의 물질성을 다룬 책들이 엄청나게 출간되었다. 이 책들은 모두 몸의 동질화(Malysse 2002) 혹은 "문명화 과정"(Elias 1978)이 "몸의 유행"(Goldenberg and Silva Ramos 2002)을 지배하고 있다고 주장한다. 파티에서 여성의 옷차림은 "제2의 피부"로 리우데자네이루 전역, 더 넓게는 브라질 전역의 취향과도 대단히 잘 부합하는 것처럼 보인다. 그러나 뚱뚱하든 말랐든 고도 비만이든, 여성들이 항상 타이트한 옷을 즐겨 입는다는 사실은 리우데자네이루의 엘리트 계층과는 상당히 다른 방식으로 몸과 개인이 결합하고 있다는 점을 시사한다.

파티에서의 선택은 펑크 볼 파티의 의상과 물질성을 이끌어온 구조화된 취향에 따르는 것이다. 물질문화의 공급이 제한적인 상황에서도, 여성들은 펑크 볼 파티에서 항상 타이트하게 달라붙고 배와 엉덩이를 노출하는 옷을 중요하게 생각했고, 이러한 사실은 90년대 ·파티를 주름잡던 베로니카의 제보와 더 이전 과거의 기록들이 증명해주고 있다 (Goldenberg 1994; Vianna 1988).

여기서 고찰하는 스타일의 전유 방식은 앞서 보여준 바와 같이 (Mizrahi 2003) 낙수효과trickle-down(simmel 1957)라기보다는 낙수효과 자체를 전복시켜 버리는 브라질 문화의 역동성과 맞닿아 있다. 브라질의 대중문화를 브라질 국가 정체성의 상징으로 전환하려는 "버블업bubble-up"과정이 존재한다(Fry 1982; Vianna 1999). 더욱이 여성들은 결핍과 연관된 빈곤이 물상화된 공간에 있고 싶지 않다는 뜻을 네오 바로크적 미학을 통해 시각적으로 전달한다. 반면 몰레톰 스트레치 바지를 입고 다른 사람들의 눈에 띄길 원한다면, 반드시 자신만의 취향을 만들어내야 한다. 이때 몰레톰 스트레치 바지는 브라질 경제에서 브라질 일반 대중이 차지하게 된 새로운 지위의 상징으로도 볼 수 있다.[13]

그러나 몰레톰 스트레치 바지가 펑크 볼 파티의 여성들 혹은 파티장에 떠도는 유혹과 욕망의 분위기만을 표상하는 것은 아니다. 이 바지는 또한 에로티시즘, 유혹, 자극이라는 힘을 효과적으로 전달한다. 따라서 여성들의 표현을 빌리자면 몰레톰 스트레치 바지는 "이목을 끄는chama atenção", 즉 "어디를 지나가건 모두가 쳐다보게 만드는" 물건이다. 여성들은 몰레톰 스트레치 바지를 입고 있을 때 자신들이 발휘할 수 있는 영향력을 설명하기 위해, 혹은 일반적으로 사람들의 관심과 이목을 부추기는 무언가에 대해 이야기하기 위해 이러한 표현들을 사용했다. 몰레톰 스트레치 바지는 몸, 옷, 춤이 하나가 되어 움직일 때 아름다움을 불러일으킨다.

물질성, 육체, 개성의 결합이 지역적 맥락에서 구성된다는 점은 이 책에 수록된 다른 논문들과 비교해보면 분명하다. 8장의 에게의 논문에서, 베를린 남성들은 근육질이거나 말랐거나 관계없이 모두 캐럿컷 청바지를 선호한다. 에게의 연구는 몸과는 별로 관련이 없고, 물질성과 몸 사이의 비非대화적 관계가 그 자리를 대신함을 암시하고 있다. 이탈리아 여성 소비자에 대한 사사텔리의 연구는 브라질과는 정반대의 사례를 소개한다. 이탈리아에서 완벽한 청바지란 "몸의 곡선을 가려주고 엉덩이를 작아 보이게 하는" 스타일이다. 펑크 볼 파티에서 남성들은 자신의 신체적 특성에 따라 옷을 선택했고, 여성들은 몸의 관능성을 겉으로 드러내고 돋보이게 해줄 옷을 찾으려 했다. 이것이 본 연구에서 몸과 옷의 물질성을 통합하는 몸과 개성이라는 주제에 집중했던 이유다. 라그루(Lagrou 1998, 2007, 2008)가 현대 브라질의 카시나후아 Cashinahua 민족과 아마존 사람들에 관한 연구에서 보여준 것처럼, 물건, 몸, 개성 간의 결합 없이 예술과 미학을 다룰 수는 없다.

끝으로 나는 한 가지를 더 강조하고 싶다. "여성복의 스타일상의 특징"이란 소제목이 붙은 장에서, 나는 스타일의 물질성과 관련된 두 가지 측면, 상호 연결되어 의미를 만들어내는 두 측면을 분리해 설명했다. 앞에서 두 가지 측면 중 섬유의 신축성과 관련된 부분을 위주로 기술했고, 이제 남은 한 가지 측면에 대해 설명하려고 한다. 바로 데님 청바지의 외형을 모방하고, 또 데님의 상징성을 활용할 수 있는 가능성에 대한 것이다. 실제로 청바지를 모방한 소재가 가장 인기가 많다는 사실은 브라질 청년층 패션의 핵심적인 특징을 드러낸다. 트리니다드 섬 사람들의 사례를 다룬 밀러의 연구(Miller 1994b)와 마찬가지로 외형이 정체성을 깊이 각인하고 있는 것이다. 본 논문은 우리가 분석해온 스타일이 지역적인 것과 세계적인 것의 상호작용으로부터 출발해 오직 리우데자네이루에서만 나타날 수 있는 독특한 취향을 만들어냈음을 주장한다. 몰레톰 스트레치 바지의 물질성은 그것이 탄생한 특수한 배경과 결부되어 있다. 이는 사물의 내재적 가치가 문화적 논리 안에서 만들어진다는 견해를 잘 보여주는 사례이다(McCracken 1988). 몰레톰 스트레치 바지의 물질성은 펑크 볼 파티라는 맥락에서 지역성의 표식이라 할 수 있다(Appadurai 1996). 이 책의 논문들이 한결같이 주장하듯, 이 지역성은 펑크 볼 파티의 물질성이 글로벌 취향과 만나면서 부여되고, 또 전 세계 다양한 문화 속에서 청바지의 편재성을 통해서 표현된다. 여기서 지역적 논리와 국제적 논리를 통합하는 것은 바로 섬유의 물질성이다.

미디어는 상류층, 중산층, 연예인 간의 스타일 전유 과정에 나타나는 모호함을 표현하며 몰레톰 스트레치 바지가 성공한 이유가 몸에 미친 영향, 즉 엉덩이를 돋보이게 해주기 때문이라고 설명한다. 이에 반해, 일반 대중은 사물 그 자체에는 아무런 의미도 담겨 있지 않다는 점을 드러낸다. 이처럼 상이한 담론이 결합해 지금의 몰레톰 스트레치 바지가 만들어졌지만, 스타일의 기원은 바로 리우데자네이루 펑크 볼 파티의 여성들로부터 시작했다고 봐야 한다. 이들이 스타일을 소비하거나 전유하지 않았다면, 몰레톰 스트레치 바지는 결코 널리 확산되거나 재생산될 수 없었을 것이다. 몰레톰 스트레치 바지가 청바지의 모방이라는 점에 주목하는 입장에서 주장하듯, 만약 여성들이 헤게모니적인 취향의 영향을 받은 것이었다면, 여성들은 분명 모방을 통해 정체성을 강화하고 복제를 통해 차이를 만들어냈을 것이다(Taussig 1993). 앞서 수장했듯이 여성들이 청바지를 자신만의 심미적 요소 중 하나로 결합하는 과정은 펑크 문화가 탄생한 포괄적인 방식, 본래의 재현 방식을 조작할 수 있는 펑크 문화 창시자들의 능력에 상응한다(Mizrahi 2009).

그리고 새로움과 변화에 대한 열망은 풍케이루라 불리는 젊은이들이 항상 새로운 유행을 포섭하고 창조해갈 것이라는 점을 분명히 보여준다.

그림 5.15

밀렌 미즈라히

미주

1. 본 장에 사용된 모든 사진과 그림은 저자 자신의 것이다.

2. 이 리듬은 널리 유통되면서 리우데자네이루의 가장 말이 많은 상징이 되었다. 대중적인 장소, 호화 나이트클럽, 중산층 콘서트홀 등 브라질 전역에서뿐만 아니라 유럽에서도 펑크에 맞춰 춤을 출 수 있다.

3. 다른 것들과 함께, 잡지 『엘르 미국Elle America』을 보라. 2002년 2월 자.

4. 사실 펑크 볼 파티는 피네이루 마차도의 제보자들 같은 유형의 참가자들과 반드시 관련이 있는 것은 아니다.

5. 지역 토착의 범주인 "몰레톰 스트레치 바지"는 펑크 볼 파티에서 청바지 브랜드 간의 위계질서에 상응해 사용되는데, 이에 대해서는 다른 글에서 이미 논의한 바 있다(Mizrahi 2006a). 본 장에서 나는 "브라질리언 진", "카우사 다 강", "몰레톰 스트레치 바지"가 대등한 분석의 범주이며, 이것들의 용례는 사회적 맥락의 차이를 반영한다고 생각한다. 또 이 세 가지 범주는 확산되면서 점차 사물이 재의미화re-signifying하는 과정을 보여준다. 사물의 의미는 제조, 소비, 파티 안팎에서 발생하는 모호함으로 인해 나타나는 차이를 반영하며 점차 변형되어 간다(Mizrahi, 작업 중).

6. 현재 나는 주로 내 석사논문의 결론에 근거해 상술하고 있다(Mizrahi 2006b), 이를 통해 나는 여성스러운 의상과 남성적인 의상의 의미를 정리해 논의할 수 있었다. 현지조사는 2004년 7월과 2005년 11월 사이 특정한 펑크 볼 파티장에서 이루어졌다. 나는 브라질의 젊은 남녀를 사귀었고, 이들과 함께 파티장에 가고, 그들의 근무지를 방문하기도 했고, 옷과 액세서리 등을 쇼핑할 때 동행하기도 했다. 이들은 모두 각기 다른 파벨라에 살고 있었으나, 같이 근무하고 또 파티에도 함께 갔나. 한편 내 박사논문은 리우데자네이루에서 사회적 경계, 즉 개인과 사회 같은 물상화된 범주들의 유동성 때문에 나타나는 해체deconstruction에 관심을 두었다. 이와 동일한 신체에 대한 미학적 측면을 음악

적 창의성, 종합 예술 분야와 연관 지어 펑크 카리오카를 리우데자네이루의 다양한 사회적 계층과 지리적 영역이 부여하는 광범위한 문화적 배경의 산물로 간주해 설명했다. 두번째 현지조사는 2007년 5월과 2008년 12월 기간 동안에 펑크 카리오카 음악가인 카트라Mr. Catra의 인맥을 통해 수행했다.

7. 카발칸티(Cavalcanti 2006)는 리우데자네이루의 카니발을, 관객과 연기자가 분리되어 있는 경우와 둘이 섞여 있는 경우로 나누어, 축제의 양상이 서로 다르다고 주장했다. 사실, 내가 조사를 수행한 파티는 이러한 두 장면이 혼재되어 있었는데, 이는 전문 댄서와 아마추어 댄서 사이의 경계가 약하고 심지어 와해된 경우도 많았기 때문이다. 석사논문에서 나는 파티를 하나의 볼거리로 이야기할 수 있는 측면들뿐 아니라 축제라는 관점으로 분석될 수 있는 양상들에 대해서도 구체적으로 다루었다.

8. M.C. Frank의 *Uma Hora*.

9. 남성들의 여성 취향과 자신만의 이성 공략 전략에 대한 상세한 분석은 미즈라히의 글(Mizrahi 2007)을 보라.

10. 대중매체는 이러한 특징을 강조하며 몰레톰 스트레치 바지가 "엉덩이"에 원더브라Wondrebra 같은 역할을 한다고 설명했다.

11. 브라질의 토착적 범주인 "다렌느" 스커트는 당시 유명했던 브라질 드라마의 여주인공 이름을 따서 만들어졌다.

12. 반면 남성들은 문자, 주로 브랜드 상표명을 통해 자신들의 힘을 표현했다. 이러한 방식은 여성은 물론이고 주요한 라이벌인 중산층의 교육받은 젊은 남성 "플레이보이"들에게도 적용될 수 있다. 이와 같이 남성 풍케이루들은 두 타자와 대립하며 브랜드 상표를 차용한다(Mizrahi 2007).

13. 이러한 지위와 비중의 변화와 관련해, 일반 대중이 브라질 경제의 소비 부문에서 차지하는 비중과 역할을 조사한 연구들이 있다(Barros 2007; Almeida 2003).

밀렌 미즈라히

참고 문헌

Almeida, H.B. de. (2003), *Telenovela, consumo e gênero: 'muitas mais coisas'*, São Paulo: Edusc.

Appadurai, A. (1996), 'The Production of Locality', in Appardurai, A. (ed.), *Modernity at Large: Cultural Dimensions of Globalization*, Minneapolis, MN: University of Minnesota Press, pp. 178-99.

Barros, C. (2007), *Trocas, hierarquias e mediação: as dimensões culturais do consumo em um grupo de empregadas domésticas*. Tese de Doutorado apresentada ao Programa do Instituto de Pós-Graduação e Pesquisa em Administração, COPPEAD, da Universidade Federal do Rio de Janeiro.

Bourdieu, P. (1984), *Distinction*, London: Routledge & Kegan Paul.

Cavalcanti, M.L. Viveiros de Castro (2006) [1994], *Carnaval carioca: dos bastidores ao desfile*, Rio de Janeiro: Editora UFRJ.

Douglas, M. and Isherwood, B. (1979), *The World of Goods*, London: Routledge.

Ege, M. 'Picaldi Jeans and the Figuration of Working-class Male Youth Identities in Berlin: An Ethnographic Account', in D. Miller and S. Woodward, *The Global Denim Project Book,* London: Berg.

Elias, N. (1978), *The Civilizing Process*, Translated from the German by Edmund Jephcott (Vol. 1): The History of Manners', Oxford: Blackwell.

Fry, P. (1982), *Para Inglês Ver: Identidade e Política na Cultura Brasileira*, Rio de Janeiro. Zahar.

Geertz, C. (1983), 'Art as Cultural System', in C. Geertz (ed.), *Local Knowledge: Further Essays in Interpretive Anthropology*, New York: Basic Books.

Gell, A. (1998), *Art and Agency*, Oxford: Oxford University Press.

Goldenberg, M. and Ramos, M.S. (2002), 'A civilização das formas: O corpo como valor', in Goldenberg, M. (ed.), *Nu e vestido*, Rio de Janeiro: Record.

Lagrou, E. (1998), '*Caminhos, duplos e corpos: uma abordagem perspectiva da identidade e alteridade entre os kaxinauá*, PhD dissertation, University of St Andrews, St Andrews, Scotland.

Lagrou, E. (2007), A fluidez da forma: arte, alteridade e agência em uma sociedade amazônica, Rio de Janeiro: Topbooks.

Lagrou, E. (2009), 'Lines, Doubles and Skin: Mediations between the Visible and the Invisible among the Cachinahua', in C. Alès and M. Harris (eds), *Image, Performance and Representation in South American Shamanic Societies*, Oxford: Berghahn Books.

Latour, B. (1994), *Jamais fomos modernos*, São Paulo: Editora 34.

Latour, B. (2005), *Reassembling the Social*, Oxford: Oxford University Press.

Lévi-Strauss, C. (1963), *Structural Anthropology*, New York: Basic Books.

Lévi-Strauss, C. (1966), The Savage Mind, London: Weidenfeld & Nicolson.

Malysee, S. (2002), 'Em busca dos (H)alteres-ego: Olhares franceses nos bastidores da corpolatria carioca', in M. Goldenberg, M. (ed.), *Nu e vestido*. Rio de Janeiro: Record.

Mauss, M. (1979), 'Body Techniques Essay', in Mauss, M., *Sociology and Psychology*, translated by Ben Brewster, London: Routledge & Kegan Paul.

McCracken, G. (1988), *Culture and Consumption*, Bloomington, IN: Indiana University Press.

Miller, D. (1987), *Material Culture and Mass Consumption*, Oxford: Basil Blackwell.

Miller, D. (1994a), 'Artifacts and the Meaning of Things', in T. Ingold (ed.), *Companion Encyclopedia of Anthropology*, London: Routledge, pp. 396–419.

Miller, D. (1994b), *Modernity: An Ethnographic Approach*, Oxford: Berg.

Miller, D. and Woodward, S. (2007), 'Manifesto for s Study of Denim', in *Social Anthropology*, 15(3): 335-51.

Mizrahi, M. (2003), A influência dos subúrbios na moda da Zona Sul [The influence of the outskirts on the southern area], monograph (Pesquisa coordenada para a Universidade Estácio de Sá), Rio de Janeiro.

Mizrahi, M. (2006a), 'Figurino Funk: uma etnografia dos elementos estéticos de uma festa carioca', in D. Leitão, D. Lima and R. Pinheiro-Machado, *Antropologia e Consumo: diálogos entre Brasil e Argentina*, Porto Alegre: AGE.

Mizrahi, M. (2006b), 'Figurino funk: uma etnografia sobre roupa, corpo e dança em uma festa carioca', Rio de Janeiro: Dissertação de Mestrado em Antropologia Cultural, PPGSA/IFCS/UFRJ.

Mizrahi, M. (2007), 'Indumentária funk: a confrontação da alteridade colocando em diálogo o local e o cosmopolita', Horizontes Antropológicos, Porto Alegre, ano 13, n. 28. http://www.scielo.br/scielo.php?script=sci_arttext&pid=S0104-71832007000200010&lng=en&nrm=iso (accessed 9 June 2010).

Mizrahi, M. (2009), 'De agora em diante é só cultura: Mr Catra e as desedtabilizadoras imagens e contra-imagens Funk', in M.A. Gonçalves and S, Head. (eds), Devires imagéticos: a etnografia, o outro e suas imagens, Rio de Janeiro: 7 Letras.

Mizrahi, M. (in press), Revision of 'A influência dos subúrbios na moda da Zona Sul' [The influence of the outskirts on the southern area], Monograph, Univeridade Estácio de Sá.

Sahlins, M. (1976), *Culture and practical reason*. Chicago, London: University of Chicago Press.

Simmel, G. (1957) [1904], 'Fashion', *American Journal of Sociology*, 5 lxii (6): 541-58.

Strathern, M. (1991), *Partial Connections*, Lanham: Altamira Press.

Strathern, M. (2001), 'Same-sex and Cross-sex Relations', in T. Gregor and D. Tuzin (eds), *Gender in Amazonia and Melanesia: An Exploration of the Comparative Method*, Berkeley: University of California Press.

Taussing, M. (1993), *Mymesis and Alterity: A Particular History of the Senses*, London: Routledge.

Vianna, H. (1988), *O mundo funk carioca*. Rio de Janeiro: Jorge Zahar Editor.

Vianna, H. (1999), *The Mystery of Samba: Popular Music and National Identity in Brazil*, Chapel Hill, NC: University of North Carolina Press.

밀렌 미즈라히

6

인디고 몸:
밀라노의 패션, 거울효과, 성 정체성

로베르타 사사텔리
Roberta Sassatelli

이탈리아 밀라노대학교 사회학과 문화사회학 부교수

섹슈얼리티란 강한 감정적 유대의 형성을 동반하는 내밀하고 체화된 관계의 영역이다. 모든 문화에서 섹슈얼한 주제를 다루지만, 접근방식은 각기 다르다. 신체는 미용, 운동, 장식물, 의복의 선택 등 다양한 사회적 행위를 통해 성적으로 다뤄진다(Entwistle 2000; Guillaumin 2006; Waquant 1995). 이와 같은 성적 대상화sexualization는 개인이 순응하든 순응하지 않든, 더 일반적인 문화적 이미지 안에서 이루어진다. 현대 서구사회에서 성적 대상화를 위한 공간(술집, 클럽, 피트니스센터 등)(Green 2008)뿐 아니라 성적 대상화된 신체 이미지 역시 상업 이미지(Bordo 1993; Wernick 1991)로, 특히 남성과 여성 잡지를 비롯한 대중매체를 통해 눈에 띄게 증가하고 있다(Frith et al. 2005; Gauntlet 2002). 이것들은 유혹과 에로티시즘의 판타지와, 대상화된 주체의 성적 기표인 의복과 함께 움직인다. 섹시한 의상에는 전형적인 물신fetish인 코르셋 같은 속옷, 레이스, 스틸레토 힐, 모피나 가죽 등뿐 아니라 데님 청바지같이 일상적인 품목도 포함된다. 이탈리아에서 가장 일상적 복장이자 섹슈얼한 의상인 청바지는, 특히 여성을 겨냥한 마케팅이 활발해짐에 따라 성적 의미가 분명해졌다. 1970년대 초 이래, 이탈리아 패션 산업은 여성의 뒤태를 "부각하는" 타이트한 청바지를 강조함으로써, 여성, 청바지, 섹슈얼리티의 관계를 보다 분명히 만들었다(Fiorentini 2005; Volli 1991). 사진작가 올리비에로 토스카니Oliviero Toscani는 지저스 진스Jesus Jeans 광고(1973)에 "나를 사랑하는 자, 나를 따르라."라는 자극적인 문구와 함께 데님 청반바지를 입은 여성의 하반신 사진을 내걸었는데, 이 광고는 성을 구체적인 신체에 투사함으로써 물신적인 요소들이 데님 직물, 데님 바지와 연결되는 방식을 강하게 보여주었다. 이후 딱 붙는 청바지를 입고 하이힐을 신은 볼륨 있는 몸매의 여성상이 섹시한 여성의 전형이 되었다. "딱 붙는 청바지를 입은" 여성의 하반신이 가장 섹시한 것이 된 것이다. 이는 바스코 로시Vasco Rossi의 히트곡 "플레이 위드 미Play with me"(2007)의 가사에도 나타난다. "청바지에 대해 얼마나 알고 있니, 청바지는 입는 것이 아니라 소유하는 거야. 청바지를 소유한 너의 몸짓을, 난 거부할 수 없어." 이 뮤직비디오는 데님을 입은 여성의 하반신이 세련되고 섹시한 자아를 상징한다는 점에서 물신주의의 정점을 보여준다.

이 장에서는 일상생활에서 신체의 성적 대상화가 청바지를 통해 어떻게 이루어지고 있는지 연구할 것이다. 청바지가 잠재적으로 섹시함을 함의함에도 청바지는 일상적이고 아주 흔하며 매우 실용적인 의상으로 인식된다. 청바지는 패션의 역동성을 따라 움직이는 패션 산업의 중요한 부분이다. 성적 대상화는 특수한 공간에서 이루어지거나 상징적 형태 속에서 연출되기도 하지만, 일상생활 속에서 평범하게 일어나기도 한다. 청바지는 후자의 성적 대상화를 탐구할 수 있는 좋은 소재이다. 이 장에서 나는 청바지와 패션의 관계가 체화된 정체성과 개인성과의 더 일반적인 관계를 반영한다는 점을 보여줄 것이다. 스틸(Steele 1996: 4)에 따르면, 패션은 "(에로틱한 유혹을 포함한) 성적 행위 및 성적 정

로베르타 사사텔리

체성 둘 다를 포함하는 섹슈얼리티의 표현과 관련된 상징체계"이다. 그러나 본 연구에서는 기호학적 접근을 발전시키기보다는 패션 체계가 사람들을 자극하기 위해 물신주의, 성적인 하위문화를 착취하는 방식을 검토한다. 이로써 섹슈얼리티(매력과 젠더)의 표현이 특정한 의상, 곧 일상생활에서 드러낼 수 있는 패션으로 특정한 지위를 누리는 데님 바지에 의해 중재되는 방식을 탐구할 것이다. 나는 청바지같이 일상적인 물건의 일상적인 의미 실천 방식에서 출발해, 섹슈얼리티, 실체, 정체성을 연결하는 일련의 의미를 검토할 것이다. 청바지를 입는 사람들이 내가 "거울효과"라고 정의한 것을 실행해, 아름다움과 섹슈얼리티의 규범적 이상과의 관련 속에서 실제 자신의 몸을 인지해가는 가운데 청바지의 매개 역할이 드러난다. 청바지는 "잘 맞음fitness"을 인식하게 만드는데, 잘 맞는다는 것은 순응성을 동반한 편안함, 적응성을 동반한 진정성을 표현하는 것이다. 핏을 느끼는 것은 섹시함을 느끼기 위한 결정적 요소이며, 유혹이라는 성적 개념을 통해 표현될 수 있는 무엇이다. 밀라노의 가정집, 특히 침실과 그들의 옷장 가까이에서 이루어진 젊은 이들과의 심층 인터뷰를 통해, 시각적이고 체화된 문제를 더 쉽게 풀어낼 수 있을 것이다.[1]

슈퍼패션과 인격적인 흔적Patina으로서의 바지

프란체스카는 대학을 갓 졸업한 이십 대 중반의 스타일리시한 여성이다. 프란체스카는 자신의 옷장에 대해 곰곰이 생각해본 뒤 필수 품목인 청바지에 대해 말했다. "청바지는 내 옷장에서 엉망진창으로 쌓여 있는 옷들 가운데 있어요. 다른 옷들과 같이 아무렇게나 놓여 있지만, 나는 매우 자주 청바지를 꺼내 입고, 어디 있는지 항상 알고 있어요"(인터뷰 15). 이 인터뷰는 젊은이들의 의생활에 널리 자리한, 평범하지만 특별한 청바지의 독특한 지위를 함축한다. 이는 이 연구에 참여한 밀라노 젊은이들이 데님 청바지와 패션 사이에 나타나는 독특한 관계를 고려하고 있음을 보여준다. 청바지는 변증법적 긴장관계 속에 있다. 청바지는 동시에 패션과 반(反)패션이 될 수 있으며 일정 부분 양자 모두를 초월해 있다. 인터뷰에 참여한 또 다른 이는 "데님은 항상 현재의 패션이면서 패션의 흐름을 따르고 있어요. 유행에 따라 모양과 디자인을 바꾸기 때문이죠."(인터뷰 7)라고 했다.

인터뷰 참여자는 청바지가 패션의 역동성에 따라 만들어진다는 것을 바로 인지했다. 최근 몸에 딱 달라붙는 형태의 청바지가 유행하고 있다. "최신 유행"이란 "매우 딱 달라붙고 발목까지 오고", "허리 살짝 아래에서 시작되며 꽉 붙는", "단정한 색에 다리에 쫙 달라붙는", "몸에 매우 붙어서 다리 및 하체와 종아리, 발목을 따라 실루엣을 그대로 드러내는" 스타일이다. 청바지는 정의상 파티나 외식과 같은 특정 행사에 맞춰 입을 수 있는 "패셔너블한" 옷이다. 이처럼 청바지가 유행에 민감함에도 불구하고, 인터뷰 참여자 대부분은 청바지 패션을 정확히 정의하는 것이 매우 힘들다는 점을 확실히 알고 있었다. 청바지는 "변하지만 항상 패셔너블하다는 것"이 공통된 반응이었다. 다양한 스타일이나 세련된 마감이나 재단 방식은 변화가 가능하면서도 동시에 일정한 형태를 유지하는 청바지의 특성을 보여준다. 도심에 위치한 작은 아파트에서 남자친구와 동거하는 의료직 종사자인 이십 대 중반의 플라비아(인터뷰 23)는 이렇게 말한다. "청바지 패션은 매우 빠르게 변해요. 지금

내 옷장에는 나팔바지와 타이트한 청바지가 있는데, 이것들은 한때 유행했거나 지금도 유행하고 있는 스타일이에요." 스물여섯 살의 라디오 방송인 이반은 "세련되고 새로운 트렌드의 청바지는 항상 변하고 있습니다. 하지만 변화에 특정한 법칙이 있는 것은 아니에요. 몇 가지 디테일상의 변화가 있긴 해도 결국 이들은 다 같은 청바지이죠."라고 말했다(인터뷰 29).

따라서 데님 청바지는 "의복 정체성의 상징적 배치"(표 6.1)에서 독특한 지위를 차지한다. 이는 한편으로 패션 및 반패션의 영역에 대립하는 개성을 강조하는 것이면서, 동시에 규범성과 일탈성을 드러내기도 한다.

한 발 더 나아가 "패션을 따르는 것"은 "특정 스타일" 또는 "개인적 취향"을 참조함으로써 자격을 얻는다. 또 유행의 구체적인 내용이 무엇이든 간에, 청바지는 사람들이 "진짜로" 혹은 "항상" 좋아해오던 것과 합치된다. 우리는 물론 이것을 모든 상품 기호의 유사-개별화라고 치부할 수 있다(Baudrillard 1998). 그러나 인터뷰 참여자들은 청바지 자체에 기억이 쌓여 체현된다는 점을 강조하면서, 다른 옷과 "구별되는" 개

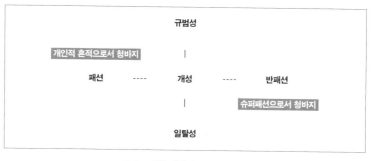

표 6.1. 의복 정체성의 상징적 배치

성을 담은 청바지를 가지고 있다고 말했다. 청바지는 인격적이고 개인적인 표식이며, 혹은 스물다섯 살의 학생 크리스(인터뷰 36)의 말처럼 패션과의 변증법적 관계 속에서 "나"의 의미를 찾을 수 있게 해준다. "나는 내 나름대로의 방식으로 패션을 적용하고 있어요. 그로 인해 나 자신이 타인과 구분될 수 있다고 생각합니다." 이와 관련해 청바지가 너무 최신 유행을 좇기 때문에 구입하지 않는 사례도 확인할 수 있었다. 청바지가 "일탈 욕망을 완전히 표현할 수 있는 것"은 청바지를 입을수록 자신의 것이 되어가기 때문이다. 스물여섯 살의 판매직 여성은 "청바지는 우리 삶처럼 빠르게 변하고, 반항적이에요. 청바지를 입고 어디든 앉을 수 있고, 청바지를 어디든 던져놓을 수도 있죠. 청바지는 걸리적거리지도 않아요. 즉 그 사람의 일부가 되는 거예요."라고 말했다(인터뷰 15). 그러나 일탈은 단지 달라지려는 욕망이나 구별을 위한 구별, 즉 "튀는 것"과는 다르다. 파란색은 자유와 1968년 운동을 떠올리게 하며(Volli 1991) 격식 없는 안락함을 드러내 보인다. 또한 개인의 고유한 정상성normality에 대한 표현으로, 그 자체가 "편안함"과 "변화무쌍함"으로 간주된다. 특히 남성들은 쉽게 접하고 구입할 수 있다는 긍정적인 특성에도 불구하고 "주류"에 반한다는 의미로 청바지를 생각하는 경우가 많다. 따라서 혹자는 유행과 관계없는 "평범한" 청바지를 더 선호하며, 혹자는 자신의 개성을 강조하는 방식으로 "튀는" 청바지를 선호하기도 한다. 선호하는 청바지에 대해서는 "눈에 너무 안 띄어도 문제지만 너무 눈에 띄어도 안 돼요. (……) 너무 과하지도 않고 또 너무 진부하지도 않은 청바지가 좋아요."라고 했다(인터뷰 11). 다음은 인터뷰 내용을 발췌한 것이다.

로베르타 사사텔리

유행과 브랜드는 내 선택에 별 영향을 끼치지 않아요. 나는 지금도 별로 화려하지 않은 청바지를 입고 있는데, 이 청바지는 내 일탈 욕망을 표출하고 나와 패션과의 관계를 일부 설명해줘요. 나는 이 청바지가 타인의 시선을 위한 것이 아닌 나만을 위한 청바지라고 생각해요. 패션은 타인을 의식해야만 하는데, 청바지를 입는 것은 이런 논리에서 벗어나려는 의지의 표현이에요.

(인터뷰 23, 이십 대 중반 여성, 사무직)

내가 가지고 있는 청바지는 어디서 샀든, 얼마나 많이 주고 샀든지를 떠나 세련되고 핏이 정교해요. 이론상으로, 70년대 음악은 듣고 즐길 수 있지만 70년대 의상은 세련되지 않잖아요. 70년대 청바지를 현대적으로 해석한 바지가 있고 그 바지가 무척 맘에 든다 할지라도, 그것이 세련되지 않다는 인식이 내 선택에 영향을 미칠 거예요. (……) 청바지는 유행을 떠나서 개인적인 것으로 남아야 해요.

(인터뷰 32, 이십 대 후반 남성, 학생)

전반적으로 데님 청바지는 단지 최신 유행의 반영이라기보다는 시간과 무관한 것으로 간주된다.

청바지는 항상 세련되고, 스타일의 중심에 있다고 생각해요. 알다시피, 기본적인 클래식 스타일의 청바지는 오랫동안 입을 수 있어요. 나는 나팔바지, 통 좁은 청바지, 색이 바랜 것, 절개가 들어간 것 등 많은 청바지를 가지고 있는데, 모두 특정 시대에 맞는 스타일이에요. 예를 들어 70년대 스타일도 있고, 파니나리Paninari라고 불렸던 1980년대 이탈리아 북부 부유층 젊은이들에게 유행했던 스타일도 있어요. 이처럼 청바지는 특정 시대를 반영해요. (······) 네, 맞아요. 이 청바지들은 독특하지만, 조만간 혹은 나중에라도 유행이 돌아올 수 있어요. 그래서 청바지를 버리면 안 돼요. 청바지가 클래식할수록 어느 시대에나 어울릴 수 있죠.

(인터뷰 20, 이십 대 중반 여성, 대학생)

이처럼 청바지는 패션의 역동성과 관련되지만, 궁극적으로 역동적 배경을 초월한 품목이다.[2] 따라서 청바지는 슈퍼패션Superfashion이라고 불릴 수 있을 것이다. 밀라노의 젊은 층은 브랜드에 관심이 많을 뿐 아니라 청바지의 스타일, 마감, 색, 변색 등을 잘 알고 있다. 브랜드가 없거나 상대적으로 인지도가 떨어지는 브랜드 청바지의 경우, 일반적으로 인격화되는 경향이 강하다고 인식된다. 반면, 광고에 자주 등장하는 "유명" 브랜드는 드러나건 드러나지 않건, 일련의 명확한 의미들을 지닌다.[3] 대부분의 사람들은 특정 청바지의 컷, 색상, 마감이 자신을 어떤 집단과 연결해주고, 마치 자신과 비슷한 의상 취향을 가진 상상의 공동체의 일원이 된 것처럼 느끼게 해준다고 생각한다. "펑키 스타일"을 추구하는 사람은 "헐렁한 청바지를 입는 것"을 좋아할 것이고, 남자친구와 식사하러 나가는 사람은 화려한 청바지가 낫다고 생각할 것이고, 파티에 가는 사람은 "보다 섹시하고 밑위가 짧은 청바지"가 최선이라고 생각할 것이다. 그러나 전체적으로는 개인적인 특성과 각자가 인식하는 자신의 체형에 따라 달라질 것이다.

대체로 사람들이 선호하는 청바지는 자신을 "잘 표현해주거나" 자신에게 "잘 맞는" 청바지였다. 이는 단지 착용자의 신체 특징뿐 아니라 삶의 경험까지 포괄한다. 이십 대 중반의 남성 전기공과의 인터뷰

로베르타 사사텔리

에서 볼 수 있듯이, 정말 중요한 것은 "자신의 스타일을 반영하고 자기 몸에 잘 맞는 청바지"(인터뷰 28)이다. 이는 이십 대 초반의 남자 대학생과의 대화에서도 구체적으로 나타난다. "청바지를 입었을 때 가장 편안해요. 다른 사람도 모두 청바지를 입기 때문에, 자신을 특별히 드러내지 않으면서도 다른 사람들에게 내가 누군지 말할 수 있는 거 같아요. (……) 청바지는 나에게 잘 맞아서 자신감을 가질 수 있어요."(인터뷰 35) 청바지는 계절을 타지 않기에 계속 착용할 수 있다. 따라서 청바지는 시간에 따른 삶의 특성을 보여주는 지표가 될 수 있다. 시간의 흔적이 청바지 표면에 축적된다는 것이 아니라 (가족, 집단, 집안의) 소유의 표식이 된다는 것이다(McCraken 1988; Sassatelli 2007 참조). **개인의 흔적**은 체화된 흔적들을 청바지에 남기며, 이 흔적들은 공적, 사회적 소유보다는 우정이나 사랑 같은 사적인 경험을 말해준다.

인터뷰 참여자들은 자신들이 선호하는 청바지를 논할 때, 시간의 흐름에 따른 개인적인 흔적을 가장 많이 고려한다. 청바지를 구입한 시점이나 장소를 떠올리거나, 오래되거나 최근 사진을 보여주며 청바지를 입던 당시를 말했다. 인터뷰에 응한 사람들은 자신이 선호하는 청바지를 정확히 인지했다. 급하게 산 청바지라도 "100퍼센트 완벽"했으며, "나를 위한 것"이었다는 점을 분명히 기억했다. 이 청바지들은 과거, 현재, 미래 모두 매우 개인적인 기억으로 마음속 깊이 자리 잡고 있다. 특히 구입하던 시점과 구입 전 청바지를 입어보면서 느꼈던 생생한 느낌을 자세히 기억했다. 사람들이 선호하는 청바지는, 낡아 떨어져 모양과 색이 변하고 고쳐가며 입은, 시간을 견뎌온 청바지이다. 대개 가장 좋아하는 청바지를 "닳아 없어질" 때까지 입으며 이 과정에서 여러 차례 수선을 하거나 덧대기를 하는 등 계속 입기 위해 노력했다.

내가 자주 입던 청바지는 뒷부분이 터져서 엄마가 그 부분을 꿰매주셨어요. 수선하고 나서 다시 그 청바지를 입기 시작했죠. 어떤 때는 치마와 함께 입어 바느질 자국을 감추기도 했어요. (……) 터지고 바느질 자국도 있지만 난 그 청바지가 너무 좋아서 계속 입었어요. 내 청바지가 완벽하다고 생각했죠. 결국 청바지가 완전히 찢어지고 나서야 어쩔 수 없이 그 청바지와 이별을 했어요.

(인터뷰 22, 이십 대 중반 여성, 학생)

내가 좋아하는 청바지는 너무 많이 입어서 닳아 없어질 정도였어요. 오래 입어서 천이 찢어졌을 때도, 난 찢어진 채로 청바지를 입고 다녔어요. 나중에 할머니가 찢어진 부분을 원래처럼 덧대어주셨죠. 하지만 그다지 예쁘게 되지 않은 데다 다른 데도 찢어지는 바람에 청바지를 버렸어요.

(인터뷰 29, 이십 대 중반 남성, 가게 점원)

시간은 사람들이 자신이 가장 좋아하는 청바지와 "사랑" 또는 "애착"이라고 표현할 수 있는 감정적 관계를 맺게 한다. 따라서 더는 입지 않게 되는 순간이 오더라도 청바지를 버리는 일은 상상할 수 없는 것이다. 청바지를 어떻게든, 언제든 간직해야 하는 상징이라고 생각한다. 이십 대 중반의 기술자 조반니(인터뷰 16)는 자신이 좋아하는 청바지가 사라진 상황을 상상하며 "이 청바지를 아주 오래 입어왔기 때문에 이걸 버린다면 무척 속상할 것 같아요. 만약 이 청바지를 더 입을 수 없게 되면, 버리기보다는 간직할 것 같아요. 생각만 해도 슬프네요."라고 말했다. 마찬가지로 한 인터뷰 참여자는 정든 청바지를 잃는 것은 고통스러운 일이라고 하면서, "내 삶의 일부를 잃는 것과 같아요."라고까지 말

로베르타 사사텔리

했다.

매우 아끼기 때문에 버릴 수 없는 오래된 슬리퍼는 밖에서 신고 다니기가 어려울 수 있지만, 이와 달리 낡은 청바지는 입고 다닐 수 있다. 다른 의복과 달리 청바지 표면의 반복 착용과 색 바랜 흔적 속에 숨은 시간은 일종의 부가가치로 여겨진다. 응답자들은 "보기 좋게 낡는 것"이 청바지의 장점이라는 데 동의했다. 이 때문에 의류업계에서는 기계를 사용해 청바지에 "오래된 흔적"을 집어넣는 가공방식을 도입하기도 했다. 이러한 업계의 상행위는 사람들의 사용방식을 모방해 표준화한 것이다. 이는 심지어 상업이 인격화를 찬미하는 것처럼 보이기도 한다 (스웨덴 업체 누디Nudie는 홈페이지에 청바지 갤러리와 착용자의 이야기를 소개해 놓았다.)(Miller and Woodward 2007). 한 인터뷰 참여자는 청바지를 착용하는 동안 청바지는 더 "좋아지거나" "아름다워질 수" 있다고 말했다.[4] 청바지가 착용자의 몸에 갈수록 더 잘 맞게 되는 것은 청바지가 착용자의 신체와 가시적인 면에서 미묘하게 뒤섞이기 때문이다.

나는 찢어진 청바지를 많이 가지고 있는데, 구멍이 닳아 떨어져 속살이 보일 지경이 아니면 완전히 찢어질 때까지 입을 거예요. 찢어진 청바지는 내가 어떤 사람인지까지 설명해주죠.

(인터뷰 21, 이십 대 초반 여성, 학생)

구제 청바지는 특별한 "정취"가 있어요. 사람들의 취향과 개성을 더 담아낼 수 있죠. 게다가 청바지는 다른 남자 바지와는 달라요. 입을수록 더 아름다워지죠.

(인터뷰 30, 이십 대 후반 남성, 디자이너)

인격화는 "편안함"과 "드러냄"이라는 두 가지 측면으로 요약할 수 있다. 전자는 체화된 경험의 수준에서, 후자는 체화된 정체성을 실천하는 수준에서 작동한다. 많이 입는 청바지는 착용감이 더 좋아지며, 물리적 편안함을 선사한다. 천은 더 부드러워지고 몸을 구부리고 움직일 때 더 자연스러워진다. 데님의 "팍팍한" 성질 자체는 그대로 유지되는데, 한 인터뷰 참여자는 이를 "신체를 거스르는 저항력이 유지"된다고 표현했다. 또한 오래된 청바지는 착용자의 "이야기를 말해준다." 청바지는 착용자의 이야기를 많이 담고 있는데, 특히 젊은이들이 높이 평가하는 시간적, 자전적 깊이가 더해지면서 착용자의 현재 정체성을 더 풍성하게 만든다. 젊은이들은 이를 "나의 한 부분", "내 삶의 한 기간", "내 삶의 한 걸음", "나의 사춘기" 등으로 표현했다. 젊은이들은 자신의 취향과 스타일상의 "자기 혁명"을 거치며, 자신의 "성장"을 "좇아갔다"고 말했다. 이십 대 초반의 여성인 마리나(인터뷰 10)는 "저는 제 청바지를 맘대로 수선하지 않아요. 이전에 넘어져 뒤쪽에 구멍이 뚫렸을 때에만 수선했죠. 제 오래된 청바지는 지금 물 빠진 청색으로 보이겠지만, 나는 지금 상태가 더 좋아요. (……) 난 이 청바지를 정말 좋아하죠."라고 했다. 이십 대 초반의 남성 클라우디우(인터뷰 17)는 자신이 가장 좋아하는 오래된 청바지를 "내가 삶을 살아왔음을 느끼게 해주는" 것이라고 표현했다.

잘 맞는 것과 잘 맞게 만드는 것: 거울효과와 거울효과를 넘어

선택과 사용 원리를 설명하기 위해, 또한 데님 청바지의 특성을 규정

로베르타 사사텔리

함에 있어, 밀라노의 젊은이들은 하나같이 청바지는 다른 어떤 옷보다 "피부"처럼 느껴지며 몸매를 아름답게 표현해주는 동시에 매우 편안해서 보호받는 느낌을 준다고 강조한다. 젊은이들은 자신들이 선호하는 청바지가 이상적인 몸매에 가장 부합한다는 점을 강조하면서, 청바지가 자신의 자아에 "잘 맞으면서" 동시에 자신을 주변 세계에 더 "잘 맞게" 만들어준다고 인식했다.

어떻게 청바지는 "제2의 피부"로 받아들여지게 된 것일까? 이는 신체의 일부를 가리면서 드러내는 기술을 통해 가능하다. 청바지는 "부족함"을 가려주는 동시에 몸매의 선을 "드러내고" 강조해준다. 제보자들은 청바지를 선택하는 원칙으로, 구입 전에 청바지를 입어보고 **드러냄과 감춤**이 적당한지 확인한 뒤 구입한다고 했다. 이는 여성들이 보편적으로 인지하는 법칙이었으며, 청바지 구매 시마다 반복되는 일이라고 분명히 말했다. 즉, 여성 모두는 거울 속에 비친 몸을 만나는 생생한 기억을 가지고 있었다.

글쎄요, 내 자신에게 "정말 잘 맞는" 청바지는, 내가 바라듯 내 엉덩이를 실제보다 작아 보이게 해주면서 뱃살을 감춰주는 청바지예요. (……) 결과적으로 날씬하게 보이게 해주는 청바지죠. 청바지를 입었을 때 내가 원하는 모습처럼 날씬하게 보이면, 머리를 탁 치듯이 감동이 밀려와요.

(인터뷰 4, 이십 대 중반 여성, 홍보업 종사자)

나는 청바지가 내 허릿살을 잘 잡아주길 바라요. 내 단점을 감추기 위해 상의도 크고 짧은 것으로 골라 입죠. (……) 딱 붙는 바지를 입으면 더 날씬해 보여요. 재킷을 허리에 묶어 하체를 가릴 필요도 없죠. 그래서 난 항상 이런 스타일로 옷을 입어요.

(인터뷰 21, 이십 대 중반 여성, 학생)

거울 앞에 서서 "완벽한" 청바지를 입고 있을 때, 편안함과 자신감, 즉 "갑자기 내 몸매가 좋아졌다"거나 "드디어 내가 원하는 모습이 되었다"고 표현할 수 있는 강렬한 감정을 분명히 느낄 수 있다.[5] 가장 좋은 청바지란 처음 착용했을 때부터 자신이 가장 완벽해 보인다는 느낌을 갖게 해주고 시간이 흐름에 따라 개인의 오래된 흔적을 남겨 가치를 만들어내는 것이라고 했다. 통통한 체구를 가진 이십 대 인터뷰 참여자는 이렇게 말했다. "설명하기 어렵지만, 자신감 있고 보기 좋게 느껴지는 최상의 내 몸매를 상상할 때, 나는 그 청바지를 입은 내 모습을 떠올려요"(인터뷰 20). 거울 속에 있는 자신을 볼 때 가장 좋아하는 청바지가 남긴 첫번째 인상은 가장 깊은 인상으로 남아, 청바지가 마치 본인에게 맞춰진 옷 같다고 생각하게 만들고 감정적 몰입을 일으킨다.

거울 속 자신을 보는 행위는 많은 의미를 담고 있다. 거울은 자아를 단순히 반영하는 것이 아니라 특정한 시각에서 자아를 반영한다. 거울에는 이상적인 주체성과 신체에 대한 기대뿐 아니라, 우리가 어떻게, 언제, 어떤 목적에서 자신을 보는가에 따라 폭넓은 문화적 관념이 개재하게 된다. 거울은 소위 "거울효과"를 통해 작동된다(Sassatelli 2010). 거울효과는 신체의 감춤과 드러냄을 통해 이상적인 신체와 협상하는 것, 상황에 부합하는 방식으로 거울을 사용해 착용자의 자아관념에 맞춰가는 효과를 말한다. 거울 속의 자신을 보는 행위는, 혼자 있는 침실에서도 무척 벅찬 일이면서 자기존중을 요구하는 일이다. 그것은 집에서든 외부에서 쇼핑을 할 때든, 의상 활동에서 매우 중대한 일이다. 한 인터뷰 참여자는 자신이 가장 좋아하는 청바지는 거울효과를 통해 "자신감의 근원"이 된다고 말했다. "기분이 안 좋을 때는 내 모습을 보고 '세상에, 정말 못났다!' 하고 느끼지만, 어떤 청바지를 입고 있으면 기분이 좀 나아져요"(인터뷰 29). 청바지는 어디에나 어울리고 언제나 입을 수 있다고 인식되는데, 특히 좋아하는 청바지는 이러한 청바지의 특징을 함축한다. 한 인터뷰 참여자는 자신이 좋아하는 청바지에 대해 다음과 같이 말했다. "청바지는 저를 대변해줘요. 저는 사람들과 잘 어울리고 모든 상황에 잘 적응하는데, 청바지는 이런 저를 잘 표현해주죠. 별 문제 없이 바닥에 앉을 수도 있고, 스칼라Scala(밀라노의 오페라 극장) 앞에서 8유로짜리 커피를 마실 때도 청바지를 입고 있으면 아무 문제가 없어요"(인터뷰 1).

앞의 이야기가 함의하는 바는 사람들이 좋아하는 청바지가 매우 다양한 상황에 어울리고 다양한 이야기를 담고 있다는 점이다. 청바지는 대조적인 우월주의와 평등주의 간의 긴장관계가 작동되는 매개 도구이며(Davis 1989), 패션 언어 중 일종의 "속어"와 같은 위치를 갖는다. 이는 의도적인 비형식성으로 읽힐 수 있다. 그러나 많은 인터뷰 참여자들이 주장하듯이, 청바지는 변화무쌍해 착용자의 체형을 보완해준다는 느낌을 준다. "저는 청바지를 입고 있는 제 모습이 좋아요. 청바지를 입으면 기분도 좋고 자신감도 생겨요. 청바지가 저한테 가장 잘 어울리는 최선의 선택이 아니더라도, 다른 어떤 옷에서 얻을 수 없는 더 큰 자신감을 얻을 수 있어요"(인터뷰 1).[6] 우리는 이와 같은 진부한 진술을 무시할 것이 아니라 제현이 의생활에서 담당하는 역할을 탐구해야 한다. 이십 대 중반의 직장인 여성 플라비아(인터뷰 6)는 "저는 청바지가 이미 저와 완벽히 어울린다는 걸 알아요. 저는 거울 속의 저를 보며, 청바지를 다른 옷과 어떻게 맞춰 입을지 고민할 거예요.”라고 말했다. 따라서 청바지는 주장컨대 넓고 다양한 의복 시장에서 선택의 번거로움을 덜 어준다. 본인이 생각하는 이상적인 자아의 모습과 거울에 비치는 모습 이 너무 다르면 거울을 안 보려고 할지도 모른다. 청바지는 이러한 거 울의 역설을 받아들일 수 있게 해준다. 그러나 거울 속의 자신을 보지 않는다면, 자신의 이상형과 타협하고 자신의 스타일을 제대로 이해할 수 없다. 이처럼 청바지는 자신의 신체에 관한 불만(비만, 탄력 없는 몸, 군 살)을 계속 인지하게 도와주면서, 결과적으로 적절한 의생활을 수행하 게 해준다.

역설적으로 청바지는 거울효과에 따라 대상화되기에, 실제 거울 사 용은 보조적인 것에 불과하게 된다. 이십 대 중반의 상점 점원인 다비 드(인터뷰 3)는 “내가 거울 속의 내 모습을 보는 것은 얼마 지나지 않아 일종의 습관 같은 것이 되어버려요. 어쨌든 청바지가 나한테 잘 맞으면 자신감을 가질 수 있죠.”라고 말했다. 루크레치아는 다음과 같이 말했 다(인터뷰 12).

청바지를 입었을 때 저는 굳이 거울을 확인하지 않아요. 시간이 없거나 내 모습을 정확히 파악할 수 없을 때도 있잖아요. 내 전체적인 실루엣을 충분히 알고 있기 때문에, 벨트나 액세서리에만 신경 쓰면 된답니다.

이 경우 청바지는 패션과 스타일이 만나는 대응장치라기보다 “단순한 인지”와 같은 역할을 맡게 된다. “내가 괜찮은지 뚱뚱해 보이지는 않는 지 안 물어봐도 돼요. 나는 청바지가 편안하고, 청바지를 입었을 때 내 모습이 보기 좋다는 것을 알아요. (……) 청바지는 내 삶을 편하게 해줘

로베르타 사사텔리

요"(인터뷰 15).

거울효과와 관련된 이야기는 남성의 상상과 여성의 체현이 대조적이라는 점을 보여준다. 여성들은 "안정"이나 "보호"와 같은 소극적인 개념에 근거한 의미 세계를 강조하는 경향이 있다. 여성들은 바지가 안정감을 준다고 늘 이야기한다. 청바지는 시간이 지남에 따라 재질이 부드러워짐에도 불구하고, 강하고 질기고 견고하고 두껍고 뚫을 수 없는 옷의 물질성 속에 자리 잡은 무언가 때문에 상대적으로 "튼튼하다"고 인식된다. 한 인터뷰 참여자는 이를 유머러스하게 표현한다. "청바지를 입는 것은 비키니를 입는 것과 달라요. 청바지는 일종의 안전이고, 저는 무엇보다 청바지가 나를 보호해준다고 생각해요"(인터뷰 20). 위험과 공포를 밖으로 몰아내는 이 소극적 요소들은 미학적인 용어로 설명된다. 다른 옷들과는 달리 청바지를 선호하는 이유는 청바지가 여성들의 "과한" 신체 굴곡을 가려주고 보호하는 역할을 할 수 있기 때문이다. 보통 날씬하면서도 볼륨 있는 몸매를 이상적이라고 생각하며, 야윈 몸매를 선호하는 사람은 거의 없다. 이상형은 포함과 포위를 통해 달성된다. "포함"은 너무 크다고 생각하는 하체나 허벅지 등 여성 신체의 일부분을 "넣고" "둘러싸고" "약간 누르거나" 심지어 꽉 잡아줘서 꽉 끼게 입는 방식이다. "포위"는 배기팬츠 같은 스타일의 바지를 착용해 몸매 비율을 조정하고 다리 볼륨을 살리는 방식이다. 둘 다 "실제보다 날씬해 보이도록" "몸매 일부를 감추고 엉덩이를 조정해" 이상적인 몸매를 만들어준다.

남성의 경우는 "능동적인" 관점에서 의미 세계를 조직하는 경향이 있다. 남성은 자기 신체의 단점을 감추거나 날씬하게 보이려 하는 것보다, 자신의 신체를 드러내며 힘, 강함, 크기가 주는 인상을 강조했다. 이십 대 후반의 남성 디자이너인 마테오(인터뷰 30)는 "저는 청바지가 제 단점을 감추어줄 거라고 생각하지 않아요. 나는 큰 청바지보다 몸에 딱 붙는 청바지를 입어 몸매의 곡선을 드러내는 편이에요."라고 말했다. 대체로 여성들이 "날씬해 보이는" 청바지를 선호하는 반면, 남성은 자신의 신체를 줄이고 압박하는 청바지보다 신체를 더 크게 보이게 해주는 청바지를 좋은 청바지라고 생각했다. 그러나 "날씬함"이란 이제 모두가 알고 있는 사회통념처럼 되었다. 남성 역시 날씬함에 대한 문화적 압박을 느끼고 있었다. 남성들도 종종 이상적인 몸을 만들기 위해 심각한 다이어트를 하기도 하고, 극심한 다이어트로 성취한 결과를 뽐내기 위해 스키니진을 입기도 한다. 이십 대 중반의 남성 예술가 다니엘레(인터뷰 27)는 "마른 다리"를 강조하는 청바지를 선호한다고 했다. "과거에 난 뚱뚱했지만 지금은 말랐어요. 수많은 희생을 치르며 제가 이룩한 성과를 드러내고 싶어요." 뚱뚱하지 않은 근육질 몸매가 남성적 자부심의 원천이라고 생각하는 이십 대 후반의 남자 대학생 프랑코(인터뷰 32)는 "저는 크고 굵은 근육질 허벅지를 갖고 싶어요. (특정 모델의 청바지를 구입하는 데) 이 사실이 70퍼센트 정도는 영향을 미쳐요. 난 이러한 과정이 즐거워요."라고 말한다. 전형적으로 남성 이성애자들은 너무 말라 보이지 않는 (민망하지 않은 수준의) 잘 맞는 청바지, 또 질기면서 편안한 청바지를 선호한다. 몸을 감싸면서도 꽉 끼지 않는 청바지의 핏은 몸매를 강조해 남자다움을 드러낸다. 이러한 점에서 청바지는 신체에 힘을 가해 착용자의 신체적 잠재력을 높인다.[7]

"단점 감추기"를 강조하는 여성들의 수사를 살펴보면, 표준화된 이상적인 몸매가 여성의 신체를 무겁게 짓누르고 있음을 알 수 있다. 이는 남성에 비해 여성의 신체가 더 많이 관찰의 대상이 되고, 사회적 수

로베르타 사사텔리

용과 인식이라는 관점에서 가치판단과 비판의 대상이 되고 있음을 보여준다. 젊은 여성들은 자기 몸에 요구되는 미적 기준을 잘 알고 있었다. 다시 말해 여성의 몸은 날씬해야 하며, 동시에 신체의 굴곡이 성적 매력을 드러내야 한다는 요구를 뚜렷이 인식하고 있었다. 따라서 특히 하체, 엉덩이, 허벅지 같은 몇몇 신체 부위는 주요 고민거리가 되기도 한다. 여성이 청바지를 선택할 때 개재되는 미적 요구는 에로티시즘, 성적 매력과 분명히 연관되어 있었다. 여성들은 청바지를 선택할 때, 여성성을 약화시키기 위해 남성 코드를 차용하기보다는, 여성성을 강조하기 위해 남성 코드를 선별적으로 차용한다. 청바지를 통한 "여성스러운 모습"은 유혹이란 틀 속에서 연출된다. 결국 여성적인 몸매는 섹슈얼리티의 표현과 억제 간의 변증법적 논리 속에서 강조되고 또한 조절된다. 이러한 변증법은 유혹의 동시대적 법칙에 연관되어, 패션과 소비자 문화 내에서 신체의 성적 대상화를 일으킨다(Baudrillard 1997; Steele 1996). 따라서 여성은 심지어 권장 사이즈보다 작은 치수의 옷을 입어 꽉 조임에도, 스스로 일종의 "편안함"을 느낀다. 이 경우 편안함은 자유로운 움직임이라기보다는 몸을 미적으로 이상적인 몸매에 맞추는 것이다. 이때 여성은 남성적인 자아상을 체화하고 지향하는 남성보다 더 큰 편안함을 느낀다. 남성 이성애자는 유혹적인 측면보다는 남성적인 면모를 과시하려 했다. 여성이 심지어 청바지를 선택할 때도 "타인의 시선"을 고려하는 데 반해, 남성은 전통적인 남성성에 따라 활동성, 움직임, 잠재성을 중요시하는데, 이는 여성을 유혹하는 것보다는 게이로 보이지 않는 것이 그들에게 더 중요하기 때문이다.

유니섹스 의상에서 느끼는 섹시함: 성적 대상화된 청바지

이 연구에 참여한 다수의 사람들은 청바지의 거울효과를 통해 청바지를 "제2의 피부"로 생각하고 있었다. 그리고 "제2의 피부"의 속성은 성적 본질을 분명히 드러내준다. 청바지는 몸에 딱 달라붙거나 맨살에 전율을 일으켜, 자신의 몸을 섹슈얼한 무언가로 인식하게 만든다. 청바지는 특히 젊은 층에서 매우 섹슈얼한 물품이다. 이것은 청바지의 일상적이고 유니섹스한 속성과 모순되는 듯이 보인다. 이에 대해 더 논의해보겠다.

청바지는 남성과 여성 인터뷰 참여자의 옷장에 항상 비치된 품목이며, 젠더와 관계없이 "모두에게 잘 맞는" 유니섹스 품목으로 인식된다. 그러나 남성과 여성, 특히 여성의 경우, 매우 성별화된 매력의 개념을 함축한, 노골적으로 성별을 반영하는 용어로 청바지에 대한 선호를 드러내는 경향이 있었다. "청바지를 입은 남성은 항상 매력적이다.""청바지를 입은 남성을 좋아한다.""남성은 누구나, 심지어 아빠도 청바지를 입으면 멋있어 보인다.""엉덩이 부분은 딱 맞고 다리 부분은 헐렁한 청바지를 입은 남성을 보면 (……) 가슴이 뛴다."라고 말하는 젊은 여성들이 있었다. 또 "청바지를 입은" 모습이 멋지다든가, 만약 (예로 든 여성의 경우) 완벽한 몸매의 여성이나 아름다운 여성이 청바지를 입으면 "완벽하다"고 말한다. 밀라노의 젊은 남성들은 섹슈얼리티에 대한 의견이 달랐다. 남성 동성애자는 자신들이 좋아하는, 몸에 꼭 끼고 하체를 드러내는 스타일의 청바지를 입은 여성의 이미지를 자신에게 투사하려 하는 반면, 이성애자는 여성에 대한 이야기에만 집중했다. 남성은 특정 스타일이나 피팅모델을 연상시키는 성적 이미지를 중요시하며, 청바지를 입은 여성을 매력적이라고 생각했다. 특히 여성성 중 "엉덩이"를 강조하는 청바지를 높이 평가했다. "저는 몸에 꼭 맞고 밑위가 짧은 청바지를 입은 여성을 좋아해요. 여성은 몸에 꼭 맞는 청바지를 입어야 해요." 남성 이성애자는 "원피스"나 "치마", "피부를 드러내는 옷차림"에 대해서도 자주 언급했다.

이성애자인 남성과 여성 모두 에로틱하게 묘사되는 몸매에 대해 말하며, 청바지의 성적인 특성과 성적 도구로서 청바지의 잠재력을 언급했다. 그러나 청바지의 성적 대상화는 주로 실용적인 목적에서, 착용 스타일, 액세서리, 장소를 포함한 신체 외의 수많은 상징적, 물질적 요소들의 도움을 받아 일어난다.

제 생각에 청바지는 무척 섹시한 의상이에요. 누가 입는가에 따라 항상 달라지죠. 몸매가 좋은 사람이 입으면 청바지가 섹시해져요. 저는 완벽한 몸매는 아니지만, 청바지를 입을 때면 "슈퍼모델"의 이미지를 떠올려요. 매우 꼭 붙는 청바지에 힐을 신은 모습 말이에요. 섹시한 여성 하면 항상 청바지를 입은 모습이 떠올라요. 클럽에 가도 모든 사람이 청바지를 입고 있는 것을 보면, 섹시함과 청바지는 항상 같이 있는 것 같아요.

(인터뷰 8, 이십 대 초반 여성, 사무직)

저는 밑위가 짧고 주머니가 낮게 달린 스타일을 좋아해요. 이런 스타일이 다리를 짧아 보이게 하거나 키를 작아 보이게 할 순 있지만, 제 생각에 이런 스타일은 섹시해요. 저 역시 클래식한 스타일보다 이런 청바지를 입었을 때 더 섹시하게 보이는 것 같아요.

(인터뷰 29, 이십 대 후반 남성, 음악가)

성적 대상화는 청바지가 강화하고 만들어내는 구체적인 신체적 특징을 통해 가능해진다. 여성에게 "완벽한 몸매"란 인터뷰 참여자들도 자주 언급하듯이 "날씬하면서도 볼륨 있는" 몸매다. 남성의 이상적인 신체적 특성은 여성의 경우처럼 명확하고 규범화되어 있지 않지만, 키가 크고 근육이 많으면서 날씬한 스타일이다. 이러한 신체 특성들이 구체적인 스타일과 결합해 성적 대상화를 용이하게 만든다. 밑위가 짧은 청바지가 특별히 섹시하다고 인식되며, 매우 타이트한 청바지 역시 여성(과 게이)에게 섹시하다고 인식되었다. 일반적으로 남성과 여성 들은 청바지의 이미지를 "몸의 곡선"과 어우러져 여성성을 강조하고 몸매를 드러내는 것으로 인식하는데, 이는 청바지가 매우 많은 사람들에게 상당히 성적 대상화된, 접근하기 어려운 하체에 접근할 수 있는 가능성을 보여주기 때문이다. 매우 많은 사람들이 "여성용 청바지가 엉덩이를 강조한다"고 언급한다. 남성들은 성기에 관한 이야기로까지 발전시켜 남성과 여성의 청바지를 성적 이미지와 연결시킨다. "타이트한 청바지는 남녀의 사적인 부위를 강조해, 청바지 밑의 모든 것을 볼 수 있게 해요. 그런 면에서 청바지가 섹시한 거죠. (……) 가장 중요한 부위는 상상으로 남겨지지만요"(인터뷰 28). 꽉 붙거나 속살이 보이는 청바지를 특정 액세서리와 맞춰 입으면 특히 더 섹시해진다. "청바지를 어떤 물품과 함께 입느냐에 따라 달라요. 청바지만 입으면 섹시하지 않지만, 특정 티셔츠나 구두와 맞춰 입으면 완벽하게 섹시해 보여요"(인터뷰 22). 하이힐과 특별한 상의는 "배기 스타일의 래퍼 바지"를 더 섹시하게 보이게 한다. 또한 섹시한 청바지의 이미지는 파티장이나 클럽같이 특정한 시공간의 이미지를 가시적으로 드러내준다.

남녀 모두 청바지를 "춤추기에 완벽한 옷"이라고 종종 언급한다. 밀라노의 젊은이들은 젠더와 성 정체성에 따라 상이한 의미를 부여하며 매우 성적인 방식으로 청바지를 사용한다. 남성 이성애자는 보통 청바지의 매혹적인 특징보다는 편안하다는 점을 강조한다. 여성과 특히 남성 동성애자는 청바지의 매혹적인 특징을 더 강하게 언급한다. 모든 사례에서 청바지는 어떤 상황에도 대처할 수 있게 해주는 "출입증"이 되어, 착용자가 안정과 매력을 발산하게 해준다. 젊은 여성들은 첫 데이트 때 청바지를 입는 경우가 많은데, 취향이 까다로운 "스타일리시한 남성"을 만나더라도 "안전한 선택"이 되기 때문이다. 한 여성 인터뷰 참여자는 다음과 같이 말했다.

> 전 춤추러 갈 때, 특히 어디로 갈지 모를 때 청바지를 자주 입어요. 청바지를 입으면 어디를 가든 편안한 기분이 들거든요. (……) 최근에 플라스틱(밀라노의 유명한 디스코 클럽)을 방문할 기회가 있었는데, 거기서 잘 모르는 남자를 만나야 했어요. 클럽은 이상한 사람들로 가득하잖아요. 그래서 난 내가 가장 좋아하는 청바지와 등이 뚫린 검은색 상의를 입고 하이힐 부츠를 신었죠. 특별할 게 없는 의상이었지만 결과적으로 아주 섹시한 옷차림이었죠.
>
> (인터뷰 15, 이십 대 중반 여성, 종업원)

청바지는 남성과 여성 구별 없이 입을 수 있을 뿐만 아니라 잠재적으로 매우 섹시하다. 남녀 모두에게 잘 맞으면서도 제2의 피부로서 남녀의 신체적 섹시함을 강조해 성적 대상화된 이상적 신체에 가깝게 만든다. 이 때문에 청바지를 둘러싼 문화적 상상이 일어나는 것이다(Botterill 2007; Volli 1991). 몇몇 인터뷰 참여자들은 "청바지가 야성적이면서도 경쾌한 요소를 갖기" 때문에 매우 섹시하다고 역설한다. 대량생산에도 불구하고 "여전히 야성적이며 카우보이 같은 모습"이 존재하고 "미국 서부", "개척자", "길들지 않은", "야생의 모습", 즉 강하고 자유로우며 더 현실적으로 살았던 과거를 상기시킨다. 앞서 언급했듯이, 청바지는 "일탈"을 표현하는데, 이 경우에는 주로 성적으로 개방된 이미지를 불러일으키는, 성적 대상화된 일탈을 표현한다. 이는 청바지를 해석하는 일련의 행위로서 유혹을 언급하는 여성들에게서 특히 더 분명히 나타난다.

가끔 저는 조금 자극적이고 노골적인 청바지를 입어요. 이 바지를 입고 어떤 자세를 취하면, 제 남자친구는 더 자주 저를 힐끗거려요. 이런 청바지를 입는 것은 평소보다 좀 더 섹시해지는 방식의 일탈인 거죠.

(인터뷰 7, 이십 대 초반 여성, 사무직)

제가 좀 더 돋보이고 싶은 날 섹시한 청바지를 입어요. 평소라면 나팔바지에 재킷을 입었을 테지만, 타이트한 청바지, 하이힐, 튜브톱을 입기로 결정하죠. 좀 더 유혹하고 싶은 마음을 표현하는 거예요.

(인터뷰 13, 이십 대 중반 여성)

유명 브랜드인 돌체 앤드 가바나Dolce and Gabbana나 디젤의 광고 속에 나타나는 성적 이미지의 전유 방식을 볼 때(Sullivn 2006; Volli 1991), 청바지의 젠더는 대개 불균등한 성적 대상화, 에로틱화를 통해 형성된다. 마치 남성 이성애자가 신체의 성적인 매력을 약화시키고 남성다운 측면을 강조해주는 청바지가 자신에게 잘 맞다고, 즉 자신의 사회적 자아와 맞다고 느끼듯이, 여성 이성애자는 청바지가 종종 유혹의 도구가 될 때 동일한 느낌을 받는 경향이 있었다. 남성과 여성 모두 자신이

로베르타 사사텔리

선호하는 청바지가 성적 유혹에 적합하다고 생각하며, 성적인 관심을 불러일으키거나 단순히 "남자들에게 높은 평가를 받기 위해" 액세서리와 함께 청바지를 착용했다. 종종 암시와 상상이란 개념을 통해, 청바지의 유혹적인 측면은 착용자가 몸의 형태를 만드는 방식(특히 굴곡이 뚜렷한 날씬한 몸)과 관련되고, 보이지 않는 무엇을 상상하게 만들어준다. 청바지는 유혹하기 위한 일종의 표준화된 기반을 제공한다. 미니스커트와 달리 청바지는 "덜 노골적"이며 "너무 보여주지 않으면서 야릇하게" 움직인다. 청바지는 본래 남성의 전유물이었던 것으로 인식되는 명백한 "해방된" 섹슈얼리티의 상징으로 여성을 드러낸다. 청바지는 여성의 신체를 남성의 시선에 노골적으로 드러내지 않는다. 여성이 (자세, 웃음, 말투, 액세서리, 청바지에 뚫린 속살이 보이는 구멍 등을 통해) 스스로 작동시켜야 한다. 여성의 성적 대상화를 작동시키는 것은 여성 자신이다. 패션의 일반적인 특징인 이중성의 관점에서(Simmel 1904; Davis 1989) 성적 대상화는 개인의 의도와 관계없이 "성적인" 의상과 반대로 청바지의 "평범한" 특성에 의해 매우 개인화되고 표준화된다. 청바지를 통한 유혹은, 착용자의 의도와 관계없이 성적 의미를 다분히 드러내는 방식으로 의상을 대상화하는 것이 아니라, 착용자가 자신의 신체를 성적으로 충만하고 강렬하게 표현하는 것이며, 개성과 대리자, 곧 행위자를 드러내는 것이다.

결론

이 장은 데님 청바지를 정체성, 섹슈얼리티, 유혹을 수행하기 위해 사용되는 물질문화의 중요한 대상으로 연구했다. 섹슈얼리티가 인격적 정체성에 근거한, 가장 내밀한 영역으로 인식되듯이, 청바지의 성적 대상화 역시 고립적으로 다룰 수 없다. 본 연구는 패션과 청바지의 폭넓은 관계 속에서 이 문제를 다루었다. 의복과 정체성의 공간 내에서 데님 청바지는 개인성의 강력한 지표로 받아들여진다. 청바지는 세탁할 때마다 매번 새로워진다. 세탁해 물이 빠지면서 체현된 경험을 남기는 것처럼, 시간은 착용자의 체형과 움직임에 따라 청바지 색을 바래게 만들어 청바지에 기억을 남긴다. 이처럼 청바지는 제2의 피부가 되어, 현장에서 들은 이야기처럼 "표면에 당신의 이야기를 써나간다." 그러나 청바지는 단지 한 사람의 이야기 혹은 한 가지 신체만을 반영하지 않는다. 청바지는 착용자에게도 잘 맞고 다양한 미적 기준에도 잘 맞는 옷이다. 이렇게 문화적으로 성적 대상화된 청바지는 잘 맞는다는 느낌을 줌으로써, 성적 매력을 강조할 기회뿐 아니라 패션을 중립화할 가능성 역시 담고 있다(슈퍼패션과 인격적 흔적). 따라서 지속적으로 기능하고 조심스럽게 형성된 진정성을 반영한다.

사람들이 가장 좋아하는 청바지들은 더 낫고 섹시하고 편안한 자아, 즉 자신에게 잘 맞는 자아를 가시적으로 보여준다. "잘 맞는다는 것"은 본래 재생산과 매혹적인 동반자를 고려할 때 중요한 요소로 거론되어 왔던 측면인데, 이 점에 놀랄 필요는 없다. 청바지는 "자연스러움", "단순함", "편안함", "평범함", "수수함", "자유로움"과 같은 의미를 가진 일상용품이면서 동시에 매우 성적 대상화된 물품, 여성들에게는 "가장 섹시한 것"으로 보이는 물품이다. 이러한 이중성은 청바지의 성적 잠재성이 갖는 특징이다. 청바지를 입으면 무심한 듯 유혹을 할 수 있기에 착용자는 자유롭게 분위기를 즐길 수 있다. 이렇듯 청바지는 신체의 성적인 부담감을 덜어준다. 물론 이러한 역동성은 성별을 크게 반영한다. 청바지는 결점을 감추고 신체의 일부나 특징들을 강조한다. 남성의 경우에는 크고 강함을 더 표현하는 데 반해, 여성은 감춤과 억제에 더 치중했다. 부정적인 표현인 감춤과 억제는 좋아하는 청바지를 입은 여성이 청바지가 자신을 풍만하면도 날씬해 보이게 만들어준다고 느끼는 순간 긍정적인 용어로 바뀐다. 이 경우 여성은 청바지를 유혹의 도구로 사용하게 된다. 유혹을 성공적으로 연출했다는 것은 청바지를 입은 상당히 섹시한 여성의 모습에 도달했다는 것을 의미한다. 자신의 몸을 시선을 끄는 섹시한 이미지로 만드는 능력은 거울효과에서 비롯된다. 청바지의 거울효과를 통해 자신감을 형성하고 자신이 기대하는 사회적 인격에 부합하는 모습으로 맞춰간다. 청바지는 사람들이 패션을 따르고 있음을 보여주면서, 인격적 흔적과 슈퍼패션으로서의 특성을 보인다는 점에서 패션을 초월해 있다. 따라서 청바지는 기존의 이분화된 젠더 안에서 개인화된 성적 대상으로 인식될 수 있도록 만든다.

미주

1. 이 장은 민족지적 인터뷰와 시각방법론을 이용해 석사과정 학생들이 수행한 광범위한 연구물과 저자가 수행한 연구에서 수집한 자료를 차용했다. 학생들 중 이 장에서 사용한 경험 자료를 수집하는 데 열정과 도움을 아끼지 않았던 시모나 에토리Simona Ettori, 페데리카 갈리치Federica Galeazzi, 니콜로 모타Niccolò Motta, 미셸 필로니Michele Pilloni에게 감사를 전한다. 이 연구는 밀라노에 거주

하는 중산층 젊은이 40명의 심층 인터뷰를 토대로 한다. 인터뷰 대상자의 연령대는 20~29세이고 남녀의 비율은 반반이다. 대부분이 이성애자이지만 남성 동성애자 아홉 명도 포함한다. 인터뷰 기간은 2007년 겨울부터 2009년 봄까지이며, 이후에도 민감한 사항을 조사하기 위해 한두 시간의 추가 인터뷰가 이루어졌다. 이 연구를 위해 기꺼이 자신들의 경험을 공유해준 인터뷰 참여자들에게 감사를 드린다. 논문 집필에 끊임없이 도움을 준 다니엘 밀러에게도 다시 한 번 감사를 전한다. 마지막으로 이 글을 읽고 조언해준 로셀라 기지Rossella Ghigi와 니콜레타 주스티Nicoletta Giusti에게도 감사를 표하는 바이다.

2. 이러한 주장은 기존의 조사에 의해서도 뒷받침된다. 상점에서 청바지를 구입하거나 옷장에서 옷을 고를 때, 밀라노의 젊은이들은 유행을 의식하면서도 "취향" 또는 "가장 잘 맞음"이 가장 중요한 동기로 작용했다. "최신상품" 또는 "패션 잡지에서 본 것"을 선택하기도 했지만, 보통 자신의 취향과 열정을 인지할 기회를 주기 때문에 구입한다고 설명했다. 이로 인해 "비록 더는 패셔너블하지 않더라도" 오래된 청바지를 여전히, 심지어 자주 착용하는 것이다.

3. 이 연구는 또한 브랜드와 자신의 관계를 표현하는 방식을 구체적으로 추적했다. 정체성의 표현을 위한 "스타일"이나 청바지 "가격"과 같은 문제 등 다른 요인들을 언급하고 있음에도, 인터뷰 참여자 중 다수는 구체적인 브랜드를 언급했다. 스타일은 개별 신체를 표현할 수 있게 해주지만, 브랜드라는 상징적 세계는 제조업자나 홍보 방식에 따라 움직인다고 알려져 있다. 개개의 체형은 동일한 브랜드 이미지를 연상시키는 착용자들의 상상 공동체를 구축하기 어렵게 만든다. 브랜드를 정체성의 표시로 생각하게 되면 브랜드의 의미가 오도될 수 있다. 왜냐하면 청바지는 몸가짐과 자기표현과 결합될 경우에만 정체성을 의미하기 때문이다. 따라서 브랜드화가 중요하게 여겨질 때조차 인터뷰 참여자들은 대화 속에서 개인화를 강조했다. 브랜드화는 상상 공동체, 브랜드 가치, 품질보증이라는 관점에서보다는, 변증법적 전유라는 측면에서 분석될 수 있다.

4. 몇몇 사례에서 보듯, 가장 아끼는 청바지의 착용과 마모는 가치의 축소를 함의

한다. 왜냐하면 신상품은 나름의 가치를 가지며 일반적으로 청바지의 기능은 시간이 지남에 따라 크게 줄어들기 때문이다. 이십 대 중반의 여학생 참여자는 "낡은 청바지가 많은 추억을 담고 있는 것은 사실이지만 낡고 손상된 청바지는 새것일 때만큼 어디든 입고 다닐 수 없죠."라고 말했다(인터뷰 20).

5. 편안함은 자신의 몸을 이상적인 신체에 맞출 수 있다는 느낌이며, 실제보다 작은 사이즈의 청바지를 입는 (여성의) 모습에서 볼 수 있다. "힘들고 고된 다이어트 후에 사이즈 40의 타이트하고 밝은 컬러의 청바지를 입었을 때, 그 청바지가 나한테 너무 잘 맞는다고 생각되면 기분이 황홀해요"(인터뷰 21). 물론 이러한 현상에서 이중 착취 현상이 나타날 수 있다. 패션업계는 쉽게 만족을 주기 위해 사이즈를 조작하고, 소비자는 자연스레 보다 날씬한 기분을 느끼게 만들어주는 브랜드에 마음을 주게 된다.

6. 인터뷰 참여자 중 대다수가 청바지를 만능 아이템으로 꼽았으나, 몇몇 공식석상에서는 예외적이라고 생각했다. 예외적이라고 느끼는 상황은 성별에 따라 달랐다. 여성의 경우, 졸업식, 면접, 결혼식을 꼽았고, 남성의 경우는 결혼식만을 꼽았다. 데님 소재는 많은 분야에서 사용된다. 여성의 경우 "편안함" 또는 "독창성"을 표현해주는 (가방과 같은) 데님 소재의 패션 액세서리는 면접에 사용할 수 있다고 생각했다.

7. 인터뷰 참여자 중 동성애자들은 꽉 달라붙는 청바지에 대해 이성애자들과는 완전히 다른 입장에 서 있었다. 동성애자는 일반적으로 패션에 관심이 지대했고, 타이트한 청바지를 입은 신체를 성적 대상화할 때 성적 유혹을 개재하려고 했다. 이에 반해 남성 이성애자들의 관점은 다음과 같이 요약될 수 있다. "내 옷장 속에는 보통 청바지와는 다른 독특한 청바지가 있지만 입지는 못해요. 제가 아끼는 청바지는 클래식하고 다리, 허벅지, 엉덩이를 어느 정도 드러내지만 꽉 달라붙지는 않아요. 딱 달라붙고 너무 과한 청바지는 여전히 입을 수 없어요."(인터뷰 30, 마테오)

참고 문헌

Baudrillard, J. (1997), *Della seduzione*, Milan: Se.

Baudrillard, J. (1998), *The Consumer Society*, London: Sage.

Bordo, S. (1993), *Unbearable Weight. Feminism, Western Culture and the Body*, Berkeley, CA: University of California Press.

Botterill, J. (2007), 'Cowboys, Outlaws and Artists: The Rhetoric of Authenticity and Contemporary Jeans and Sneaker Advertisements' *Journal of Consumer Culture*, 7(1): 105-126.

Davis, F. (1989), 'Of Maids' Uniforms and Blue Jeans. The Drama of Status Ambivalence in Clothing and Fashion', *Qualitative Sociology*, 12(4): 337-55.

Entwistle, J. (2000), *The Fashioned Body*, Cambridge: Polity.

Fiorentini, A. (2005), 'Considerazioni sulla recente storia del 'Blue de Genes' In Italia', in *Jeans! Le origini, il mito americano, il made in Italy*, Firenze: Maschietto.

Frith, K.; Shaw, P. and Cheng, H. (2005), 'The Construction of Beauty: A Cross-cultural Analysis of Women's Magazines Advertising', *Journal of Communication*, 55(1): 56-70.

Gauntlet, D. (2002), *Media, Gender and Identity*, London: Routledge.

Goffman, E. (1967), *Stigma: Notes on the Management of Spoiled Identity*, Englewood Cliffs, NJ: Prentice-Hall.

Green, A. I. (2008), 'The Social Organization of Desire, The Sexual Fields Approach', *Sociological Theory*, 26(1): 25-54.

Guillaumin, C. (2006), '*Ill corpo costruito*' *Studi Culturali*, 2: 307-42.

Lurie, A. (1981), *The Language of Clothes*, New York: Random House.

McCraken, G. (1988), *Culture and Consumption*, Bloomington: Indiana

University Press.

Miller, D., and Woodward S. (2007), 'Manifesto For a Study of Denim', *Social Anthropology/Anthropologie Sociale*, 15(3): 335-51.

Sassatelli, R. (2007), *Consumer Culture. History, Theory and Politics*, London: Sage.

Sassatelli, R. (2010), *Fitness Culture. The Gym and the Commercialization of Fun and Discipline*, Basingstoke: Palgrave.

Simmel, G. (1904), 'Fashion', *The American Journal of Sociology*, 62(6): 541-58.

Steele, V. (1996), Fetish: Fashion, Sex and Power, Oxford: Oxford University Press.

Sullivan, J. (2006), *Jeans. A. Cultural History of an American Icon*, New York: Gotham Books.

Veblen, T. (1898), 'The Beginnings of Ownership', *The American Journal of Sociology*, 4(3): 352-65.

Volli, U. (1991), *Jeans*, Milan: Lupetti.

Wernick, A. (1991), *Promotional Culture, Advertising, Ideology and Symbolic Expression*, London: Sage.

Waquant, L. (1995), 'Why men desire muscles?', *Body and Society*, 1(1): 163-79.

7

청바지학:
관계성과 내밀성의 물질성과 (비)영속성

소피 우드워드
Sophie Woodward

난 내 아파트에 혼자 있을 때 그의 청바지를 입어요. (……) 왜인지는 몰라요. (……) 그걸 입고 있으면 그가 아직 가까이 있는 것 같은 일종의 편안함을 느끼는 거죠.

런던에 사는 이십 대 초반의 여성 조지아는 그녀와 종종 만나는 다소 애매한 관계에 있는 남자의 청바지를 입고 있다고 나에게 말했다. 그의 집에서 밤을 함께 보내고 난 다음 날 아침 조지아는 그의 청바지를 빌려 입었다. 조지아는 그의 온기를 느끼며 집으로 돌아온 뒤에도 집에서 계속 청바지를 입은 채 지낸다. 조지아는 그의 청바지를 입고 있으면 어느 정도 그와 계속 함께 있는 듯 느끼고, 그와의 모호한 관계를 보다 잘 감당할 수 있게 된다. 나는 영국 여성들의 의류에 대한 민족지 연구를 수행하면서, 나와 함께 작업했던 몇몇 여성들이 남자친구의 청바지를 입는다는 것을 알았고, 실제로 "보이프렌드 진"은 그 자체로 현재 영국에서 잘 정착된 청바지의 범주임을 확인했다. 조지아의 사례는 여성들이 타자와의 관계를 협상하기 위해 의복을 사용하는 방식을 보여준다. 의상의 겉모습 자체가 사람들의 짜임과 관계망이라는 측면에서 연결성을 연상하게 하며, 풍성한 은유를 가능하게 한다. 직물의 연결성은 이러한 은유뿐 아니라 천을 짜고 교환하는 과정을 친족관계의 상징적 과정으로 보는 인류학적 관점까지 확장될 수도 있다(Weiner and Schneider 1989). 그러나 바이너Weiner와 슈나이더Schneider는 의상을 사람들의 관계 속에서, 서구의 광범위한 패션 분야라는 맥락 속에서 사고하는 방식까지 나아가지는 못했다. 오히려 현대 영국 의상을 패션이라는 흐름 속에 종속된, 이미지, 외모, 개인주의로부터 연상되는 부산물로 간주했다. 이 장에서는 영국에서 사람들이 의상과 맺고 있는 관계가 개인주의라는 넓은 맥락과 가치로 환원될 수 없다는 점을 보여줄 것이다. 데님 청바지를 입고, 기부하고, 빌리는 물질적 행위를 다른 이들과의 관계성을 만들어나가는 수단으로 볼 것이다.

영국과 미국 같은 국가에서 엄마와 딸의 관계는 옷을 얻거나 선물받을 수 있는 주요한 관계 중 하나이다(Clarke 2000; Corrigan 1995; De Vault 1991). 이러한 관계는 딸이 어른이 되어가면서 매우 복잡해지는 양상이 있지만(Miller 1997), 이를 통해 독특한 취향이 형성되고 애정이 표현된다. 나는 여성 의상에 대한 초기 민족지에서, 엄마가 딸에게 옷을 물려주는 것과, 친척들 간이나 오랜 친구들끼리 서로 옷을 빌려주거나 옷을 바꿔 입는 것 사이에는 분명 차이가 있다는 점을 보여주었다(Woodward 2007). 빌려준 옷의 종류나 바로 돌려줘야 하는지 아닌지에 따라 관계가 만들어지고 강화된다. 이 장에서 나는 주로 여성과 남자친구 사이에 존재하는 특별한 관계에 주목할 것이다. 여기서 가족구조의 역사를 함축하는 "계보학genealogy"이라는 표현을 사용한 것이 다소 어색해 보일 수 있다. 구조적이고 공식적인 관계망이 옷의 이동을 통해 나타난다는 것은, 세대 간의 관계를 규정하는 계보처럼 옷이나 청바지가 견고하게 구조화된다는 것을 함축한다. 이에 반해 문화사적 차원

소피 우드워드

에서 소위 "청바지 계보학"은 19세기 후반 리바이스부터 내려오는 데님 청바지의 계보 혹은 데님 청바지와 관련된 잘 정리된 역사 이야기를 연상시킨다. 그러나 이 글에서 말하는 청바지 계보학은 이와는 다소 차이가 있다. 영국적 맥락 안에서 의복에 대한 필자의 관점에서, 옷을 선택하고 입는 일상적이고 평범한 행동에 주목하기 때문이다. 청바지의 의미는 디자이너의 창작이나 권위가 아니라 청바지의 착용과 교환을 통해, 즉 청바지가 일상적 관계를 만들고 물질화할 때 나타난다. 결국 청바지 계보학은 계보학의 일반적인 의미보다 훨씬 더 유동적이고 덜 형식화된 의미로 이해할 필요가 있다.

내밀성에 관련해 현대 영국 연구자들은 인간관계의 유동성이라는 개념을 강조한다. 기든스(Giddens 1991, 1992)는 여러 사회 변화 중에서 노동시장의 변화, 대표적으로 성행위가 더는 번식행위가 아니라는 점이 관계 구조화의 변환, 내밀성의 변형을 가져왔다고 말한다. 기든스에 따르면, 이러한 현상은 관계의 다양화를 가져오고 "관계 자체를 위해 존재하는" "순수한 관계"를 가능하게 한다(Giddens 1998: 1). 논지의 핵심에는 제이미슨Jamieson이 말한 "내밀성의 노출", 즉 느낌과 욕망을 언어로 표현함으로써 유지되고 조율되는 관계가 있다. 기든스의 논지에 대해 선택을 강조할 뿐 견고한 성적 불평등을 간과한다는 비판이 많았지만, 이 글은 기든스의 논의가 언어와 표현을 우선시했다는 점에 특히 주목할 것이다. 필자와 함께 작업했던 조지아라는 여성의 이야기를 인용하며 이 글을 시작했다. 다만, 조지아의 이야기는 그녀의 행동들을 훨씬 폭넓은 맥락 속에 위치시킬 때 비로소 의미를 가질 수 있다. 조지아가 나에게 들려준 이야기들은 그녀가 지금 만나고 있는 남자에게는 결코 할 수 없는 종류의 것들이었다. 물질문화로서 청바지는 관계 자체를 반영하지는 않지만, 청바지 착용은 조지아가 남자에게 말할 수 없었던 것을 분명히 표현할 수 있는 일종의 매개가 된다. 제이미슨은 기든스를 비판하며, 느낌을 말로 전달하는 것은 내밀성의 한 표현 혹은 측면일 뿐이라며 내밀성의 다층성을 주장한다. 즉 청바지는, 예를 들어 의존성과 독립성이라는 관점에서 관계의 모순적인 측면을 외재화한다. 이러한 모순은 기든스가 이념형으로 포착한 순수한 관계, 즉 전통에 얽매이지 않고 자유롭게 시작해 언제든 결별할 수 있는 관계에도 존재한다. 이 장에서 나는 의복이 관계의 취약성을 효과적으로 드러낸다는 주장, 즉 상당히 다른 맥락이긴 하지만 "물질들의 유연성과 극도의 취약성이, 모든 관계가 덧없을 수밖에 없는 인간의 연약성을 드러낸다."라는 바이너의 주장에 동의하는 주장을 전개해갈 것이다.

착용을 통한 인격화

이 글은 런던과 노팅엄에서 15개월간 이루어진 여성복에 대한 현지 연구를 바탕으로 작성되었다(조사방법론과 결과에 대한 자세한 사항은 Woodward 2007를 참조). 스노우볼 샘플링 방식을 통해, 모두 27명의 여성이 연구 표본으로 선택되었다. 이 중 절반이 넘는 여성들이 친척 관계, 직장, 친구 관계, 모두 세 가지 연망으로 서로 연결되어 있었다. 필자가 연구한 많은 여성들이 청바지를 자신들과 굉장히 인격적인 관계를 맺는 물품으로 언급했다는 점과 본서의 서문에서 상술한 내용을 고려해보면, 데님 청바지가 타자와의 연결 가능성을 제공한다는 주장은 일종의 역설처럼 보인다. 다른 사람들이 입으면 청바지와의 내밀한 인격적 관계가 훼손되기 때문에, 여성들이 다른 사람에게 빌려주지 않는 청바지, 정의하기 어렵지만 "완벽한 청바지" 혹은 아주 오랫동안 입어온 청바지가 있다. 그러나 여성 중 몇몇은 남자친구의 청바지를 입기도 했다. 대개 남자친구가 체격이 크기 때문에 여성들은 남자친구의 옷을 편안하게 입을 수 있다. 데님 청바지가 이전 주인을 담고 있기 때문에, 청바지를 통해 여성들은 다른 이들과의 관계를 협상하기도 하고, 종종 자신의 미적 취향을 확장하는 계기로 삼기도 한다.

진정성과 남성성

첫번째 연구대상인 아일랜드 출신의 이십 대 초반 여성 스테프는 평상시에도 남자친구의 청바지를 입는다. 남자친구는 그녀와 떨어져 아일랜드에 살고 있다. 스테프는 남자친구의 기억을 간직한다는 감상적인 이유보다는 일차적으로 착용할 수 있는 의류 범위를 넓히기 위해 남자친구의 청바지를 입는다. 이러한 현상은 청바지를 선물받았거나, 소중한 가보라든지 특정한 사람 혹은 관계를 구상화하는 물품을 물려받았을 때 여성들에게서 나타나는 일반적인 경향 중 하나이다. 타자와의 관계가 옷을 통해 드러나기 때문에, 옷을 입는 행위가 타자와의 연결을 나타내는 데 일정한 역할을 한다. 이와 반대로 여성은 다른 사람이 될 수 있는 가능성을 확장하기 위해 옷을 이용할 수도 있다(Woodward 2007 참고). 즉, 여성들은 친구나 엄마의 취향을 통해 자신의 미적 취향을 확장시킬 수 있다. 이러한 전략은 빈티지나 구제 의상을 착용하는 미시적인 행동에서 나타나며, 이러한 행동들은 의상 뒤에 숨겨진 이야기들을 상상하게 만든다(Clarkand Palmer 2004; Gregson and Crewe 2003 참조). 이것은 입을 수 있는 의상을 확장하는 적절한 방법이며 이를 통해 주류 패션에서 의식적으로 벗어날 수 있다.

스테프가 남자친구의 청바지를 입는 것은 스테프의 옷에 대한 전반적인 태도를 반영한다. 스테프는 보통 (스키니 청바지 등을 구매하긴 하지만) 길거리 상점에서 파는 청바지를 매우 싫어한다. 남자친구가 스테프의 집에 머물다가 두고 간 청바지를 처음 입기 시작한 이후 2년 동안 스테프는 남자친구의 청바지를 자신이 입는 옷 중 하나로 만들었다. 결국 남자친구는 자기 청바지 두 벌을 스테프에게 완전히 넘겨야 했다. 스테프는 운동복과 "로커" 티셔츠와 함께 스키니 드레인파이프 청바지*를 입거나(내가 스테프와 작업할 당시 유행했던 스타일이다.) 남자친구 청바지를 입는다. 일상과는 다른 모습을 연출할 때는 다른 청바지를 입는다. 남자친구는 스테프보다 10센티미터 정도 키가 크고 엉덩이는 작지만 청바지는 헐렁하게 입는다. 그래서 스테프는 청바지가 흘러내리지 않게 하기 위해 두꺼운 벨트를 매야 한다. 일자바지라서 몸에서 흘러내릴 정도로 헐렁하고 길이는 너무 길어 밑단을 밖으로 접어 입어야 한다. 스테프는 큰 청바지에 딱 붙는 분홍색이나 크림색의 실크 캐미솔 톱, 부드러운 실크 혼용 앙고라나 캐시미어 카디건을 맞춰 입는다. 청바지의 가랑이가 스테프의 허벅지 절반 밑에서 시작하는 이 청바지는 분명 남성용이다. 그러나 분홍색 캐미솔과 옅은 빛깔의 부드러운 앙고라 카디건과 같이 착용하기 때문에 전체적인 모습은 남성적인 것과 거리가 멀다. 이 사례뿐 아니라 많은 사례에서 청바지는 입는 사람 몸에 길들어

---

* 다리에 꼭 맞게 디자인된 청바지_옮긴이

인격적인 가치를 부여받는다. 스테프에게 이 특별한 청바지는 너무 크기 때문에 스테프의 왜소한 신체를 부각해준다. 청바지가 끌리지 않게 접어 올린 밑단만 유일하게 낡아 해져 있다. 청바지의 남성적인 스타일을 받아들여 전통적인 여성성을 거부하면서도, 스테프는 자신의 약점과 연약함을 강조해 여성성의 새로운 대안을 제시한다(Holland 2004 참조). 이렇게 청바지를 통해 표현되는 여성성은 요즘 젊은 여성들 사이에 유행하는 유니섹스, 반̄여성성을 부정하는 데 도움을 준다(Levy 2006).

　스테프의 사례는 젊은 여성들이 최신 유행에 편승해 패셔너블해지려는 욕망과 주류 패션이 담아내는 여성성을 거부하고 부정하려는 욕망 사이에서 첨예한 갈등을 겪는 것을 보여준다. 스테프는 길거리 패션을 싫어한다고 했는데, 이 말은 중고품을 파는 상점에서 옷을 사거나 남자친구 청바지를 입는 행동에서 드러난다. 이를 통해 스테프는 빠른 변화와 덧없음이라는 대중 패션의 특징, 즉 소외를 감당할 수 있다. 진정성은 굉장히 논쟁적인 단어이지만, 나와 함께 작업했던 많은 여성들은 자신들이 옷과 맺는 관계를 이야기하면서 이 용어를 쉽게 꺼냈다. 그녀들은 이 단어를 사용해 자기 행동을 설명했다. 진정성은 종종 상업적인 스타일에 대립하는 용어로 인식된다. 상업이 일상적인 소비 패턴을 전유하고 재현하는 방식이라는 점에서, 이러한 이분법적인 대립은 문제가 있다. 즉, 데님 청바지의 경우 오래 입은 듯 보이게 만드는 디스트레싱 공정이 상업 디자인의 하나로 도입되었다. 이러한 양상은 많은 길거리 상점에서 "보이프렌드 진"을 판매하는 현상에서도 볼 수 있다. 보이프렌드 진은 실제로 여성들이 남자친구의 청바지를 빌려 입는 관행을 차용해 상업적으로 만들어진 스타일이다. 스테프의 청바지는 한때 남자친구가 정말 입었던 바지라는 점에서 스테프가 말하듯이 "진짜"이고, 좀 더 진정성이 있어 보인다. 남성용 청바지를 입는다는 점에서, 본래 청바지의 기원이 남성성의 전개 과정과 관련되어 있었다는 점을 상기시킨다. 스테프가 남자친구에게 빌린 청바지는 (신축성 소재를 사용하는 여성용 청바지와 달리) 100퍼센트 면 소재이고, 따라서 순면 소재의 남성적인 청 데님이라는 진정한 의미를 강조할 수 있다. 스테프가 남자친구의 청바지를 2년간 입고 벗으면서, 청바지는 스테프와 남자친구에 맞춰 점차 인격화되어 갔다. 이러한 과정을 밟아가며 스테프는 끊임없이 변화하지만 일시적일 뿐인 최신 유행에서 한 걸음 빠져나올 수 있었다. 이러한 행동은 흔히 최신 유행의 빠른 속도를 거부하는 것처럼 보일 수 있는데, 청바지를 오래 입어 해지는 느린 과정을 통해 청바지가 의미를 획득하게 되는 것과 유사하다. (한동안 여성들이 몸에 달라붙는 청바지를 입었던 것처럼) 청바지를 몸에 맞게 착용하는 것이 바로 인격화를 가져오는 요인은 아니다. 오히려 청바지 밑단이 바닥에 끌려 해지게 되면, (마치 무릎의 해진 부분이 스테프의 실제 무릎보다 아래에 있는 것처럼) 스테프의 육체와 청바지가 맺는 관계는 남자친구가 청바지와 맺었던 관계와는 또 달라지는 것이다.

여러 명의 착용자

앞선 사례의 청바지는 스테프가 상업 판매되는 여성 의류 중 하나로 구매한 "보이프렌드 진"이 아니라 스테프의 진짜 남자친구의 바지였기 때문에 진정성이 있어 보였다. 현지연구의 사례에서 진정성은 의복 질감에서 나타나는 착용의 역사를 통해 증명된다. 진정성은 세월의 흔적에서 나타난다. 즉 흰 실이 보일 만큼 닳아 해진 데님에서 볼 수 있는 것이다. 이 같은 효과는 긴 세월 동안 착용하면서 나타나는 인격화 과정일 수도 있다. 또 여기서 다룬 사례처럼 옛 연인뿐 아니라 가족 구성원들이 입었던 청바지를 입는 사람에게서도 나타난다. 런던 북부 지역에 사는 과거 정치 운동가였고 현재 연구자로 활동 중인 오십 대의 비비언은 원래 검은색이었으나 지금은 색이 바래 회색이 되고 낡아서 흰 패치를 덧댄 청바지를 입는다. 비비언은 이 청바지의 네번째 주인인데, 청바지는 비비언의 딸의 남자친구가 준 것이다. 앞서 스테프의 사례에서 청바지는 두 사람 간의 관계를 드러냈고, 이것은 넓은 의미에서 보이프렌드 진이 담고 있는 바이다. 이 사례는 다층적인 관계, 내밀성의 다층적인 형태가 한 의상 속에서 구현되는 방식을 보여준다. 제이미슨(1998)은 기든스의 "순수한 관계"(1992)처럼 두 사람 간의 내밀성이 현대 사회에서 이념화되어 왔다고 주장한다. 제이미슨에 따르면, 이러한 이념화는 실용적인 도움, 의존, 나눔 등 하나의 관계 혹은 다양한 관계 형태 속의 다양한 형태의 내밀성을 모호하게 만든다. 여기서 청바지의 여정은 하나의 관계만을 구상화하는 것이 아니라 여러 명의 가족 구성원들을 통합시킨다. 청바지는 한 사람의 신체를 담는 것이 아니라 청바지를 입는 여러 사람들을 거쳐가며 변화해간다. 청바지는 한 가족 이상을 넘어 움직이며 둘 사이의 연망을 만든다.

앞의 사례에서 스테프는 청바지를 보존해야 할 물건이라고 생각하지 않음에도, (심지어 자신이 소유했던 기간이 더 길지만) 여전히 남자친구 바지라고 말한다. 남자친구 청바지는 과거 소유자와 강력히 연결되어 있다. 스테프가 계속 입고 다니지만, 이미 늘어나 헐렁해져 버려 스테프의 몸에는 맞지 않는다. 비비언의 청바지는 한 사람이 아니라 여러 사람들을 거쳤다. 청바지를 입었던 사람들은 각자의 흔적을 청바지에 남겼고, 청바지는 사람들의 연망을 물질화한다. 점차 해지는 청바지의 속성 때문에 착용자들의 흔적이 청바지에 남게 되는데, 청바지가 여러 사람의 손을 거치며 흔적들이 섞여버리기 때문에 한 사람 한 사람의 착용 습관을 구분해내기는 어렵다. 청바지는 시간의 흐름과 가족 구성을 물질화한다. 여기서 사람들 간의 관계란 공식 계보와는 완전히 다르다. 바이너와 슈나이더(1989)는 기팅Gitting의 연구를 언급하며 장례식 때 검은 옷을 입고 가기 시작한 17세기가 서양 사회에서 의복의 변환기였다고 주장한다. "집단의 연속성이 조상의 권위와 세대의 재생산을 통해 더는 표현되지 않게 되었기"때문이다(Weiner and Schneider 1989: 11). 이를 통해서는 세대 간 혹은 가족 구성원들 간에 개인적으로 옷을 물려주거나 물품을 증여하는 일을 설명할 수 없다. 개인주의가 지배적인 상황에서도 개인적인 증여 현상은 증여가 기반을 두고 있는 더 광범위한 사회관계와의 연계 속에서 항상 존재한다. 빌리거나 물려받은 옷을 착용하는 관행을 통해, 개인은 관계 안에서 구성된다는 것을 알 수 있다. 스탠리(Stanley 1992)는 이 관계들이 일생을 거쳐 발전하고 변화한다는 점을 들어, 개인사를 고립된 개인의 이야기로 설명하는 경향을 비판했다. 그러면서 개인사 속에서 자아는 타자와의 관계를 통해 구성되기 때문에, 타자가 "그림자 같은 존재"로 환원되어서는 안 된다고 주장했다. 이 점은 특히 여성의 옷에서 더 잘 나타나는데, 여성은 의복을 선택할 때 타자와의 관계를 끌어들이기 때문이다. 이러한 사실은 많은 사람들의 손을 거친 비비언의 청바지 같은 개인 물품에 반영되어 있다. 각 개인은 물품을 인격화하고, 청바지 한 벌은 많은 사람들을 상호 연결시킨다.

소피 우드워드

비비언과 스테프의 사례에서 다른 사람의 청바지를 입는 행위는 패션의 흐름에서 한 발 빠져나오는 것을 의미했고, 하이 스트리트 패션에 대한 대안적인 구매 전략이 되기도 했다. 비비언이 의복을 대하는 일종의 전략이기도 한데, 실제로 비비언은 새 옷은 거의 갖고 있지 않다. 딸들이 주는 옷을 포함해 매우 낡아 다 떨어진 옷들만 잔뜩 가지고 있다. 이러한 방식은 재활용품 가게에서 재활용품을 구입하는 것과는 다른데, 이때는 불특정 다수의 이야기를 상상하는 것에 그치기 때문이다.

스테프는 다른 한 사람과 자신을 연결해주는 청바지를 착용하고, 비비언은 여러 사람들이 엮인 관계망 속에 자신을 연결해주는 청바지를 착용한다. 둘 다 타인과의 연결을 통해 자신을 정의할 수 있다. 청바지는 청바지를 입었던 사람들의 인격적인 흔적을 담고 있기 때문에, 비비언은 청바지를 통해 타자들과의 연결 속에서 자신을 가장 효과적으로 정의할 수 있다. 반면, 청바지가 너무 해져버려 모든 관계가 해체되어 버릴 수도 있다.

관계의 비영속성과 무력함

비비언의 청바지는 여러 사람들의 흔적을 담을 만큼 내구성이 있지만, 그렇다고 영원할 수는 없다. 데님이 내구성이 강하면서 동시에 유연하다는 점은 이십 대 여성인 조지아의 사례를 통해 알 수 있다. 조지아의 청바지를 "남자친구" 청바지라고 확실히 말하기는 어려운데, 조지아는 이 남자와 6개월 이상 만났지만 애매한 관계에 있기 때문이다. 조지아는 이 남자를 "남자친구"라고 부르지 않으며, 그가 다른 여자들을 만날 수도 있다고 생각한다. 둘은 정기적으로 만나고 있지만, 조지아는 그가 계속 자신과 만나줄 것인지 불확실하게 느끼기 때문에 둘의 관계는 정의하기 어렵다.

이 사례는 기든스(1992)의 순수한 관계의 문제, 즉 자신의 감정과 욕망을 성찰하는 두 개인이 자유로운 선택을 통해 만나는 평등한 관계가 갖는 문제를 보여준다. 기든스에 대한 수많은 비판 중 특히 잭슨(Jackson 1996)은 기든스의 논의가 불평등성이 지속되는 현상을 설명할 수 없다는 점을 지적한다. 던컴Duncombe과 마르센(Marsen 1990: 103)이 주목했듯이, 현대의 관계들은 기든스가 매우 낙관적으로 제시한 것처럼 평등하지 않고 성별 차이가 지속된다는 것이다. 조지아의 사례는 이 점을 잘 보여주는데, 조지아는 만나는 사람이 남자친구가 되기를 바란 적이 있다고 털어놓았다. 하지만 그 남자는 지속적인 관계를 바라는 그녀의 욕구를 무시했다. 남자가 원했다면 상황은 당연히 바뀌었을 것이다. 조지아에게 가장 중요한 관계는 다른 여성 친구들과의 관계이며, 핵심 주제는 남자들에게 기대를 갖지 않는 것이다. 이는 공적 영역, 사적 영역 및 일상적인 행동 사이에 존재하는 복잡한 관계와 문제들을 드러낸다.

관계에 대한 기대를 둘러싼 남녀 간의 차이에 대해 여러 가지 이야기가 있다. 예를 들어, "모든 여성들은 헌신을 원한다."라든가 "남성들은 자유로운 성관계를 원한다."(Hollway 1984) 혹은 조지아가 종종 강조하듯 "남자는 모두 나쁜 새끼다." 등이다. 조지아는 한 남자에게 소속되고픈 욕망이나 보통 사람들처럼 "좋은 남자친구"를 기다리는 기대심리를 부정하지 않는다. 독립적이 되고픈 욕망, 즉 혼자이면서 다른 여자친구들과 유대하려는 욕망과, 다른 사람들과 연결되려는 욕망 사이에 존재하는 역설을 보여준다. 타인에 대한 의존성과 연결성은 "순수한 관계" 자체에 의문을 갖게 만든다. 이 사례는 바로 관계성에서 핵심적인 역할을 하는 "폭로" 개념을 통해 알 수 있듯이, 일관성을 추구하는 (따라서 모순을 용납하지 않는) 구술에만 의존해 관계성을 이해하는 것이 야기하는 문제를 보여준다. 이 문제는 성찰성이란 개념에도 유사하게 적용될 수 있다. 남자의 청바지를 입는 것은 성찰성의 부재와 욕망을 의미하기도 하지만, 종종 모순적인 경험과 느낌을 말로 표현하지 않고도 남자와 물질적으로 연결해주는 것이다. 여성이 느끼고 경험하는 모순은 너무 복잡해 명확히 말할 수 없다. 이처럼 성찰성은 성별과 결코 무관하지 않다. 혹실드Hochschild(Heaphy 2007: 142 재인용)는 특정 작업장에서 여성들이 업무의 일부로 받아들여야 하는 감정노동이란 관념을 발전시켰다. 히피(Heaphy 2007)는 여성들이 더 성찰적이 되기를 기대하는 관계에서 이 관념은 더 뚜렷이 나타난다고 주장했다.

남자는 조지아의 아파트에 없지만, 남자가 남겨둔 물건을 통해 현존한다. 치약과 겨울 점퍼 등 일부러 남겨둔 것도 있고, 조지아가 그를 만나고 돌아오면서 가져온 것들도 있다. 둘이서 저녁 데이트를 나갔다가 남자 집에 들르는 날이면, 조지아는 후줄근한 모습을 보이지 않기 위해 다음 날 남자의 셔츠와 청바지를 빌려 입는다. 이후 며칠간 조지아는 남자가 와서 청바지를 돌려달라고 하기 전까지 (비록 집 주변에서만이겠지만) 청바지를 계속 입고 다닐 것이다. 조지아는 남자보다 15센티미터가 더 작기 때문에, 첫번째 사례와 마찬가지로 청바지를 입으면 엉덩이뼈쯤부터 헐렁하고 허리춤을 접어 올리지 않으면 밑단이 발끝에 질질 끌린다. 청바지는 남자가 입었던 마지막 순간 그대로, 아직 남자의 애프터셰이브 냄새와 땀내가 배어 있고 무릎 부분이 늘어나 있는 상태로 여전히 살아 있다. 청바지는 마치 살아 있는 것처럼 조지아의 아파트에 남자가 현존하게 만든다. 바지는 부재한 애인의 존재성을 불러오지만, 크고 헐렁한 바지는 조지아를 더 연약해 보이게 한다. 조지아는 남자를 다시 볼 수 없을지 모른다는 불확실한 상황에서 남자의 바지를 입고 위안을 얻을 수 있다. 조지아는 자신이 가장 연약하다고 느낄 때 남자의 바지를 입는다. 남자의 몸과 자신을 안았던 팔을 기억하듯이, 남자의 바지 또한 남자의 부재와 존재를 중재하는 것처럼 조지아의 몸을 감싼다. 조지아는 자신의 감정을 말로 다 표현하기에는 매우 불안하기 때문에, 남자에 대한 불안과 연결성을 물질적으로 표현한다. 청바지는 관계가 제공하지 못하는 확신과 안정에 형태를 부여한다. 청바지는 남자의 향기와 체형을 담고 있으며, 청바지를 착용함으로써 조지아는 마치 청바지를 남자의 두번째 피부처럼 느끼게 된다.

조지아는 집에서 청바지만 입는다. 남자의 옷을 입을 때는 다른 옷들을 입는 때와는 여러 면에서 상당히 다르다. 조지아는 청바지를 입음으로써, 특별한 관계의 불확실성과 타협할 수 있다. 현대 영국에서 의복은 "개성의 표현"이거나 개인성과 연관된다는 주장이 일반적이다 (이에 대한 비판은 Woodward 2005 참조). 이 경우 조지아는 정반대의 전략을 취한다. 조지아는 개인이 되려는 생각을 버리고 부재하는 애인과 밀착되기를 원한다. 남자가 떠나고 혼자가 되었을 때, 조지아는 무력감을 느낀다. 타자가 소유한 (혹은 증여한) 옷을 입는 일은 개인을 사회적 그물망 속에 옭아매는 일이다. 이 사례는 남자와 여자가 떨어져 있을 때, 여자가 취하는 방식이다. 앞서 논의한 바와 같이 자아는 항상 다층적인 관계를 통해 형성된다. 다만, 이 경우에 조지아가 자아를 인지할 수 있는 통로는 한 가지 관계이며, 청바지를 통해 조지아는 계속 남자와 연결될 수 있다. 남자의 청바지를 입음으로써, 조지아는 편안함을 느끼는 동시에 무력할 수밖에 없다는 점을 인식하게 된다.

조지아는 관계의 비영속성을 암묵적으로 인정한다. 의복, 사회관계, 영속성 간의 관계는, 매우 상이한 맥락이지만 바이너(1989)가 검토한 바 있다. 트로브리안드 제도와 서사모아의 두 사례를 통해 바이너는 친족 간 관계 및 집단들을 상징화하기 위해 직물이 사용되는 방식, 친족 정체성이 의복을 통해 "정치적 권위로 전환되는" 방식을 다루었다 (Weiner 1989: 33). 바이너의 사례는 사람들이 친족 간의 관계 및 권위와의 연결성을 옷이라는 소유물을 통해 물질화하는 방식을 보여주었다. 바이너가 말하는 트로브리안드 제도의 직물은 (극심한 노동력을 요하는) 바나나잎 더미와 (누군가의 죽음 이후에 분배되는) 여성용 직물 치마이다. 여성들의 직물은 "모계사회의 힘을 담는 역할을 하며, 죽음에 직면했을 때 재생산을 가능하게 해준다"(Weiner 1989: 40). 태생에 따라서가 아니라 특정 출계에 따라 추장의 지위가 정해지는 서사모아에서는 판다누스 섬유로 정교하게 매트를 짜는데, 이것은 (트로브리안드 제도의 천보다 더 많은 노동을 요하고) 세밀하게 주름이 잡혀 있으며 섬세한 리넨 섬유만큼 부드럽다. 바이너(1989: 62)는 이 두 사례를 통해 "내구성이 강한 소유물"이 아니라 소위 "부드러운 소유물"인 직물이 왜 권위와 친족관계의 정체성을 상징하는 사물로, 따라서 더 영구적으로 사용되는지를 검토했다. 바이너에 따르면, 직물의 비영속성은 바로 권력의 취약성을 함축한다. 한 개인의 일생보다 더 오랫동안 유지되는 직물도 있지만, 직물의 특징은 결국 "직물이 썩고 분해되기에, 삶의 불완전한 현실이 개인과 종족의 역사 안으로 들어온다"는 점에 있다(Weiner 1989: 63).

이러한 설명은 이 글의 초반부에서 다루었던 맥락과는 전혀 상이해

보인다. 그러나 의복이 영속성과 비영속성을 효과적으로 물질화하는 방식은 데님이 타인과의 관계를 중재하는 방식에도 적용될 수 있다. 데님은 여러 가지 방식으로 과거 청바지를 입었던 사람들을 담는다. 가장 간단한 예는 착용 직후 생생한 육체의 흔적이 유지되는 것이다. 체온이 남아 여전히 따뜻하고 체취가 배어 있다. 그러나 세탁과 동시에 이것들은 사라진다. 직물 자체도 계속 착용하면 착용자가 계속 남게 된다. 육체의 움직임에 따라 착용자의 특정한 육체 유형과 특정한 사용 유형을 만들며 천은 닳고 해진다. 살아 있는 육체의 덧없는 흔적이 많을수록 육체의 움직임이 남기는 영속성의 흔적 또한 많아진다. 조지아는 남자의 청바지를 착용함으로써 부재한 애인과 연결된다고 느끼지만, 남자의 살아 있는 흔적은 이미 청바지에 남아 있지 않을뿐더러 언젠가는 청바지를 돌려주어야 한다. 결국 조지아는 관계 자체가 일시적이라는 점을 인식하게 된다. 직물 자체에 내재한 양면성 때문에, 데님은 관계의 양면성을 매우 효과적으로 중재한다. 데님 천은 거칠기도 하지만 동시에 유연하다. 내구성이 좋기는 하지만 영원할 수는 없다. 타인의 흔적이 비영속적이라는 생각은 앞에서 논의한 모든 사례에서 나타난다. 타인의 청바지를 입는 것은 사람 간의 비공식적인 관계를 형성하기 때문이다. 예를 들어, 비비언의 청바지는 여러 사람의 손을 거쳤기에 가족 구성원과 다른 혈족 간 관계를 통합할 수 있다. 바이너의 일차적인 관심은 직물의 제작과 교환에 있었던 반면, 본 연구는 똑같이 물건이 양도되는 사례이지만 육체와 의상 간의 관계 및 의상의 착용에 주목했다. 이 같은 역동적 관계를 통해 거친 재질과 상대적 내구성이 상호작용하며 변형된다. 다시 말해 부드럽고 약한 실밥이 터져 나오며 해지는 과정을 거쳐 데님의 형태와 재질이 변화하는 것이다.

소피 우드워드

결론

이 장에서는 "청바지 계보학"이란 개념을 사용해, 어떻게 데님이 특정한 관계를 외재화하고 타협하게 만드는지를 검토했다. 계보학은 가장 일반적인 의미에서, 한 가족의 시조를 찾아 가계를 추적하는 것을 말한다. 이는 진화론적인 의미에서, 혹은 일반적인 의미에서 가족의 조상을 찾기 위해 이전 세대를 거슬러 올라가는 일을 말한다. 이 논문에서는 다소 상이한 방식의 계보학을 제시했다. 바이너와 슈나이더가 서양의복 문화에서는 의복이 "조상의 권위와 집단의 재생산", 집단의 연속성을 표현하지 않는다고 말할 때, 그들은 계보학에 대한 인류학의 고전적인 개념을 적용한 것이다(Weiner and Schneider 1989: 11). 그러나 필자가 여기서 고찰하는 관계들은 더 유연하고 비공식적이다. 대표적으로 비비언의 사례를 보면, 비비언의 딸은 본래 청바지를 빌렸던 남자친구와 헤어졌고 청바지는 본래 주인과 분리되었다. 대개 망가져 못 입게 되는 의복보다 인간의 수명이 길다는 점을 감안하면, 의복의 생애와 관계의 생애처럼 상관성을 보이는 사례도 없을 것이다. 그러나 이 사례는 형식의 계보학에서는 검토하지 않는 관계의 일시성에 주목했다. 이 글에서 다룬 청바지 계보학은 불완전한 관계의 파편들을 포괄한다는 점에서 비형식적이고 비타협적이며 부분적이다. 이 점은 남자친구 청바지의 경우에 더 뚜렷이 나타난다. 남자친구 청바지는 보통 젊은 여성들이 착용하고, 젊은 남녀들의 관계는 더 쉽게 끝날 수 있기 때문이다.

세 사례 모두 의복을 통해 여성이 관계를 타협해가는 여러 방식을 보여준다. 스테프에게 청바지는 특정한 한 개인, 즉 남자친구와의 관계에 관한 것이다. 스테프에게 청바지는 옷차림의 범위를 확장할 수 있는 수단이 된다. 관계가 자아의 가능성을 넓혀주는 수단이라면(Osteen 2002), 옷은 관계를 조율할 수 있는 물질적 수단이다. 개인과 타자와의 관계는 상호 배타적이지는 않지만, 타자와의 관계는 여성들이 개인적 취향을 형성하는 매개가 된다. 스테프와 비비언 사례의 공통점은 둘 다 주류 패션에서 한 걸음 벗어나기 위해 원래 타자의 것이었던 청바지를 착용한다는 점, 이를 위해 천천히 해지는 청바지의 특성을 활용한다는 점이다. 상업이 이러한 특성을 모방해 디스트레싱 같은 공정을 들여왔더라도, 필자가 만난 여성들에게 이는 진정성이 없는 것으로 간주된다. 왜냐하면 패스트 패션은 인격화 과정과 점진적인 변화를 차용한 것에 불과하기 때문이다. 밀러와 우드워드(2007)는 사람들이 사회적 관계에서 무력하고 소외된 존재라고 느낄 때, 자신을 세계와 다시 연결하고 싶을 때, 청바지를 사용하게 되는 이유를 논의했다. 우리는 사람들이 파티에 무엇을 입고 갈지 결정하지 못하다가 결국 새로 산 청바지를 입고 나가게 되는 사례를 함께 논의했다. 이 글에서는, 과거 착용자의 흔적을 담을 수 있는 청바지의 속성을 서술함으로써 데님 청바지를 통해 한 개인이 매우 구체적인 관계 속에 다시 연결되는 방식을 논의했다. 종종 청바지는 개성 있는 모습을 연출하는 수단이 되기도 하지만, 무력감을 표출하고 개인을 다시 연결해줌으로써 타인과의 관계로부터 분리되었다는 느낌을 완화시키는 역할도 분명히 하고 있다. 넓은 의미에서 결혼 등 전통적인 제도가 쇠퇴하고 그 의미가 변해가고 있는 것에서 볼 수 있듯이, 많은 사람들은 관계에 대한 규범, 전통, 지침이 점차 약해지고 있다고 생각한다. 여기서 다룬 사례에서 보듯이, 나는 전통이 쇠퇴하지만 동시에 관계가 어떠해야 한다는 점에 대해 규범적인 기대가 여전히 존재한다고 생각한다. 역설적이게도 전통적인 기

소피 우드워드

대들이 많이 무너지면서 안정성이 떨어졌지만, 규범에 대한 생각은 불평등하게 지속되고 있다. 내밀성과 관계를 맺는 방식이 변화했음에도 불구하고, 관계는 기든스가 제시한 선택의 자유와는 여전히 거리가 멀다. 이 글의 사례를 통해, 청바지가 의존과 독립, 사랑의 멍에와 안정감 (Beck and Beck-Gernsheim 1995), 무력함과 연결됨 사이의 다층적 모순들을 중재하고 있음을 알 수 있었다.

참고 문헌

Beck, U. and Beck-Gernsheim, E. (1995), *The Normal Chaos of Love*, Cambridge: Polity.

Clark, H. and Palmer, A. (eds) (2004), *Old Clothes, New Looks, Second Hand Fashion*, Oxford: Berg.

Clarke, A. (2000), '"Mother swapping": the Trafficking of Nearly New Children's Wear', in P. Jackson, M. Lowe, D. Miller and F. Mort (eds), *Commercial Cultures*, Oxford: Berg.

Corbman, B. (1985), *Textiles: Fiber to Fabrics*, New York: McGraw-Hill.

Corrigan, P. (1995), 'Gender and the Gift: The Case of the Family Clothing Economy', in S. Jackson and S. Moores, *The Politics of Domestic Consumption*, London: Prentice Hall.

DeVault, M. (1991), Feeding the Family: *The Social Organization of Caring as Gendered Work*, Chicago: University of Chicago Press.

Duncombe, J. and Marsden, D. (1999), 'Love and Intimacy: The Gendered Division of Emotion and "Emotion Work"', in G. Allan (ed.), *The Sociology of*

Family Life, Oxford: Blackwell.

Giddens, A. (1991), Modernity and Self-Identity, Cambridge: Polity.

Giddens, A. (1992), *The Transformation of Intimacy: Sexuality, Love and Eroticism in Modern Societies*. Cambridge: Polity.

Gregson, N. and Crewe, L. (2003), *Second-Hand Cultures*, Oxford: Berg.

Hatch, K. (1993), *Textile Science*, Minneapolis, MN: West Publishing.

Heaphy, B. (2007), *Late Modernity and Social Change: Reconstructing Social and Personal Life*, London: Routledge.

Holland, S. (2004), *Alternative Femininities*, Oxford: Berg.

Hollway, W. (1984), 'Gender Difference and the Production of Subjectivity', in S. Jackson and S. Scott (eds), *Feminism and Sexuality*: A. Reader, Edinburgh: Edinburgh University Press.

Jackson, S. (1996), 'Heterosexuality as a Problem for Feminist Theory', in L. Adkins and V. Merchant (eds), *Sexualizing the Social: Power and the Organization of Sexuality*, London: Macmillan.

Jamieson, L. (1998), *Intimacy: Personal Relationships in modern Society*, Cambridge: Polity.

Levy, A. (2006), *Female Chauvinist Pigs: Women and the Rise of Raunch Culture*, New York: Free Press.

Miller, D. (1997), 'How Infants Grow Mothers in North London', *Theory, Culture and Society* 14(4): 67-88, London: Sage.

Miller, D. and Woodward, S. (2007), 'A Manifesto for the Study of Denim', *Social Anthropology*, 15(3 December): 1-10.

Osteen, M. (ed.) (2002), *The Question of the Gift*, London: Routledge.

Stanley, L. (1992), *The Auto-biographical I*, Manchester: Manchester University Press.

소피 우드워드

Sullivan, J. (2008), *Jeans: A Cultural History of an American Icon*, New York: Gotham Books.

Weiner, A. (1989), 'Why Cloth? Wealth Gender, and Power in Oceania' in A. Weiner and J. Schneider (eds), *Cloth and the Human Experience*, London: Smithsonian Institute Press.

Weiner, A. and Schneider, J. (eds) (1989), *Cloth and the Human Experience*, London: Smithsonian Institute Press.

Woodward, S. (2005), 'Looking Good, Feeling Right: Aesthetics of the Self', in S. Kuechler and D. Miller (eds), *Clothing as Material Culture*, Oxford: Berg.

Woodward, S. (2007), *Why Women Wear What They Wear*, Oxford: Berg.

8

캐럿컷 청바지:
베를린 젊은 남성 노동자 정체성의 과격성,
당혹감, 모호성에 관하여

모리츠 에게
Moritz Ege

독일 훔볼트대학교 유럽민족학과 박사과정

서론

시작에 앞서 이 글이 게오르크 지멜Georg Simmel의 패션에 대한 고찰을 차용했음을 밝힌다. 다니엘 밀러와 소피 우드워드에 따르면, 거의 전 지구적으로 편재하는 청바지는 사람들에게 사회문화적 힘들, 즉 순응과 개성 간의 갈등을 조율할 수 있는 방법을 제시해준다. 우드워드의 영국 사례는 전혀 놀랍지 않고 오히려 익숙한데, 청바지는 여성들이 계속 느끼고 있는 "잘못된 선택으로 인한 부담감과 불안한 자아 구성으로부터의 해방"을 제공하기 때문이다(Miller and Woodward 2007: 343). 저자들은 경험이라는 관점에서 상충하는 힘들이 지역에 따라 상이한 "불안 유형"을 만들어낸다고 주장한다. 저자들은 경험과 지역적, 전 지구적 역동성에 대한 인류학적 감각을 통해, 이러한 특정한 유형의 의류인 데님의 관점에서 구체적인 불안의 유형을 검토하고, "사람들이 근대성의 모순에 대응해 협상해가는 방식"을 정리해나갔다(Miller and Woodward 2007: 348). 이 장의 논의는 이러한 목적에 부합한다. 이 연구는 (당근 모양과 비슷하게 허리 부분이 상대적으로 타이트하다가 무릎 근처에서 다소 넓어지고 바짓단 끝에서 다시 좁아지는) 캐럿컷이라는 독특한 유형의 데님이 피칼디라는 특정 브랜드와 함께 인기를 모으는 현상에서 출발한다. 피칼디 청바지는 처음에는 특정 민족에 속하는 청년 집단의 특징이었다가 점차 독일 "갱스터 랩"과 연관되어, 베를린의 수많은 소년과 성인 남성들 사이(넓게는 독일 전 지역에서)에 유명해졌다.

나는 이러한 맥락에서 캐럿컷과 관련한 실천과 구별 짓기를 설명할 것이며, 캐럿컷 청바지로 대표되는 특정 스타일에 대한 일반인들의 반응과 판단을 검토함으로써 "불안"의 개념을 사회적 범주까지 확장할 것이다. 타인의 반응은 상당히 격렬한데, 왜냐하면 이러한 하위문화의 스타일이 주장, 일탈, 인종주의, 계급적 경멸, 나아가 환멸의 문제와 관련되기 때문이다.[1] 앞으로 전개할 분석은 현상의 단면 이상을 보여주지 않지만, 나날이 다양해지는 유럽 사회에서 후기 노동자 계급 정체성을 구성하는 문화적 과정을 이해할 수 있도록 도움을 줄 것으로 기대한다. 현재 유럽 사회에서 사회경제적 힘들과 신자유주의의 영향을 받고 있는 사회복지국가는 계급과 종족성의 관점에서 사회적 불평등의 경계를 점차 명확히 하고 있다.[2] 이 글은 공적인 언어로 말하자면, 엄격한 가부장적 시민사회 이후의 후기 포디즘 시대에 "이주민 통합"과 "새로운 하위 계급"(예를 들어 Nolte 2004가 제기한 정책적 논쟁)의 등장과 사회적 관리의 문제가 복합적으로 얽힌 상황을 다룰 것이다.

우선, 나는 이러한 지역적 "불안감"이 야기되는 상황을 간략히 기술하겠다. 이 상황은 지역 이주 청년들의 문화사와 미학적 측면, 랩 음악 장르의 국제적인 발전, 소상공업의 전환기와 관련되어 있다. 여기서는 사람들이 청바지를 입는 방식, 다른 선택지와 관계 맺는 방식을 구체적으로 기술할 것이다. 두번째, 복잡성과 일상세계의 관련성을 표상하기 위해, 사례연구의 형태로 각 개인들을 묘사할 것이다. 경험에 따라 개인이 소통하고 반영하는 역경과 일탈, 그리고 내 분석에 따르면 "피칼디 스타일"을 둘러싼 문화적 역동성에 중요한 역할을 하는 역경과 일탈에서, **모호성**이라는 동인을 강조할 것이다.[3] 세번째로 중산층 사람들이 캐럿컷 청바지와 스타일을 바라보는 방식을 다룰 것이다. 나는 여기서 스타일을 넓은 의미에서 사람들이 드러내왔던 것이라고 정의할 것이다. 이를 통해 낙인의 정치학the politics of labelling, 더 넓게는 **당혹감**을 분석할 수 있을 것이다. 이것은 분류의 문화적 역동성(Bourdieu 1984, Neckel 2003)과 형상화figuration에 대한 분석을 통해 도출되는 문화, 계층, 종족성, 젠더의 현대적 결합을 다룬다. 문화적 형상 개념은 역사적으로 광범위하게 사용되어 왔는데, 나는 주로 미국 인류학자인 존 하티건John Hartigan이 사용한 개념을 사용할 것이다. 존 하티건은 형상이란 사람들이 자신의 정체성을 한 문화 내에서 움직이는 이미지와 관련지어 생각하는 방식에 주목한 개념이라고 말했다. 이와 관련해 독일 내의 중요한 귀속 지표는 1970년대부터 사용되어 온 "프롤Proll"이라는 용어다. 이 단어는 노동자 계층을 의미하는 프롤레타리아Proletariat의 어원을 내포하지만, 기본적으로 행동과 연출을 의미한다. 사전적으로 "프롤렛Prolet"은 "매너가 없는 사람", "프롤"은 "조악하고 교육받지 못한 천박한 사람"이라고 정의된다(Duden 1994: 3024). 이 용어들은 변칙적이고 부정확하게 사용되고 있으며, 앞으로 논의하겠지만 수많은 불확실성과 불안함을 보여준다. 베를린 사례는 독일 내에서도 보기 드문 사례이다. "형상회"와 유사한 사회문화적 과정이 많은 유럽 국가에서 일어나고 있는데, 가장 잘 알려진 현상이 2004년쯤부터 시작된 영국의 "차브chav"이다(Tyler 2008).

캐럿컷 청바지: "새들Saddle"에서 "지코Zicco", 디젤에서 피칼디로

보통 서사는 현상의 일부이다. 피칼디의 이야기는 지역 민담의 일부로 구전과 약간의 언론 기사를 통해 전승되고 있다. 피칼디의 캐럿컷 청바지[4]는 디젤의 "새들" 모델에서 출발했는데, 늦어도 1980년대 중반부터 터키, 아랍, 기타 이민자 출신의 청년이나 젊은 층에서 꾸준한 인기를 누려왔다. 그러나 스타일에 민감한 젊은 층, 언론, 나아가 패션계는 이미 오래전부터 시대에 뒤떨어진 모델로 인식하고 있다. 디젤이 판매를 중단하기 전인 1990년대 후반, 지역 소매상인 언플러그드Unplugged가 이 모델을 복제해 새롭게 브랜드화했다. 언플러그드는 이스탄불에 근거지를 둔 피칼디에 디자인을 일괄 주문했다. 피칼디는 1988년에 설립되었지만 이러한 청바지를 생산한 적이 없었다. 베를린 크로이츠베르크의 소매점이었던 언플러그드는 이때부터 열두 개 매장, 온라인 쇼핑몰, 여타 도시에 몇몇 프랜차이즈를 지닌 체인으로 성장했다. 더욱이 독일 내 피칼디는 유명한 브랜드를 모사하는 애매한 제조업체에서, 논쟁의 여지는 있지만 상대적으로 잘 알려진 브랜드로 바뀌어갔다.[5]

도시 내 사회적 상호작용의 많은 영역에서 청바지 일반, 캐럿컷(독일어로 "Karottenschnitt"), 일부 특정 브랜드는 터키, 아랍, 기타 여러 이민 배경을 가진, 대부분이 노동자 계층이자 저소득 가정 출신인 소년과 청년 사이에서 종족성과 생활양식의 정체성을 드러내는 지위를 얻었다.[6] 소비자들은 대중문화에 국제적으로 나타나는 다양한 조직범죄, 지하경제, 갱스터들과의 실질적 혹은 상상된 관계를 언급하면서, 자기 옷차림을 "갱스터 스타일" 혹은 독일어로 "갱스타 스타일"이라고 설명한다. 더 자주 사용하는 또 다른 용어는 "카나켄Kanaken* 스타일"이다. 이 말은 의미가 부분적으로 달라지긴 했지만 여전히 공격적이고 인종주의적인 모욕을 담고 있다. 초기 광고와 상점 홍보물은 갱스터를 연상시키는 "상처 있는 얼굴"을 내걸었고, 할인 매장(닉스 알디Nix Aldi, 피칼디)을 조롱하며 싼 가격을 강조했다. 피칼디 청바지는 디젤의 "새들" 청바지보다 훨씬 저렴한 35유로 정도에, 심지어 절반 가격에도 팔렸다.

주로 노동자 계급, 과거 동독 지역(도시와 시골 두 지역 모두), 즉 현재 이민자가 적고 상대적으로 소득이 낮으며 실업률이 높은 지역에 거주하는 독일인 백인 젊은이가 피칼디의 두번째 주요 고객이 되었다. 이러한 스타일은 이민 노동자 계급에서 독일인 노동자 계급 집단 전체로 확산되었다. 이러한 현상은 상징적 중심을 넘어 사회 각 분야를 넘나든다는 점에서 횡단적이라는 특징이 있다. 독일인 노동자 계급에서 반反이민자 정서와 인종차별주의가 만연하다는 점을 고려할 때, 두 시장이 결합한 현상은 놀라운 일이다. 피칼디의 원래 고객층에게 이러한 유형의 스타일은 피칼디가 들어오기 훨씬 이전부터 유행했었다. 스타일의 실천과 창조력은 상업적 전략들보다 상대적으로 자율적인 듯 보인다. 동독에서는 남성적인 신체 이미지, 동작, 자기표현 스타일 등 구체적인 취향에서 연속성이 존재한다. 이것은 이러한 종류의 데님이 인기 있는 이유와 (다른 경우라면 훨씬 극복하기 어려웠을) 한 브랜드가 종족의 경계를 뛰어넘어 확산된 이유를 부분적으로 설명해준다.

시회경제저, 지업적 측면에서 피칼디의 고객층은 다양한 편이지만 대개 노동자 계층이거나 교육 수준이 중·하류층이거나 직업 중·고등

---

* 독일 내 외국인 이민자를 뜻하는 말_옮긴이

학교를 나온 사람들로 제한된다. 내가 조사한 피칼디사 직원의 의견
과 2007년에 완료한 소비자 조사(100명 대상)는 모두 이 명제를 뒷받침
해준다. 이 회사 간부와 직원들에게는 매우 유감스러운 일이지만, 외부
자의 관점에서 그리고 여러 미디어 매체를 통해 볼 때 "피칼디"는 복
지 수혜 계층과 폭력사범 등 "하위 계급"을 상징하고 있다. 예를 들어
《프랑크푸르트 알게마이네 차이퉁Frankfurter Allgemeine Zeitung》(프랑크푸르트
일반신문)은 고가의 피칼디 청바지를 입은 실업자와 복지 수혜자(Hartz
Ⅳ)의 생활환경에 관한 보고서 및 양자 간의 관계에 대한 여러 논문을
소개했다.[7]

청바지의 모양과 특징

캐럿컷 청바지의 형태, 청바지가 만들어내는 남성 육체미, 의도적으로
선택되지 않은 여러 청바지들에 대한 캐럿컷 청바지의 상대적 지위 등,
이 주제는 연구대상 자체와 무관하지 않다. 피칼디에서 "지코"(이 외에

그림 8.1. **2004년~2005년도 피칼디 광고**

도 여러 개별 모델의 이름들이 있다.)라는 이름으로 판매되는 이러한 종류의 청바지를 보통 "캐럿컷"이라고 부른다.[8] 밑위가 길어 다른 데님 모델보다 높게 착용하며, 뒤와 가랑이 부분이 상대적으로 타이트하고, 무릎으로 가면서 넓어지다가 밑단으로 갈수록 다시 좁아진다.[9] 이것들은 다른 남성용 캐럿컷 청바지에 비해 지코에서 두드러지게 나타나는 특징이다. 시간이 지날수록, 피칼디는 다양한 색상, 염색, 장식, 프린트 문양과 함께, 베이지나 옅은 청색의 코듀로이 등 여러 소재를 도입해 청바지를 제작했다.

대부분의 판매자들은 지코가 허리 위까지 높이 올려 착용하게 만들어진 바지라는 데 이견이 없다. 착용자의 신체 특성에 따라, 다른 의상과의 조합에 따라, 외관은 달라질 수 있다. "큰 남자"들은 대개 디자이너들이 원래 의도했던 대로 청바지를 "높게" 입고, 니트 소재의 스웨터나 스웨트 셔츠를 벨트를 맨 청바지 속에 넣은 뒤 보머재킷이나 야구점퍼를 같이 입는다. 이렇게 입으면 상체가 V 자 모양이 되는 효과가 있어 좁은 허리와 넓은 어깨가 강조된다. 이것이 판매자와 소비자 사이에서 통용되는 "펌프업pumps up"인데, 활동적이고 남성적인 형상을 더 강조하는 것이다. 이에 대해 디자이너는 남성의 모습이 "미쉐린맨"처럼 보인다며 웃었다(잠시 후 이 웃음의 성격에 대해 논의할 것이다). 전체 모습은 보디빌더가 자주 착용하는 땀복이나 얇은 바지를 연상시킨다. 얇은 다리와 좁은 어깨를 가진 특히 젊은 층의 소비자들은 바지를 꽉 채울 수 있는 물리적 근육이 부족하지만 그럼에도 바지를 허리 위로 올려 입는다. 피칼디 청바지는 대체로 무겁지 않은 재질이라 하늘거려서 바람에 젖혀지기도 한다. 그러면 바지통이 더 넓어 보이면서 착용자의 실제 몸과는 다른 신체의 외형을 만들어낸다. 결과적으로 앞서 말한 펌프업과

그림 8.2. "지코" 모델을 내려 입은 모습(2008년 피칼디 SS시즌 카탈로그 6호)

밀접하게 연결된다. 피칼디사 홍보실에 따르면, 이 청바지를 입으면 근육질의 허벅지, 잘 빠진 뒤태, 위엄 있는 걸음걸이 등이 부각되며 저절로 도발적인 외모가 된다. 이것은 남성적 측면을 강조하는 것이다.[10] 그러나 많은 이들이 티셔츠를 바지에 넣지 않거나 허리띠 없이 짧은 스웨터나 재킷을 입는데, 결과적으로 튀지 않게 보이기 위해서이다.[11]

지코 청바지를 입는 두번째 방법은 큰 사이즈를 구입하는 것이다. 그러면 핏이 헐렁해지기 때문에 바지를 엉덩이까지 내려 입을 수 있다. 허리선 아래로 내려 입은 모습은 통이 넓거나 길이가 길지 않은 배기 팬츠를 연상시킨다.

앞서 언급했던 집단별 취향은 주목할 만한데, 포스트모던 시대 청년문화의 계급 경향을 설명하는 많은 연구들과 근본적으로 배치된다. 형상화에서 핵심적인 역할을 담당하는 힙합과 랩 음악 분야가 발전해 이 전통이 강화되지 않았다면, 상관관계가 이 정도까지 나타나지 않았을 것이다. 이러한 구술과 담론은 현재 청년문화의 지배적인 담론이 되어 다양한 관련 현상을 만들어내고 있고, 피칼디가 예상을 뛰어넘어 확산되는 데 핵심적인 역할을 했다. 피칼디 청바지는 상업적으로 성공한 소수의 지역 랩 예술가, 특히 갱스터 랩과 관련된 예술가와 연관이 있다. 이 과정에서 브랜드는 유명해졌을 뿐 아니라, 이 래퍼들의 패션 스타일의 하나로 구별되었다.

이러한 현상과 청바지의 미학이나 정치학에 대해 옳고 그름을 따질 수는 없다. 초기 몇 년 동안 국가의 초점은 베를린으로 옮겨갔다. 솔직히 말해, 널리 수용되던 입장은 독일 래퍼들이 진정성 없는[12] 힙합을 하고 있었던 데 반해(쿨 사바스Kool Savas는 "독일의 모든 MC는 게이"라고 했다.)[13], 베를린의 래퍼는 정치적 억압을 느끼지 않았고, 더 뛰어난 랩 실력을 갖추고 있었으며 많은 경우 진정한 랩임을 인정받을 수 있는 "길거리" 출신이기도 했다. 이러한 자아형성 동기 중 하나는, 부시도Bushido의 유명한 사례에서 볼 수 있듯이 의상에 관한 것이었다. "진정한" 랩을 할 수 있는 경험적 배경이 없는 래퍼는 다른 사람들과 마찬가지로 미국 스타일의 배기 청바지와 "짝퉁" 의상을 입었다. 이에 반해, "진짜" 정통 길거리 출신 갱스터와 노름꾼들은 코든Cordon과 피칼디 같은 브랜드를 입었다. 이러한 구별은 외형에서도 나타난다. 일자형 배기 청바지는 엉덩이에 "낮게" 걸쳐 입거나, 종종 더 아래에 걸쳐 입어 뒤태가 거의 드러나지 않는다. 발끝에서 어깨까지의 실루엣은, 벨트 아래는 "당근"처럼 되고, 벨트 위는 V 자가 되기보다는 (몸보다 큰 신발을 신은 고전 그래피디 캐릭터처럼) A 자 모양이 된다. 캐럿컷을 입는다는 것은 "바지 안의 엉덩이einen Arsch in der Hose"라는 독일어 관용구처럼 용기와 자신감을 입는 것이다.[14] 이러한 맥락에서 캐럿컷과 배기 청바지 사이에 일종의 적대관계(진지한지 혹은 농담인지의 문제와는 별개로)가 형성된다. 그러나 캐럿컷과 일자형 청바지 간에는 적대관계라기보다는 기본적으로 연속성이 나타난다. 16세에서 22세 사이의 사람들은 지코 대신에 일자형 청바지를 착용하는데, 이는 스타일과 태도를 전반적으로 바꾼다는 의미를 가진다. 이러한 구별은 데님 산업에서 통상적으로 이루어지는 분류라기보다는 내부자적 범주를 반영한다.

타렉의 사례

이러한 배경에서 청바지의 생활 속 연관성은 어떻게 구성되는가? 이 과정에서 어떠한 구별과 연관구조가 만들어져 유지되거나 도전받아 사라지는가? 널리 나타나는 "지역적 불안"의 특징은 무엇인가? 이러한 질문들에 접근해 경험적 수준에서 답하기 위해, 나는 서술적 사례연구 접근법을 채택했다. 내가 주목한 사람은 현지조사 중에 만난 젊은 청년인 스무 살의 타렉이다. 여러 가지 면에서, 타렉은 사회적 집단이나 아비투스의 "전형적인 대표"로 간주되기 어려우며, 오히려 복잡성의 사례, 다원적이라는 뜻의 옴 플뤼리엘Homme Pluriel(Lahire 2001)의 사례로 볼 수 있다.

베를린 서남부의 "조용한" 지역에서 네 형제 중 막내로 태어난 타렉은 이웃 마을에서 작은 식품점을 운영하는 레바논 출신 아버지와 독일인 어머니 밑에서 자랐다. 내가 타렉을 자주 만나던 현지조사 당시, 타렉은 학업을 마치고 직장을 구하는 데 상당한 어려움을 겪고 있었다. 타렉은 부모와 함께 살면서 경제적 보상 없이 부모가 운영하는 가게 일을 돕고 있었다. 타렉은 자신이 원하던 자동차 영업 일자리를 얻을 수 없었다. 매년 소수만이 합격하는 메르세데스 벤츠 공장의 입사 시험에 떨어졌기 때문이다.

상징적 경계와 사회관계

스타일, 정체성, 지역 간의 관계와 관련해, 타렉은 초등학교에서 중등학교로 올라갈 때 발생한 큰 변화를 떠올린다. 7학년 학생들은 중등학교인 오버슐레Oberschule에 입학한 뒤, 자신의 성적과 교사의 평가에 따라 각기 상이한 학교에 진학하게 된다. 타렉은 세 가지 유형의 학교 중에 가장 성취도가 낮은 학생들이 입학하는 하웁트슐레Hauptschule로 배정되었다. 타렉은 하웁트슐레에서 타 지역 출신의 사람들을 만났고, 다른 무엇보다 스타일을 기반으로 자연스럽게 분류, 친화, 결합 관계 등을 형성했다. 당시 타렉의 학급에는 "독일인"과 "외국인"(최근 이민자의 자녀들은 대개 독일 시민권이 없다.) 사이에 사회적·공간적 분리가 극명하게 나타났다. 반의 3분의 2는 독일인이었다. 자연히 멋진 애들과 나머지를 구별하는 특징이 중요해졌다. 무엇보다 타렉의 관점에서 학생들의 의상 패턴은 상당히 종족적인 문제였다. "옷 입는 것만 봐도 금방 알아볼 수 있어요. 우리는 언제나 어둡게 옷을 입죠. 검은색 캐주얼을 자주 입어요." 두 집단의 차이에는 담론, 이미지를 비롯해 영화, 음악, 지역 설화를 포함한 다양한 미디어의 영향력이 녹아들어 있다. 당시 베를린 랩의 담론은 자신의 주변 환경을 이해하는 매력적이고 의미 있는 방법을 제공했다. 더욱이 중등학교에 진학한 이후 피칼디 스타일이 등장했고, 그 의미가 힙합 세계의 맥락에서 중요해졌다. 앞에서 보여주었듯이, 이러한 맥락에서 피칼디의 캐럿컷 청바지는 배기 청바지에 대립하는 매우 중요한 구별 지표가 되었다. 구체적인 사례에서 하위문화상의 종족적 구별이 앞서 개관한 도식에 따라 형성됐다. 타렉은 (타 집단을 가리키며) 이렇게 말한다. "저기 가장 앞에 있는 집단은 (다소 역겹게도) 스케이터 바지, 스케이터 스웨터와 비슷한 것들을 입어요."

타렉은 당시 학급에도 이러한 상징적 경계에 대한 감정적이고 정서적인 내부 기류가 있었음을 강조했다. 타렉에 따르면, 학생들은 자신들이 사회적으로 낮은 지위에 있다는 점을 인지하고 있었다. 인종차별에서 구조적 배제까지, 다시 말해 기본적인 차별 조건은 한편으로 무시하기 어려웠다. 그 예로 "이민자" 집단 내에서 타렉이 해외 수학여행을 갈 수 있는 시민 자격을 가진 유일한 학생이었다는 사실을 들 수 있다. 다른 한편으로 경험한 바에 따라, 타렉은 민족지를 연상시키듯이 "외국인들" 사이에서의 명예, 특권, 미학, 권력의 의미에 대해서도 말한다. 타렉에 따르면, 타렉과 타렉의 친구들은 수적으로 소수였지만, 여러 가지 이유 때문에 (제도적 권력에 대립하는) 상호작용적 권력을 가졌고, 과격성과 응집력 때문에 학급 내에서 지배력을 장악했다. 더욱이 이들은 또 다른 형태의 상징적 권력을 쌓을 수 있는 소위 문화적 매력을 소유하고 있었다. 이 점은 이민자 출신 청년 스타일(언어, 의상 등)을 "닮고 싶어 하는" 독일인을 "워너비 터키인"이라고 부르는 상황이나, 다양한 민간전승과 표현물을 통해서도 확인할 수 있다. 최근 미국 대중문화에서 다시 사용되기 시작한 용어인 "으스대기swagger"는 과격성의 정도, "남성적" 육체의 형태, 피칼디 캐럿컷과 상동관계에 있다(Skeggs 2004). "외국인"의 응집력과 독일인의 개인주의화 및 반사회성 간의 차이에 관한 담론 등 경험 세계의 다양한 측면들을 고려할 수 있고(Sutterlutey, walter

2005, 194f), 차이의 원인도 추적할 수 있다. 여기서 나는 동시 발생하는 배제와 과격성의 경험들을 다루었고, 캐럿컷 청바지와 같은 특정 의복의 문화적 의미가 상징적 경계에 잠재되어 있는 감정과 영향력에 기반을 두고 있다는 포괄적인 사실을 강조할 것이다. 나아가 의복 코드에 드러나는 정체성 및 대체성의 문화적 기호는 상징적이고 상상된 (하위문화적, 종족적) 공동체, 친화성, 형상뿐 아니라, "실제" 집단, 즉 상호 인격적이며 상호작용에 기반을 둔 네트워크와도 관련된다. 교실은 도시 사회는 물론 가족 관계, 친구 관계, 동반자 관계를 연출하는 중요한 공간이다. 이러한 관점에서 타렉의 사회적 세계에 있는 대부분의 사람들과 마찬가지로 타렉에게도 쇼핑은 경제적 상황 때문에 민감한 주제가 된다. 이 점을 고려할 때, 가족과 친구 네트워크는 명백하게 중요해진다. 타렉은 수입원이 없기 때문에 지출할 때 다른 사람에게 의존한다. 타렉은 적정하다고 생각되는 기간보다 오랫동안 다른 사람에게 의존해 왔기에 타렉의 부모는 더는 타렉의 옷값을 내주지 않는다. 대신 타렉의 누나가 청바지 등 기본 품목은 물론, 여유가 있을 때는 비싼 브랜드에서 유행하는 울 스웨터 같은 옷까지 사주고 있다. 여하튼 이러한 증여는 가족 간 상호성이 실천되고 이상화된 모습이다. 누나는 남동생이 멋있어 보이기를 원하고, 남동생은 누나의 행복을 원하기에, 타렉은 종종 누나를 위해 기꺼이 운전기사가 되곤 한다. 이것이 가족 간의 갈등이 없다거나 더 적다는 것을 의미하지는 않는다. 그러나 의복 한 벌 한 벌이 감성적 가치를 지닐 뿐 아니라, 사랑, 돌봄, 통제 관계 등 인격적인 관계를 물질화한다는 것을 보여준다. 이러한 관계는 가족 범위를 넘어서도 형성된다. 타렉 역시 다른 사람들과 마찬가지로, 친구들 간에 재킷, 스웨트 셔츠, 바지, 시계, 보석 장신구 등을 교환해 사용했다. 이러

한 측면을 검토함으로써 상징적 경계가 표면적이고 일시적인 속성에도 불구하고 매우 중요하다는 사실, 그리고 이러한 상황의 정체성이 쉽게 손상되는 이유를 더 잘 이해할 수 있다.

체현, 형상화, 윤리

또 다른 매우 논쟁적인 주제는 모방, 모사, 복사, 형상화 등 문화적 유형과 관련된, 규범적인 측면에 대한 것이다. 담론적이고 물리적인 과정을 통해, 사람들은 시각적, 청각적, 감정적인 측면에서 자신들이 닮고 싶은 스타나 문화적 영웅 등을 따라 자신의 정체성을 구축하고 신체를 만들어간다. 우리 모두가 알고 있듯이, 이러한 행위는 실질적인 도전에 직면하게 되는 한편, 십 대들의 생활에 만연한 순응과 개성 간의 규범적, 심지어 윤리적 딜레마로도 직결된다. 예를 들어, 타렉은 랩 음악이 투사하는 이미지와 실제 현실, 이러한 표상들의 역할 관계에 대해 흥분해 말한다. 지난 몇 년간은 독일 갱스터 랩이 빠르게 부상했다는 점에서 격변의 시기였다. 많은 평론가들은 부시도, 아자드Azad, 마시브Massive 같은 래퍼들을 이야기하며, 래퍼의 상업적 이익이 어떠한지, 누가 이득을 보는지, (선입견과 편견이란 측면에서) 드러난 손해가 얼마인지, 누가 이러한 손해를 부담하는지에 대해 말한다. 타렉 역시 외국인을 둘러싼 고정관념에 대해 걱정한다. 타렉은 조용히 나에게 자신은 랩 가사와 의미를 자세히 비판적으로 듣는다고 했다. 사람들이 대중문화를 통해 유통되는 문화적 형상들을 체현하는 방법에 관해서 타렉은 많은 사람들, 특히 이민자 출신의 청년들은 자신들이 음악을 "반영"

하고 있다는 점을 과장해 말한다고 생각했다. "사이비 갱스터텀Preudo-Gangstertum"의 문제는 랩 음악 안에서 폭넓게 논의되고 있다. 이 점은 랩 토론 포럼이나 온라인의 영상 댓글을 본 사람이라면 누구나 쉽게 알 수 있다(Androutsopoulos 2005: 172). 타렉은 부시도가 거리 모습을 "반영한다"고 반복해서 말한다. 그러나 실제는 그 반대이다. 사람들이 부시도의 모든 움직임을 좇으며 부시도가 무엇을 하든 따라하는 것이다. 사람들은 자신들이 얼마나 심취해 있는지 보여주기 위해 일종의 충성 경쟁에 뛰어들어 평소에는 하지 않았을 멍청하고 폭력적인 일들을 한다. 이 점이 타렉을 화나게 만든다. (조금 다르지만 중요한 요점으로서) 이는 결국 그들이 순한 양처럼 길들었음을 나타내기 때문이다.

타렉이 이해하는 바로는, 사람들이 랩을 "반영"해 행동한다는 점은 점점 더 많은 사람들이 칼을 가지고 다닌다는 사실, 특정한 태도나 의상을 고수한다는 사실에서 분명히 드러난다. "이런 랩이 등장하기 전에는 상황이 이렇지는 않았어요. 지금은 셋 중 하나나 둘 중 하나는 알파재킷을 입어요. 하지만 당시에는 어른들만 입었어요. 큰 어른들, 보디빌더, 경호원들만 알파재킷을 갖고 있었죠. 이제는 모두 다 하나씩 가지고 있어요."[15] 소위 이 거리의 경쟁은 사람들의 뻔뻔하고 어리석고 의심스러운, 결국 파괴적인 모방과 정체성의 부여 방식을 보여준다. 타렉은 다른 많은 사람들과는 달리 자신은 음악의 악영향을 왜곡 없이 볼 수 있고, 자신의 스타일은 근본적으로 매우 다르다고 말한다. 나는 전에 타렉이 알파재킷을 입은 것을 본 적이 있다는 점을 지적하며, 타렉이 말하는 "문화적 얼간이들"과 타렉이 정확히 얼마나 다른지 모르겠다고 말했다. 나는 현실과 환상을 분리하지 못하는 사람들을 예로 들며, 타렉와 타렉의 친구들도 구분할 수 없을지도 모른다고 말했다. 그리고 내가 아는 한, 타렉의 무리는 어떻게든 거칠어 보이기를 원할 것이다. "난 다르다고 생각해요(나중에는 이 차이가 가정교육의 문제라고 말했다). 하지만 당신도 알겠지만, 난 사람들을 겁주기 위해 음악에서 말하는 것들을 해요. 그러면 사람들을 겁주어 쫓아버릴 수 있거든요. 그것이 현실이에요."

나는 어떤 상황을 의미하는 것인지 물었고, 타렉은 베를린이 정말 거칠고 무서운 도시라고 생각하는 외지 사람들을 만난 일에 대해 말했다. 타렉은 도시 밖 사람들의 고정관념을 "확인하기"를 원했다. "자동적으로 저는 거칠게 행동해요. 그들이 (……) 할 때, 왜 제가 제 자신을 실제보다 더 작아 보이게 해야 하죠?" 타렉은 이어 동독에서 온 먼 이웃들에 대해 말했다. 타렉이 지적했듯이, 동독은 "거친" 백인 노동자 계층인 독일인이 우세하고 이민자에 대한 폭력이 자행되는 곳이다.

나는 잘 몰라요. 마르찬Marzahn이나 어디에서 왔겠죠. (……) 그러면 나는 말해요, 나를 드러내지 않을 거라고……. 우리는 병아리가 아니라고! 그리고 거칠게 행동하면서 이렇게 말하죠. "난 템펠호프Tempelhof 출신이야." (……) 알다시피, 그게 정상이에요. 하지만 전 칼을 들이대거나 하지는 않아요.

분명, 여기서 특정한 언어적 태도가 나타난다. 과장되게 표현하거나 축소해 표현하는 가운데, 단순히 과장이라고만은 할 수 없는 모호성이 나타난다. 타렉은 특히 거칠게 행동한다는 뜻의 "einen auf hart machen"[16]과 같은 구문을 사용할 때 연출적 효과를 강조했다. 젊은이들의 언어에는 많은 은유들이 존재하는데, 주체의 의도와 실제로 보이는 연출을 구별해야 한다. 이러한 은유에서, 주체가 통제하는 정도, 연출된 상황에 의해 통제되는 정도, 혹은 가상의 상황에 의해 통제되는 정도는 모두 다 다르다.[17] 의상은 이러한 문제와 관련된 수많은 실천 중 하나이다. 차별, 인종주의, 계급 혐오, 부정적인 낙인의 맥락에서, 문화적 형상을 체현하는 문제가 강하게 제기되며, 이는 실천적이고 규범적인 의미를 갖게 된다. 나는 앞으로 남은 지면에서 이 관계에 대해 부연할 것이다.

모호성

"그 사람이 좋은 사람인지 나쁜 사람인지는 아무도 몰라요. 그게 제가 원하는 바이기도 하고요." 타렉은 수줍게 웃으며 말한다. 타렉은 랩에 자주 등장하는 상투어이자, 부시도의 대표곡 "그는 좋은 사람 Ersguterjunge"에도 등장하는 guter Junge(good boy)를 언급한다. 타렉의 여자친구인 스테피는 컴퓨터 로그인을 할 때 이 랩 제목의 여성형인 Siesgutesmädchen을 입력한다. 나는 타렉 자신에게 정말 중요한 물건이나 가치가 무엇인지 물었다. 이에 타렉은 "체면을 구기지 않고" 깨끗한 평판을 유지하는 것이라고 답했다.

타렉   그게 가장 중요해요. 하지만 어떤 사람들은 그렇게 하지 않아요. 체면을 세우지 않죠. (……) 예를 들어 제 경우에는, 제 자신에 대해서는 어떠한 나쁜 말도 하지 않아요. [조사자: 음.] 저에 대해서요. (……) 제가 나쁜 짓을 할 수는 있겠지만 아무도 몰라요. [조사자: 가볍게 웃음.] 그렇지 않나요? 당연한 거예요! 당신은 저에 대해 아무것도 몰라요. 그러니 이렇다 저렇다 말할 수 없죠. 내가 무엇을 하는지 짐작할 수는 있겠지만 실제로 내가 무엇을 하는지는 모를걸요. [조사자: 알겠어요.] 항상 이게 문제예요. 그 사람은 뭔가를 하나, 안 하나? 그 사람은 좋은 사람인가, 아닌가? [조사자: 가볍게 웃음.] 이런 질문은 저에게는, 답을 알 수 없는 열린 질문이 되는 거죠.

조사자 당신은 수수께끼 같은 사람인가요?

타렉 많은 사람들에게 그래요.

조사자 그렇게 사는 게 당신에게 중요한가요?

타렉 맞아요. 그래야 한다고 생각해요.

분명 모순적인 상황이 여기서 나타난다. 이 인터뷰에서 나는 연구자이자 나이, 종족성, 문화적 배경이 다른 외부자의 입장에서 타렉 생활의 세세한 사실들을 알아내려 했다. 나는 타렉이 말하는 "당신"이라는 전혀 단서 없는 불특정인과 동일한 지위에 있다. 이러한 의미에서 타렉의 말은 타렉이 타렉의 주변 사람들과 맺는 관계뿐 아니라 우리 둘의 관계를 형상화한다.

두 경우 모두, 모호성은 형상화를 통한 "자아 표현"의 문제이자 "인상 관리"의 문제이다(Goffman 1959). 성년기 환상이 개재되어 있음에도 불구하고, 타렉이 인상 관리를 통해 만들어내는 모호성은 사소하게 넘길 문제가 아니다. 우선, 타렉은 자신의 생활 속의 폭력에 대해 진지하게 말하고 있다. 타렉이 속한 세계의 사람들은 때때로 싸움을 일으킬 뿐 아니라 범죄를 저지르기 쉽다. 예를 들어, 타렉 누나의 남자친구는 폭행 문제로 감옥에 있었고, 타렉의 친구나 사촌 중에는 핵심 범죄조직, 특히 마약 범죄를 일으키는 "레바논 마피아"에 연루된 사람도 있었다. 둘째, 모호성을 문화적 형태로서 진지하게 다룰 필요가 있다. 왜냐하면 모호성은 사회적 비용에도 불구하고 **권력적인** 속성을 가지기 때문이다. 이 권력적 속성을 통해 우리는 더 큰 틀을 이루는 한 요소로서 주관적 경험 수준에서 청바지를 이해할 수 있다.

스피노자의 유명한 말처럼 권력은 움직이고, 영향을 미치는 권력과 영향을 받는 권력으로 구성된다(Hardt 2007). 타렉이 말한 모호성은, 양방향으로 작용하는 미시적 상호작용에 기반을 둔 권력 형태로 경험될 수 있다. 한 방식은 자신이 폭력적이거나 적어도 공격적일 수 있다는 점을 대체 자아alter에게 전가하는 것이다. 예를 들어 누군가를 겁준다는 점에서 자아는 대체 자아에 "영향을 미치며", 타렉이 혼란스럽거나 수동적인 자아를 선택할 권리가 있다는 점에서 자아에도 영향을 미친다. 그리고 예를 들어 (이러한 일은 꽤 자주 나타나는데) 자아는 처음 만난 사람을 위협하지 않고, "난 그냥 너와 노는 것뿐이야."라고 수위를 낮출 수도 있다. 이러한 연극은 일상 속에서 개인이나 작은 무리가 부적절한 상황을 만들어 다른 이들을 복종하게 만들 때 종종 벌어진다. 아주 요약해 말하자면, 이러한 종류의 모호성을 통해 일종의 상호작용에서 이익을 얻을 수 있는 것이다.

이러한 태도와 이에 수반되는 경험들은 새로운 것은 아니지만, 그 형태와 중요성은 태도와 경험이 나타나는 구체적인 문화적 "순간"에 따라 달라진다.[18] 예를 들어, 상당히 중요하게 여겨야 할 점은, 앞의 태도가 현대 글로벌 대중문화의 논리와 상상력으로부터 얼마나 지지를 받을 수 있는가, 또 구체적인 형식과 정치, 그리고 지역적 형식과 공명할 수 있는가이다. 앞의 사례에서 여러 비평가들이 분석했듯이, 인상 관리 수준에서 나타나는 모호성은 갱스터 랩 속의 "실제"의 애매한 구조와 유사해 보인다. 갱스터 랩의 맥락에서, 래퍼들 사이의 갈등 또는 그들의 표현대로 "비프beef"(사람이나 집단 사이의 싸움, 원한, 의견 충돌로 인한 불편한 관계)가 어떠한 의미에서 "실제"가 되는가라는 질문을 할 수 있다. 미국과 독일의 갱스터 랩의 사회적 맥락이 상당히 다름에도 불구하고, 독일 갱스터 랩의 "실제"와 "비프"에 대해서도 동일한 설명이 가능하다. (앨범 발매 직전인) 2007년 말 마시브의 총격 사건은 "실제"였는가, 혹은 연출되었는가? 어느 정도의 폭력성이 쿨 사바스와 에코 프레시Eko Fresh, 혹은 시도Sido와 부시도, 플러Fler와 부시도 사이의 "비프"를 만들어낼 수 있는가? 한편에는 해당 장르에 대한, 특히 젊은 십 대들의 "문자적인" 해석이 있으며, 다른 한편에는 많은 사람들의 해석인 성공한 냉소주의가 있다. 그러나 더 많은 사람들에게 모호성은 (물론 반드시 그렇게 보이지는 않지만) 상당 부분 장르에서 얻을 수 있는 즐거움이 된다. 모호성은 하나의 태도로 전유될 수 있다. "좋은 사람"인지 "나쁜 사람"인지 질문을 열어두게 만드는 타렉의 행동은 좋은 사례이다. 두 가지 형태의 모호성은 상호 강화되고, 영향을 미치고, 정당화된다. 이러한 반향을 경험하는 것은 강렬한 체험이 될 수 있다. 브라이언 마수미Brian Massumi는 추상적이고 문제를 제기하는 수준에서 형상에 대한 이론적 설명을 시도했다. 마수미는 형상을 "주체화의 관점"과 "경쟁하며 회전하는 생각들을 정리해주는 중력"이라고 기술한다(Massumi 1998: 54).

투사된 당혹감

"내부자" 관점에 주목해보면, 피칼디 같은 스타일의 옷을 입는 경험은 종종 위에서 언급한 권력적인 속성을 지니는 모호성을 함의한다. 공격적인 과격성의 정도에 따라 구체적으로 자신감이 투사되는 현상이 동반된다. 이러한 경향을 인과적으로 설명하기 위해서는, 문화적 역동성과 폭넓고 구조적인 사회적 힘들의 상호작용을 고려하면서, 여기서 내가 다루지 않은 여타 경험적 측면들을 함께 설명해야 한다. 여기서는 문화적 분석의 예비 단계로서, 다른 부분, 특히 사회적 권력이라는 관점을 고려하면서 "지역적 불안"을 분석할 것이다.

언론에서 완곡하게 이야기하듯이, 피칼디는 "감정적인 브랜드"다. 많은 사람들이 싫어하거나 심지어 경멸한다. 내가 인터뷰했던 한 랩 애호가는 "피칼디를 입느니 차라리 거세를 하겠어요."라고 했다. 어번 스트리트웨어를 판매하는 한 상점 주인은 피칼디를 입는 사람들을 "구석기인들"이라고 말하면서, 본인의 상점에서 이 브랜드를 취급하고는 있지만 절대 매장에 내놓지 않고 사무실에 숨겨둔다고 했다. 사람들은 브랜드 이름이 언급될 때마다, 규칙적으로 눈을 굴리며 불편하게 웃곤 한다. "피칼디 금지"라는 표지를 입구에 붙인 나이트클럽도 존재한다. (사실을 확인하지는 못했지만) 한 판매원은 피칼디 옷을 입지 못하게 하는 학교가 있다고 말해주기도 했다. 스터디 VZ, 마이스페이스, 페이스북과 같은 SNS에서 피칼디를 찾으면, 팬사이트와 함께 "얼간이들을 바로 구분할 수 있게 해준 피칼디에게 감사를 전한다."라는 제목을 단 사이트가 검색된다.

이러한 현상은 여러 종족이 모여 있는 서쪽과 "독일인"이 우세한 동쪽 지역에서 나타나는 반감, 경멸, 혐오 전체로 확장되거나 변형될 수 있다. 나아가 이러한 현상은 현대 문화의 기본적 양상들을 드러내 보여준다. 청년문화에서 "받아들일" 수 있고 "정당해" 보이는 다중적 정체성 경향이 나타나고 있음에도 불구하고, 문화 정체성의 토대를 이루는 기본적인 윤리, 계급 분리가 존재한다. 경멸과 혐오가 개념화된 것이 "당혹스러운"이라고 번역되는 peinlich일 것이다. (반드시는 아니지만 기본적으로 중산층과 상류층 출신인) 많은 사람들이 피칼디와 피칼디 소비자에 대해 갖는 태도에서 나타는 중요한 특징은, 상이한 형태의 반감, 즉 투사된 당혹감이다. 이러한 의미에서, 특히 십 대 문화에서는 특정 상황이나 개인이 peinlich, 즉 "당혹스럽게" 보일 수 있다. 그러나 애초부터 왜 그러한 청바지와 스타일이 **당혹스럽게** 받아들여지게 된 것일까? 피칼디를 입는 사람들이 있고 피칼디를 싫어하는 사람들도 있기 때문에 특정 상황에서 부끄러움, 당혹감, 모욕을 느끼는 사람들이 분명 존재한다. 그러나 여기서 중요한 점은, 몇몇 사람들은 다른 이들이 당연히 당혹스럽게 **느껴야 한다**고 생각하거나 그것을 본능적으로 감지한다는 점이다. 여기서 사용된 형용사 peinlich는 부끄러움을 가리킨다. 물론, 이렇게 당혹감을 "기대"하는 태도는, "공동체"가 자체 기준을 설정하거나, 적대적인 사회 관계들을 직접 경험하거나, 다원주의가 이루어진다면 사라질 것이다. 사실 피칼디의 소비자 대부분은 전혀 당혹감을 느끼지 않는다. 피칼디의 소비자들은 반감을 의식하지 못하거나 알아도 신경을 쓰지 않을지도 모른다. 사실 다른 사람들의 판단에 신경 쓰는지 여부는 여기서 검토했던 과격성의 기본적 특징이다. 대중문화는 이 같은 무관심에 대한 담론 틀을 제시한다. "일광욕의 기분Sonnenbank Flavour"이라는 노래에서, 부시도는 거친 "거리" 생활의 다양한 측면에 대해 말하며, 자신을 "프롤 음악가"라고 묘사한다. 이를 통해 부시도는 조롱거리가 되는 문화적 형상에 자신감을 불어넣는다. 이러한 가치 전도와 의미 전환은 대중문화에서 일반적으로 나타나는 현상이고, 문화 분야에서 중요한 역할을 한다. 그럼에도 불구하고 이 사례에서는 전도가 완벽하게 일어나지 않는다. 즉 모멸감이 사라지지 않는 것이다.[19]

남성의 육체와 성적 매력 또한 투사된 당혹감에서 매우 중요한 요소이다. 피칼디에 관한 기사는 캐럿컷 청바지와 관련한 이러한 문제의식을 암시한다. 이 기사들은 피칼디 소비자를 "마초 몸"이나 "자기의식 없이 자기 육체를 내보이는 프롤레타리아"의 전형으로 언급한다.[20] 피칼디에 대해 가장 많이 읽힌 글은 주요 주간지인 『슈테른Der Stern』에 실린 "Auf dicke Hose"라는 제목의 글이다. 이 제목은 숙어인 "einen auf dicke Hose machen"에서 왔는데, 성적인 의미를 바탕에 깐 "잘난 척하다." 혹은 "돈 자랑하다."라는 의미의 문구이다. 디젤과 피칼디의 캐럿컷은 높은 허리선과 전체적인 핏을 강조해, 단정하지 않고 과시적이며, 저급하고 무디다는 식으로 남성의 성적 측면을 표현한다. 이는 부르주아의 절제와 겸손뿐 아니라 대안적 남성 정체성, 최근 대중 문화에서 나타나는 "중성적인" 남성성과도 대조적인 흐름을 보인다(Gill 2009; Richard 2005). 예를 들어, 도시의 한 주간 잡지는 노동자층 청년의 패션에 대해 다음과 같이 썼다. "무엇인가를 소통하고자 하는 패션이다. 어떤 이들은 이를 성적 과격함이라 말한다."[21] 물론 이 내용에 문제가 없지는 않지만, 중요한 함의를 드러내고 있다. 이러한 육체성을 당혹 감이라고 간주한다는 점에서, 개인적인 경험상 중요하든 중요하지 않든 사람들이 자신의 육체, 욕망, 습관을 은연중에 연결시킬 수밖에 없다고 가정하는 것이 당연하다고 생각한다. 더욱이 일반적인 당혹감의 개념은 일종의 실패, 즉 다른 이들 앞에서 준비한(혹은 준비된) 것을 성공적으로 연출하는 능력이 없다는 것을 의미한다. 그러나 여기서는 (성적인 것을 포함한 모든 면에서) 자신이 되고자 하는 사람 혹은 **지향하는** 사람이 될 수 없는, 사춘기 소년의 노력을 조롱하는 듯한 의미라는 점에서, 일반적인 의미와는 상이하다. 어떤 면에서 보면, 이러한 부정과 조롱이 일차적으로 계급 수준에서 나타나지 않았다면, 사회적으로 거의 수용될 수 없었을 것이다.

지금까지 외부자와 내부자의 시선에 대해 집중적으로 분석했는데, 나는 전자가 피칼디 데님에서 가장 중요하다고 말하려는 것은 아니다. 그러나 나는 무엇보다 내부자와 외부자 관점의 형상화가 사회문화적 역동성을 명료하게 밝혀준다고 생각한다. 특정 청바지를 착용하는 경험의 특징들 중에서, 으스대기, 즉 과격함이 체현된 태도는 앞서 보여주었듯이 매우 중요한 역할이며, 이러한 역할은 (위험한 행동과 관련한) 자기표현에 있어 모호성을 강화하는 것과 관련된다. 그는 좋은 사람인가? 만약 그렇다면, 어떤 의미에서인가? 그러나 외부자의 시선에서 볼 때, 많은 부분이 모호성보다는 실패나 억측 혹은 위협으로 해석된다. 이러한 태도는 여러 감정과 상호작용의 유형 중에서 투사된 당혹감을 통해 분명히 드러난다. 이러한 감정과 상호작용의 유형이 데님의 상징 유형과 데님의 사용 속에 굳어져 있는 "지역적 불안"인 것이다.

모호성에 대한 권리

경험에 따른 문화적 과정이, 행위자들이 명시적으로 지지하지 않는 사회적 관계와 지위를 공고히 만들고 정당화하는 데 도움을 준다는 점에서, 내가 묘사하고 분석했던 근본 구조는 말 그대로 **비극적인** 성향을 지닌다. 이는 이러한 과정들이 궁극적으로 사회구조(혹은 경험)를 결정짓는다는 것이 아니라, 이러한 과정들이 사회구조 안에 있는 사람들의 매개물을 재현하면서 잠재적으로 사회구조에 도전한다는 것을 의미한다. 이러한 과정 내의 몇 가지 결함들에 주목하는 것 또한 중요하다. 여기서 명백하고 규범적인 영역이 중요한데, 특히 정치적 영역을 벗어났을 때 더욱 중요하다. 의상, 인식, 편견을 말할 때, 일반적으로 캐럿컷을 입거나 "갱스터 스타일"을 즐기는 사람들은 자신의 거친 성향에 대해 분명히 밝힌다. 또 거친 성향에 대해 말하면서, 사람들은 모호성에 대한 권리를 주장한다(나는 실제로 그렇다고 주장한다). 이 주장은 아래와 같은 판에 박힌 말로 요약될 수 있다.

그래요. 전 거칠어 보이는 옷을 입어요. 아니요. 저는 사람들이 저를 흉악범 취급해도 상관없어요. 전 사람들이 왜 위협적으로 느끼는지 이해하고, 어느 정도 이런 상황을 즐기고 있어요. 하지만 이건 그냥 옷일 뿐이에요. 저는 다른 이들과 똑같이 취급받을 권리가 있어요. 옷 자체가 개인에 대한 이야기를 말해주는 건 아니죠. 어떤 사람도 그런 피상적인 수준에서 구별지어져서는 안 되죠.

이러한 이야기들이 많기도 하고 모두 비슷하게 들릴 것이다. 종종 직접적인 종족 차별을 언급하기도 하지만 이는 옷이라는 관점에서 합리화된다. "피칼디"(청바지가 아닌 재킷과 스웨터)와 전체적으로 피칼디 스타일의 의상을 입고 나이트클럽에 가는 것이 어렵다는 점은(예외가 있더라도 독일인의 경우뿐이다.) 모두 알고 있고, 많은 사람들은 이것이 불공평하다고 생각한다. 타이푼은 거리에서 나이 든 사람들이 자신에게 가까이 다가오다가 방향을 튼다고 했다. 타이푼은 권투선수처럼 자른 헤어스타일이 단정하다고 생각하고, 단지 다른 젊은이들처럼 자신이 좋아하는 것을 입었을 뿐인데 자신에게만 다른 규칙을 적용하는 것 같다고 말했다. 또 다른 이야기는 마르코라는, 피칼디 스타일의 옷을 꾸준히 입는 한 중산층 백인 독일인에 대한 것이다. 이 남자는 길에서 한 여성을 보고 매력을 느껴 다가갔지만 그 여성은 자신을 철저히 무시했다고 했다. 그는 이 여성과 긴 토론을 벌였던 기억을 떠올렸다. 그녀는 기본적으로 무난하고 일반적인 "대체 가능한" 스타일의 옷을 입고 있었다. (비슷한 종류의 거절을 수없이 당해 다소 낙담한) 마르코에 따르면, 이러한 사람들이 가장 편견이 심한 부류에 속하는데, 단지 의상만 보고 "프롤"이라며 경멸하기 때문이다.

이러한 주장과 관찰을 통해 형성되는 중요한 반성적인 태도는, 담론적이고 물리적인 형상을 특징짓는 과격성, 지배, 패기를 객관적으로 다루지 못하는 듯하다. 게다가 혹자는 이에 동의하겠지만, 분명 많은 사람들은 이러한 담론에, 적어도 내 주장(과 아마 다른 상황에도)에 동의하지 못할 것이다. 여기서 핵심은, 모호성에 대한 권리 같은 것을 주장할 때, 권리를 부여하는 실체는 인식 과정에서 잠재적 상대자가 된다는 것이다. 양식화된, 확실히 적대적인 상황에서, 그러한 권리에 대한 호소는 분명하게 나타나지 않는다. 이러한 사실은 한편으로 적대성이 하나의 태도가 되고 있다는 것을 간단히 확인해준다. 다른 한편으로는 담론에 팽배한 문화적 형식의 핵심 구조와 앞의 주장 사이에 심오한 반향이 존재한다는 것을 보여준다. 이 반향은 타렉이 인상 관리를 실천하는 것과 "진정한" 갱스터 랩이 던지는 질문 사이의 유사성을 통해 표현될 수 있다. 여기서 내가 보였듯이, 정서적인 담론은 보통 우리 사회에서 미학적인 틀로 규정되는 내용과 현저하게 다르다.

담론이 (미학적) 형식이나 틀을 필요로 하기에, 의미론적 내용이 약화될 수 있다는 점은 의상의 영역에서 보다 더 분명하게 나타난다. 이 영역에서 사람들은 일반적으로 의상을 통한 의사 전달과 말을 통한 의사 전달을 구분할 수 있다. 사람들은 전자를 진지하게 다룰 수도 있고 혹은 다루지 않을 수도 있다. 또 부적절하게 다루는 사람들은 실제에 대한 정확한 인식이 부족하다는 면에서 조롱거리가 될 수 있다. 나아가, 물리적이고 영향력 있고 사회적인 차원의 의상의 경험적 기조 texture는, 마치 음악적 기조가 서정적 내용을 담은 랩 음악을 부적절하고 불공평하게 만들듯이 경험적이고 담론적인 설명 차원에서는 기본적으로 서술 구조를 갖지 못한다. 예를 들어, 특정 데님을 착용함으로써 의사를 의식적으로 전달할 수 있다. 대신 그 의미를 과격성에서 모호성으로, 진지함에서 즐거움으로 변경할 권리는 유보하게 된다. 물론 이러한 의사 전달로 문제가 되는 것을 언제나 명백히 표현할 수 있는 것은 아니다. 이러한 의사 전달 방식의 효용성은 규칙이나 담론적인 표현과 비교할 때 적절히 평가될 수 있다. 차라리 이러한 유형의 모호성은 일종의 "감각의 구조"를 통해 느낄 수 있고, 연출될 수 있고, 살아 있을 수 있다. 모호성의 언어적 표현은 다양한 실천에 녹아들어 있는 것이다.

미주

1. 1970년대 버밍엄 문화연구 학파를 거쳐 재탄생한 용어인 "하위문화"
   (Clarke et al. 1976)는 1990년대 중반 이후 비판을 받아왔다(Muggleton,
   Weinzierl 2003). 그러나 이 장의 사례는 구체적인 사회적 결정인자가 중요
   한 역할을 하는 상황에서, 복잡하고 다층적인 문화적 실천을 통해 일정한 상
   동관계가 나타나고 있을 때, 연속되는 타당성을 보여준다. 자세한 논의는
   Hesmondhalgh(2005)를 참조하기 바란다.

2. 이 장에서 나는 배타, 배제와 같은 과정적인 용어(Bude 2006, 2008a,
   2008b; Knecht 1999; Kronauer 2002) 및 노동계급과 같은 분석적인 집단
   명(Skeggs 2004), 프리케리아트Precariat(Virno 2004), 대중계급의 의미에서
   Unterschicht(하층, Warneken 2006), "하층"(Nolte 2004) 등 정치적 논쟁을
   불러일으키는 분석 용어에 대해 불가지론의 입장에 있다.

3. 여기서 이론과 방법론을 고려할 여지는 거의 없다. 나는 상호작용과 문화 역동
   성의 감정, 영향, 담론, 구조와 같은 다양한 유형의 현상을 포괄하는 "경험의
   수준"이라는 개념에 집중할 것이다.

4. 이 사례와 관련한 지역 브랜드에는 이탈리아 브랜드명을 따라한 다지오 로만초
   Daggio Romanzo, 블루치노Blucino, 카사Casa가 있다.

5. 독일(과 오스트리아)에서 언플러그드와 자매 회사는 두 회사를 통해 터키 회사
   인 피칼디의 제품을 수입해 도매하고 있다. 또 비록 "기본" 스타일에서 크게 벗
   어나지는 않지만, 독일에서 판매되는 상품 디자인의 대부분이 피칼디에서 이
   루어진다.

6. 이러한 분류는 그 자체로 심각한 문제일 뿐 아니라, 이러한 과정에서 분류의
   의미, 경계, 타당성이 협상되고 수행된다. 이주 배경과 피부색, 국적과 시민권
   에 따른 종족 분류는 표면상으로는 분명해 보인다. 그러나 이것들은 자의적인
   것이 아니라 강고한 여러 제도와 이념에 기반을 둔 구체적인 사회 구성물이며

선택이다. 좋은 사례로, 많은 "외국인"들이 사실 모두 독일 시민이지만, 대개 시민권을 종족적인 관점에서 이해하기 때문에, 사람들은 "외국인"이 독일 시민이라는 사실을 받아들이거나 인지하지 않는다.

7. 래퍼 에코 프레시는 앨범 "Hart(z) IV"에서 피칼디 스웨터를 입고 등장한다. Hart는 "거칠다"는 의미이며 전 폴크스바겐 매니저의 이름이기도 하다. 매니저는 연방정부의 사회안전망 "개혁"을 추진했는데, 이로 인해 다양한 개혁활동에 그의 이름이 붙게 되었다. 이러한 사례 중 하나가 장기실업수당과 복지 간의 구별을 폐지한 Hartz IV이다.

8. 캐럿컷은 오랫동안 여성들에게 대단히 인기가 있었다. 그러나 지금은 완전히 달라진 듯 보인다.

9. 남성이 "신체를 강조하는" 방식에 대해서는 이 책의 사사텔리의 논고를 참고하라.

10. In: Spex Nr 313, 3/4, 2008.

11. 밀접한 관련이 있지만, 청바지는 (대개 하위문화 스타일로 간주될 수 있는) 이러한 스타일 중 하나일 뿐이다. 청바지는 기본 품목으로, 눈에 띄거나 비싼 품목과 함께 입기도 한다.

12. "진정한 것"은 단순한 사실이 아니라 문화적 평가에 따라 결정된다(Lindner 2001). 이것은 "인종주의적인" 맥락에서 볼 때 어려운 개념이다.

13. 이러한 상황에서 Schwal(동성애자, 게이)이라는 경멸적 표현이 매우 빈번하게 사용된다. 사실 말 자체는 모욕적이지 않지만, 아마도 의사소통상에서는 바로 격분을 일으킬 것이다. 그러나 이 단어는 동성애 혐오와 남성성을 구체적이고 분명하게 드러내고 연약함을 거부하는 경향을 보여준다. 이와 관련된 음악가로는 비록 갱스터 래퍼는 아니지만 프리스타일 배틀 기술과 저속한 가사를 쓰는 데 뛰어났던 쿨 사바스를 들 수 있다.

14. "Keinen Arsch im der Hose haben"은 바지 안에 엉덩이가 없다는 뜻으로 용기가 없고 자기주장이 결여되었음을 의미한다.

15. 알파재킷은 텍사스에서 시작된 알파 산업이 만든 항공점퍼.

16. "Einen auf X machen"은 "X인 것처럼 보이기 위해 X라는 행동을 한다."라는 뜻이다.

17. 이러한 은유에는 einen Film schieben이나 in einem Film sein(문자 그대로 해석하면 "영화 속에 있다.") 같은 표현이 있고, "궤도"라는 뜻의 Schiene 합성어를 이용해 표현하기도 한다.

18. 이와 같은 감정이 전혀 새롭지 않다고 추정하는 것이 바람직하다(Pearson 1983). 더불어 지난 수십 년간, 특히 1950~1960년대의 하위문화의 일탈과 폭력이 확대된 이후, 형상을 통한 평준화 메커니즘이 작동해왔다. 일차적으로 하위문화, 확대, "윤리적 공황"에 대한 영국 문헌을 참조하라(Cohen 1973).

19. 랩의 기원이라는 맥락에서 사람들은 프롤보다는 카나케Kanake, 갱스터, 아체Atze와 같은 단어에 적응해가고 있다. 이는 하티건(2005)이 "백인 쓰레기White Trash"에 대해 쓴 글을 연상시킨다. 이것은 널리 알려진 용어임에도 "사회적으로 부적절하다"고 간주된다.

20. 2003년 4월 9일 독일의 지역 라디오 방송에서는 몇몇 사람들이 가지고 있는 관점(이 방송은 몇몇 사람들의 편견을 비판했다.)을 요약해, "피칼디와 공범자들-베를린 이주 아동들 사이의 유행 풍조picaldi und Konsorten-Mode unter Migrantenkids in Berlin"라고 인용하며 비판했다.

21. Zitty 8/2005, S. 21.

참고 문헌

Androutsopoulos, J. (2005), 'Musiknetzwerke. Identitätsarbeit auf HipHop-Websites', in K. Neumann-Braun and B. Richard (eds), *Coolhunters. Jugendkulturen zwischen Medien und Markt*, Frankfurt am Main: Suhrkamp, pp. 159-72.

모리츠 에게

Bourdieu, P. (1984), *Distinction. A Social Critique of the Judgement of Taste*, Cambridge, MA: Harvard University Press.

Bourdieu, P. (1988), 'Prekarität ist überall', in P. Bourdieu, *Gegenfeuer. Wortmeldungen im Dienste des Widerstands gegen die neoliberale Invasion*, Konstanz: UVK, pp. 96-102.

Bude, H. (ed.) (2006), *Das Problem der Exklusion. Ausgegrenzte, Entbehrliche, Überflüssige*, Hamburg: Hamburger Edition.

Bude, H. (2008a), *Die Ausgeschlossenen. Das Ende vom Traum, einer gerechten Gesellschaft*, München: Hanser.

Bude, H. (ed.) (2008b), *Exklusion. Die Debatte über die 'Überflüssigen'*, Frankfurt am Main: Suhrkamp.

Clarke, J., Hall, S., Jefferson, T. and Roberts, B. (1976), 'Subcultures, Cultures and Class', in S. Hall and T. Jefferson (eds), *Resistance Through Rituals: Youth Subcultures in Post-War Britain*, London: Hutchinson.

Cohen, S. (1973), *Folk Devils and Moral Panics. The Creation of the Mods and Rockers*, St Albans: Paladin.

Duden (1999), *Das große Wörterbuch der deutschen Sprache in zehn*, Bänden. 3, völling überarbeitete und erweiterte Auflage. Herausgegeben vom wissenschaftlichen Rat der Dudenredaktion Band 7: Pekt-Schi. Mannheim: Dudenverlag.

Gill, R., Henwood, K., McLean, C. (2005), 'Body Projects and the Regulation of Normative Masculinity', *Body and Society*, 11: 37-62.

Goffman, E. (1959), *The Presentation of Self in Everyday Life*, Garden City: Doubleday.

Hardt, M. (2007), 'Foreword: What Affects Are Good For', in P. Ticineto Clough (with J. Halley) (ed.), *The Affective Turn. Theorizing the Social*, Durham,

NC: Duke University Press, 2007, pp. ix–xiii

Hartigan, J. Jr. (2005), *Odd Tribes. Toward A Cultural Analysis of White People*, Durham, NC: Duke University Press.

Hesmondhalgh, D. (2005), 'Subcultures, Scenes or Tribes? None of the Above', *Journal of Youth Studies*, 8(1): 21–40.

Knecht, M. (ed.) (1999), *Armut und Ausgrenzung in Berlin*, Köln: Böhlau, pp. 7–25.

Kronauer, M. (2002), *Exklusion. Die Gefährdung des Sozialen im hochentwickelten Kapitalismus*, Frankfurt am Main/New York: Campus.

Lahire, B. (2001), *L'homme pluriel. Les ressorts de l'action*, Paris: Hachette.

Lindner, R. (2001), 'The Construction of Authenticity: The Case of Subcultures', in J. Liep (ed.), *Locating Cultural Creativity*, London: Pluto.

Lindner, R. and Musner, L. (eds) (2008), *Unterschicht. Kulturwissenschaftliche Erkundungen der 'Armen' in Geschichte und Gegenwart*, Freiburg: Rombach.

Massumi, B. (1998), 'Requiem for Our Prospective Dead (Toward a Participatory Critique of Capitalist Power)', in E. Kaufman and K. J. Heller (eds) (1998), *Deleuze and Guattari. New Mappings in Politics, Philosophy and Culture*, London/Minneapolis, MN: University of Minnesota Press, pp. 40–64.

Miller, D. and Woodward, S. (2007), 'Manifesto for a Study of Denim', *Social Anthropology/Anthropologie Sociale*, 15(3): 335–51.

Moore, A.E. (2007), *Unmarketable. Brandalism, Copyfighting, Mocketing, and the Erosion of Integrity*, New York: New Press.

Muggleton D. and Weinzierl, R. (eds) (2003), *The Post-Subcultures Reader*, Oxford: Berg.

Neckel, S. (2003), 'Kampf um Zugehörigkeit. Die Macht der Klassifikation', *Leviathan* 31(2): 159–67.

모리츠 에게

Nolte, P. (2004), *Generation Reform*, Jenseits der blockierten Republik, München: Beck.

Pearson, G. (1983), *Hooligan. A History of Respectable Fears*, Basingstoke: Macmillan.

Richard, B. (2005), 'Beckham's Style Kicks! Die meterosexuellen Körperbilder der Jugendidole', in K. Neumann-Braun and B. Richard (eds), *Coolhunters. Jugendkulturen zwischen Medien und Markt*, Frankfurt am Main: Suhrkamp, pp. 244-60.

Sayer, A. (2006), *The Moral Significance of Class*, Cambridge: Cambridge University Press.

Skeggs, B. (2004), *Class, Self, Culture*, London: Routledge.

Tyler, I. (2008), 'Chav Mum Chav Scum', *Feminist Media Studies*, 8(1): 17-34.

Sutterlüty, F. and Walter, I. (2005), 'Übernahmegerüchte. Klassifikationskämpfe zwischen türkischen Aufsteigern und ihren deutschen Nachbarn', *Leviathan*, 33(2): 182-204.

Virno, P. (2004), *A Grammar of the Multitude: For an Analysis of Contemporary Forms of Life*, Los Angeles: Semiotext(e).

Warneken, B.J. (2006), *Die Ethnographie popularer Kulturen. Eine Einführung*, Köln: Böhlau.

9

핏하지 않은 청바지:
브라질에서 저가 청바지 마케팅하기

로사나 피네이루 마차도
Rosana Pinheiro-Machado

브라질 애드버타이징&마케팅대학교 인류학과 강사

본 연구는 브라질 남부의 청바지 산업에서 발견되는 몇 가지 특징들에
대해 다룬다. 논문은 브라질 최남단 리우그란데두술Rio Grande do Sul의 주
도州都 포르투알레그리Porto Alegre1의 도심 마켓을 배경으로 사회적 관계
가 상품화되면서 나타나는 저가 청바지의 상징적 힘을 보여줄 것이다.

　경제인류학의 연구 주제들을 따라가면서, 나는 브라질에서 청바지
가 사회적 차별과 불평등을 객관화하는 중요한 양식임을 주장할 것이
다. 이는 청바지가 브라질 사회에서 차지하는 특수한 위치와도 관련이
있다. 경제적 측면에서 청바지 유통망을 분석했을 때, 공식 경제와 비
공식 경제 간의 사회적 경계 구축에 따른 긴장상태와 광범위한 계층화
가 드러났다(Pinheiro-Machado 2008 참조). 더 나아가 시장에서 청바지의
지위는 (공식 부문과 비공식 부문, 합법과 불법 사이에서) 상품 자체의 물질적
속성만이 아닌 진정성과 상품의 질에 대한 가치 담론 사이에 놓여 있
음을 보일 것이다.

　이 논문에 차용된 관점은 앞선 「청바지 선언문」에 대한 동의이자 일
부 분석에 대한 도전이다. 나는 글로벌 데님 프로젝트에서 경제적 차원
의 역할을 강조하고자 한다. 또 청바지의 편재성이 초래한 균질화가 반
드시 균등화를 의미하는 것은 아닐뿐더러 사실상 더 심각한 사회적 차

별을 만들어낼 수 있다는 점을 주장할 것이다. 이 연구는 일상복 속에 자리하고 있는 행위자와 그것의 속성을 통해 청바지의 위력을 보일 것이다.

「청바지 선언문」과 브라질리언 진

「청바지 선언문」은, 일상 속에 항상 존재하지만 민족학적 탐구에서는 현저히 부재했던 청바지를 연구할 것을 인류학자들에게 호소했다. 「청바지 선언문」의 저자들은 옷은 몸의 표면에 위치하기 때문에 태생적으로 피상적이라는 존재론적이고 철학적인 논리를 반박한다. 대신 이들은 청바지를 현대 생활의 불안과 모순을 해결하는 수단으로 이용하는 행위의 철학적 함의에 대해 고민한다. 그리고 이런 고민은 청바지를 분명한 인류학 연구 주제로 바꾸어놓는다. 바로 이 지점에서 저자들은 전 세계 인구의 50퍼센트 이상이 청바지를 입는다는 사실을 언급하면서, 청바지의 편재성과 균질화, 지역적 전용의 의미를 이해하는 것의 중요성을 역설한다.

그래서 「청바지 선언문」은 청바지의 편재성과 리우데자네이루부터 런던에 이르기까지 청바지가 특정 맥락에서 문화적으로 사용될 때 나타나는 이질성 간의 차이를 강조한다. 밀러와 우드워드가 청바지 상품 사슬의 여러 단계들에 대한 연구가 중요하다고 지적했음에도 불구하고, 결과적으로 이 논문은 소비 측면에 집중한다. 소비에 대한 관심은 책 전체 구성에서도 동일하게 나타난다. 컴스톡의 논문이 생산과 분배의 역사를 다루고, 윌킨슨 웨버의 논문이 마케팅에 초점을 맞추고 있

324   로사나 피네이루 마차도

는 것을 제외하면, 대다수의 논문들은 거의 전적으로 소비라는 주제에 집중되어 있기 때문이다.

이 논문은 청바지의 제조, 소매, 유통 과정의 사회적 인과관계를 다루는 글로벌 데님 프로젝트에서 상품 사슬의 위상을 복원하는 데 목적이 있다. 만약 전 세계 인구의 절반이 현재 청바지를 입고 있다면, 이는 동시에 청바지의 생산과 유통이 전 세계적으로 거대한 노동력을 동원하고 있음을 암시한다. 청바지가 인류학의 의제가 되려면, 우리는 사람들이 왜 그리고 어떻게 청바지를 소비하는지를 설명하는 작업과 더불어, 그 결과 어떻게 사람들이 청바지라는 세계를 중심으로 조직된 자신들의 삶을 발견하는지 설명해야 한다.

국가별 상품화 과정에서 청바지가 담당하는 역할을 이해하기 위해서, 우리는 먼저 자본주의 사슬에 의해 탄생한 새로운 인간 고리에 관심을 가져야 한다. 이는 새롭게 탄생한 "관계를 인지하고, 또 누군가가 지불하는 희생의 대가로 우리가 소비자로서 저렴한 가격의 혜택을 누릴 때 발생하는 책무를 이해하기" 위해서 필요하다(Miller 2006: 350). 이 작업은 사회적 불평등이 여전히 매우 강하게 남아 있는 브라질 같은 개도국의 상황을 관찰할 때 특히나 중요하다.

브라질 전역과 남미, 유럽, 미국 등지에 청바지를 유통하는 주요 데님 생산지가 현재 브라질에만도 여러 곳이다. 브라질 중부 고이아스Goiás 주의 자라구아Jaraguá 같은 도시가 대표적인데, 이곳 주민 4만 4,000명 가운데 2만 2,000명이 직간접적으로 청바지 산업과 연관된 일에 종사한다. 브라질 남부의 산타카타리나Santa Catarina 주의 시아노르치Cianorte라는 도시는 "의류산업의 수도"라 불리는 곳으로 주민 5만 명 가운데 1만 5,000명이 직접적으로 의류산업에 종사하고 있다. 상술한

두 도시의 국내 총생산의 절반이 섬유산업에서 나온다.[2] 이러한 지역
들은 브라질 전역에 청바지를 공급하기 위해 지역 주민들을 움직일 뿐
아니라, 사콜레이루스Sacoleiros로 불리는 수백 수천의 보따리 장사들을
동원한다. 이들 보따리 상인들은 청바지 공급을 전문으로 하는 대행사
들이 짜놓은 주간 일정표에 따라 전국을 종횡무진 누빈다.

본 연구는 미즈라히 논문의 주제였던 브라질리언 진이나 "강 팬츠
Gang pants"(Mizrahi 2007, Leitão 2007)로 알려진 특정한 스타일의 청바지가
아닌 브라질 전역에서 소비되는 일상복으로서의 청바지라는 훨씬 더
광범위한 분야에 주목하고자 한다.

시장경제의 배경: 볼룬타리우스 다 파트리아 거리

볼룬타리우스 다 파트리아는 포르투알레그리에 위치한 전형적인 거리
다. 거리의 이름은 공식적으로는 "국가의 봉사자들"이라는 뜻을 가지
고 있지만, 구어체로는 조금 다른 의미로 사용된다. "볼룬타리우스에
간다"는 말은 싸구려 시장에서 쇼핑을 한다는 뜻이고, "볼룬타Volunta에
간다"는 말은 매춘과 관련된다.

도시의 항구 근처에 위치한 이 거리는 처음 마을이 형성되던 때부
터 상업지구로 기능해왔으며, 19세기에는 10년간의 전쟁에서 지역 내
분리주의 움직임을 저지하기 위해 왕실 근위대가 투입될 때 진입로가
되기도 했다(Franco 1998). 또 늘 매춘이 행해지는 곳이자 남성들의 첫
경험 장소로 회자된다. 지난 수십 년간 이 거리는 복합성과 다양성으
로 명성을 누렸다. 바다의 수호신이자 매년 행진 때마다 수백만 명을

끌어모으는 "항해자의 성모"(가톨릭 성인, 아프리카-브라질 종교권의 바다의 여신 레만자) 성당은 이 지역의 종교적 혼합주의를 분명히 보여준다. 상업은 지역 주민 전체를 고객으로 하는 이스라엘과 팔레스타인 출신 이주민들의 상점들로 발달했다. 재래시장은 면대면face-to-face 거래와 흥정으로 운영되고 있다(Geertz 1979). 최근 저가 청바지가 이 시장의 주력 상품으로 떠올랐다. 거리 초입에는 800여 개의 점포가 입주해 있는 카멜로드로모camelódromo라는 신생 쇼핑몰이 위치해 있다. 점포들은 과거 이 거리에서 노점을 하던 상인들이 운영한다. 거리 양옆으로 빼곡히 늘어선 저가 청바지 상점들을 지나면 끝자락에 브라질 전역에 청바지를 공급하는 공장 두 곳이 나타난다. 하지만 두 공장에서 생산된 제품 대부분은 인근 상가가 아니라 멀리 떨어진 외지로 팔려 나가는데, 이는 공장에서 먼 곳일수록 더 높은 가격을 받을 수 있기 때문이다.

이 연구는 상품 사슬 분석(상품의 역사와 관련된 다양한 행위 주체들을 관찰하고, 시장관행이 만들어낸 불평등을 감지하는)의 영향을 받았다(Bestor 2000; Foster 2006; Freidberg 2004; Hughes 2001; Ziegler 2007).[3] 나는 청바지 생산자, 유통자, 판매자, 소비자들을 인터뷰하면서, 미시적인 맥락에서 이러한 방법들을 적용했다. 시장경제의 일부로서, 청바지에 대한 지역적 담론은 해당 지역에 "깊이 뿌리내린 관습, 전통, 도덕적 기대치" 등을 보여주는 지역의 사회조직과 정확히 일치한다(Geertz 1979: 222).

이 논문은 비공식 경제와 불법 복제품 문제를 다루는 민족지 계열의 하나다. 불법 복제품 문제는 포르투알레그리 도심의 거리 경제와 함께 내가 1999년부터 조사를 진행하고 있는 분야이기도 하다. 2009년 카멜로드로모 쇼핑몰에서 청바지를 처음 발견했을 때, 나는 이것을 앞으로 내 조사에 청바지와 관련된 서사들을 담아내야 한다는 전조로 받아들였고, 이때부터 청바지에 대한 보다 체계적인 연구를 시작했다.

아주 특별한 청바지[4]

볼룬타리우스 다 파트리아는 수십 년간 비공식 경제 영역에서, 정부의 규제를 받는 상점들과 규제 밖에 있는 노점들이 거대한 상권을 형성해 오고 있다. 노점상들은 정부 규제에서 벗어나 있기 때문에, 파라과이의 거대 상업지구에서 상품을 구매할 때 세금을 물지 않으며, 소비자들에게 영수증을 발행하지도 않는다. 지역 정부의 집계에 따르면, 이 지역에만 현재 420여 명의 소매상들이 영업 중에 있고, 수천여 명의 불법 노점상들이 활동하고 있는 것으로 추정된다. 도심에 위치한 이 거리 시장은 카멜로드로모로 불리는데, 이는 포르투갈어로 "노점상"을 의미하는 단어 camelô에서 유래되었다. 엄청난 양의 다양한 중국산 저가 상품, 특히 액세서리, 의류, 장난감, 전자제품 등이 이곳에서 거래된다. 하지만 수많은 상품들 가운데 유독 청바지가 없다는 점이 이곳의 대단히 흥미로운 허점이었다.

인기 상품인 청바지의 "부재"는 관심을 끌기에 충분했는데, 시장 인근의 상점들에는 다양한 스타일과 가격대의 청바지가 천장 높이까지 쌓여 있었기 때문이다. 의문을 해결하고자 나는 사회 전 계층을 대상으로 하지만, 특히 파벨라 외곽에 거주하는 도시 최빈민층을 주요 고객으로 둔 볼룬타리우스 다 파트리아 거리의 공식적인 청바지 산업에 관한 조사에 착수했다.

지역적 요인(혼잡한 시내)과 국내외적 요인(국산품 대 파라과이 밀수품의 전쟁과 국외 지적재산권과 관련된 이해관계)의 결합에 자극을 받아 탄생한 "포르투알레그리 상업활동에 대한 공공정책"은 2009년 1월 역사적 전환기를 맞는다. 바로 노점상들이 새로 생긴 쇼핑몰 "안"으로 이동한 것이다. 일반 대중과 노점상 모두에게 쇼핑몰은 여전히 카멜로드로모로 불리지만, 노점상들은 이제 자신들을 사업가로 여긴다. 쇼핑몰은 청바지의 생산, 판매, 소비가 범람하는 볼룬타리우스 다 파트리아 거리 중앙 버스터미널 위에 지어졌다.

본 연구에서는 쇼핑몰에 입주하면서 노점상들이 획득한 지위상의 평등이 오히려 이들을 계속해서 사회의 공식 영역에 속하지 못한 "외부자들"로 만드는 상당히 모순적인 담론을 생산하고 있음을 보일 것이다. 노점상들의 지위가 합법화, 공식화되었다는 것이 곧바로 이들이 지역 내 여타 상인들과 사회로부터 존중을 받게 되었다는 것을 의미하지는 않는다. 사업가라는 새로운 지위를 부여받은 왕년의 노점상들은 즉시 피팅룸과 거울이 있는 본인 명의의 새 점포에서 파라과이산 밀수품이 아닌 국산 청바지를 팔기 시작했다. 30년 넘게 의류업에 몸담고 있는 전직 노점상 마리아(60세)는 이렇게 말한다.

청바지는 정말 멋진 옷이에요. 모두 파라과이가 아닌 상파울루에서 공수해 왔죠. 청바지를 거리에서 판다는 건 상상도 할 수 없는 일이에요. 다른 옷과 달리, 여성들은 바지만큼은 아무거나 사지 않아요. 어떤 바지를 입느냐에 따라 엉덩이가 납작해 보일 수도 있으니까요. 그리고 무엇보다 바지는 옆으로 삐져나오는 허릿살을 감춰줘야 해요! 우리는 이제 모든 종류의 바지를 갖추고 있고, 그래서 여성들의 까다로운 취향을 만족시킬 수 있어요.

노점상들이 청바지를 전혀 취급하지 않던 상황은 새로운 쇼핑몰이 들어서면서 종료되었다. 거리에서 쇼핑몰 안으로 이동한 노점상들이 자신들의 변화된 지위를 보여줄 수 있는 현실적인 상품으로 청바지를 선택했기 때문이다. 마음에 드는 청바지를 사려면 먼저 여러 벌을 입어봐야 하기 때문에, 전직 노점상들에게 청바지는 아무 데서나 팔 수 없는 특별한 물건이었다. 마리아는 이렇게 말한다.

마리아(제보자) 지저분한 거리에서는 아무도 청바지를 사지 않아요. 우리는 부드러운 소재로 된 옷만 팔았는데, 이러한 옷들이 핏이 잘 나오기 때문이에요. 청바지같이 두껍고 질긴 소재의 옷은 팔 수 없었죠. 내가 늘 이야기하지만, 만약 사이즈 40의 손님이 온다면 우리는 적어도 열다섯 벌 정도의 각각 다른 스타일의 40 사이즈 청바지를 보유하고 있어야 해요. 여자 손님이 청바지 열다섯 벌을 다 입어보더라도, 맘에 드는 건 틀림없이 한 벌뿐이에요. 그래서 청바지를 팔려면 충분한 재고와 다양한 사이즈는 필수적으로 갖추고 있어야 해요.

로사나(조사자) 하지만 다른 노점에서도 청바지를 많이 팔던데요. 거기 노점상들은 손님을 인근 상점으로 데려가서, 거기서 청바지를 입어보게 하더라고요. 왜 카멜로스에서는 그렇게 하지 않는 거죠?

마리아(제보자) 로사나 씨 본인은 청바지를 사는 데 시간을 얼마나 쓰는지 알고 있나요? 아마 잘은 몰라도 꽤 오래 걸릴 겁니다. 나는 가끔 청바지가 마치 기적이라도 만들어줄 것처럼 믿는 여자 손님들을 보면 화가 치밀어요. 문제는 내가 팔고 있는 청바지가 아니라 그 여자들의 몸이라고요! 뱃살을 숨기려면 청바지를 찾는 것보다 다이어트를 하는 편이 더 쉬울 겁니다.

다음은 인터뷰에 응한 한 소비자의 이야기다.

나는 "약간 살집이 있는" 편이라서 엉덩이는 완벽해요. 그래서 옷을 입을 때 엉덩이를 강조하죠. 하지만 문제가 하나 있어요. 바로 풍만한 엉덩이를 가진 대부분의 여성들이 그렇듯 저 역시 복부에도 살이 많다는 거죠. 이 것은 비율적으로 어쩔 수 없는 문제예요! 뱃살을 감춰주면서 엉덩이를 돋 보이게 해주는 바지를 찾는다는 게 쉽지는 않지만, 청바지는 이러한 일을 가능하게 해줘요. 나는 보통 46사이즈를 입지만 청바지만큼은 42사이즈 를 입어요. 이렇게 하면 힙업 효과를 누리면서 옆구리 살도 바지 속으로 밀어 넣을 수 있거든요.

(프리실라, 여성, 17세)

청바지는 풍만한 엉덩이와 잘록한 허리라는 브라질의 이상적 신체 이 미지와 실제 (브라질 사람들의) 몸 사이에 존재하는 모순을 반영한다. 그 리고 바로 이런 점에서 청바지는 기적에 가까운 특별한 상품이 되었다. 미즈라히의 논문 도입부에서도 언급된 바와 같이, 청바지의 품질은 입 는 사람에게 완벽한 엉덩이 형태를 만들어줄 수 있는지 여부로 평가된 다. 청바지는 평범한 일상복이 아니라 세련되고 미묘한 무언가로, 소비 자와 판매자 둘 다에게 특별한 물건이 된 비범한 상품이다.

마리아는 몇 가지 이유로 청바지를 고급품으로 생각하고 있었다. 소 비자의 관점에서, 딱 맞는 청바지를 찾는 것은 자신들의 신체 이미지와도 부합해야 하기 때문에 구입하기까지 상당한 시간이 필요하다.

이 점을 고려해 마리아는 "괜찮은" 청바지를 팔아야겠다고 생각했다. 그녀가 생각하는 괜찮은 청바지란 짝퉁과 싸구려 물건을 연상시키는 파라과이의 시우다드 델 에스테Ciudad del Este 지역산 제품은 아니었다. 사실 브라질 전역을 돌며 청바지를 구하는 것보다 파라과이로 청바지를 사러 가는 편이 비용 면에서 훨씬 유리하다. 하지만 국산 제품을 구매한다는 것은 그 상품이 싸구려 밀수품이 아니라는 보증이 된다. 또 현재 브라질에서는 레푸블리카República나 데눈시아 에 오스모제 Denúncia e Osmoze 같은 트렌디한 자국산 브랜드가 유행하고 있다. 새로운 사업가 신분을 획득한 노점상들은 새로운 지위의 청바지를 필요로 하게 되었다. 청바지는 마리아와 다른 노점상들 모두에게 신분의 향상을 "객관화"해주는 척도일 뿐 아니라, 더 넓은 맥락에서는 볼룬타리우스 다 파트리아의 공식 경제의 일부로 편입되었다는 소속감을 느끼게 해주는 매개이다.

공인된 지위를 향한 고군분투

비록 볼룬타리우스 다 파트리아 거리가 "싸구려 시장"으로 알려져 있고, 판매되는 청바지 역시 비슷비슷하지만, 노점상들만큼은 각 상점별로 취급하는 제품의 차이를 분명히 파악하고 있다. "인가"를 받은 점포 상인과 "비인가" 노점상들(Elias 2000) 간의 신분 차에서 비롯된 분쟁은 뒷말을 특징으로 하는 고발체계가 표면화된 것으로도 볼 수 있다. 노점상들은 자신이 판매하는 상품의 가격, 품질 그리고 진정성을 중요하

로사나 피네이루 마차도

게 생각하는데, 이러한 요소들은 경쟁관계에 있는 다른 상인들을 자격미달로 평가절하하는 잣대가 되기도 한다. 볼룬타리우스 다 파트리아의 상권은 그 성격에 따라 세 가지로 구분된다. 먼저 거리 초입의 카멜로드로모 쇼핑몰의 전직 노점상들이 있고, 거리 양옆으로 길게 늘어선 저가 점포들, 그리고 거리 맨 끝에 위치한 공장이다. 이처럼 사회 경제적 위계가 공간으로 연장되어 나타나고 있다는 점을 인식하는 것이 중요하다. 거리 끝으로 갈수록 사업자의 지위 역시 조금씩 향상된다. 이러한 공간적 위계는 청바지라는 상품에도 적용되어 "괜찮은" 것과 "싸구려"를 구분하는 지표가 된다. 나는 볼룬타리우스 다 파트리아 거리에서 자기 공장을 운영 중인 사업자들과의 인터뷰를 인용해 이러한 차별의 정도를 드러내고자 한다. 이들은 자신의 공장에서 생산하는 청바지를 이 거리 혹은 싸구려 시장에는 어울리지 않는 대단한 고급품으로 생각하고 있었다. 또 자신들은 단지 운이 나빠 이 거리에 자리 잡게 되었을 뿐이라고 했다.

이러한 공장들 중 한 곳은 생산 라인의 일부만을 도심에서 운영하고, 나머지는 전부 도심 외곽에 두고 있었다. 1977년에 설립되어 현재 248명의 노동자와 180대의 기계를 보유하고 있는 이 공장은 매월 5만 벌의 청바지를 생산한다. 여기서 생산된 청바지는 현재 브라질 내 몇몇 상점과 특정 브랜드에서 판매 중이다. 아래는 이 공장 관리자와의 인터뷰 내용이다.

우리 제품은 현재 볼룬타리우스에서 판매되고 있는 제품들과는 여러 가지 면에서 구별됩니다. 가장 큰 차이점은 외주공정이라고 할 수 있습니다. 우리는 모든 제품을 자체 생산, 관리하고 있기 때문에 워싱, 염색, 재단 등 모든 과정에서 매우 엄격한 품질관리를 하고 있습니다. 공장 인근 상점들에서 판매되는 청바지들의 가장 큰 특징은 대단히 얇은 소재로 만들어졌다는 점입니다. 바지 솔기가 늘어져 있고 마감이 허술한데, 이 지역 상권의 가장 큰 경쟁력이 싼 가격에 있기 때문이죠. 여기서 쇼핑을 하는 사람들은 가격에만 관심이 있습니다. 균형이 안 맞아 한쪽으로 처지는 청바지를 사는 것에는 조금도 개의치 않는 것처럼 보입니다.

볼룬타리우스 다 파트리아 거리에서 상점을 운영하는 상인들 역시 비하성 발언을 늘어놓기는 마찬가지였지만, 이들에게서는 거리와 자신을 동일시하는 최소한의 정체성을 발견할 수 있었다. 한 상점 매니저는 이렇게 말했다.

그래요, 우리는 여기 볼룬타리우스 다 파트리아에 있습니다. 하지만 여기가 우리의 전부는 아닙니다. 우리 사업의 주요 타깃도, 목표도 비전도 여기엔 없습니다. 개인적으로 나는 이 거리에 환멸을 느낍니다. 더럽고 지저분하고 싸구려 물건들에 둘러싸여서 우리가 판매하는 청바지에 나쁜 이미지만 심어주죠. 하지만 이 유서 깊은 거리에 자리를 잡고 있는 게 우리에게 도움이 될 때도 있다는 점은 인정합니다. 그리고 이 점을 인정하고 받아들이는 게 불편하지도 않고요. 우리는 괜찮은 브랜드 제품을 팔고 있기 때문에, 군이 누군가에게 무언가를 증명해 보이려고 노력할 필요가 없습니다. 우리가 팔고 있는 것과 우리가 있는 장소가 바로 우리 자신을 나타내주기 때문이지요.

그러나 두번째 공장을 방문했을 때 이와는 현저히 다른 입장을 발견할 수 있었다. 내가 이 지역의 청바지 시장을 조사 중이라고 밝혔을 때, 공장주는 자신들의 존재가 이 지역에서 독보적이기 때문에 연구에 포함되는 것은 꺼려진다고 했다.

제보자 죄송합니다. 우리가 지리적으로 거리의 맨 끝에 위치하고는 있지만, 그것이 지역 상권에 속해 있다는 뜻은 아닙니다. 우리 청바지는 인근 노점들에서 팔리는 제품과는 매우 다릅니다. 우리는 중산층을 타깃으로 마케팅을 하기 때문에 제품 자체가 고급 한정품입니다. 따라서 당신이 하고 있는 조사의 성격과는 맞지 않는다고 생각합니다.

조사자 말씀대로라면 이 지역에 생산 공장 말고 판매만을 전문으로 하는 매장을 운영하고 계신 이유는 무엇인가요?

제보자 우리 매장이 이 지역 내에서도 규모가 큰 편이라, 타지로 옮기기가 쉽지 않기 때문이에요.

이처럼 제조업자들은 볼룬타리우스 다 파트리아에서 카멜로드로모, 곧 전직 노점상들의 쇼핑몰과 상점들을 따로 구분하지 않았다. 제조업자들에게 싸구려 저품질이라는 개념은 자신들과는 하등의 관계가 없는 다른 세계로 일반화되어 있었기 때문이다. 거리의 상점 주인들을 인터뷰했을 때, 품질에 대해서만큼은 이들도 제조업자들과 똑같은 이야기를 들려주었다. 하지만 키멜로드로모의 전직 노점상들과 비교하며 자신들의 지위를 확인하고자 했다.

조사를 진행하면서 정식 인가를 받은 점포 상인들과 이들의 일부로 받아들여지지 못하는 노점상들의 관계 속에도 이러한 계급의식이 존재하고 있음을 발견할 수 있었다. 40년 전 팔레스타인 출신 이주자들이 이 거리에서 처음으로 염가 상품을 팔기 시작하며 단골들을 확보해나갔다. 그에 비해, 새로운 염가 상품 공급원인 현재의 노점상들은 마치 국외자처럼 취급당한다.

앞으로의 인터뷰들은 "정식 인가된 혹은 공식적"이라는 개념이 품질 담론에 어떻게 반영되는지를 보여준다. 인가된 시장에서 거래되는 청바지는 고품질이다. 노점상의 청바지나 정식 상점에서 팔리는 청바지가 실상은 동일한 공급자에게서 나왔다는 점을 생각해보면,[5] 품질에 대한 주장은 한낱 신념에 불과하며 공식성formality에 대한 대리vicarious 진술일 뿐이다. 얼마 전까지, 노점상들은 정부 규제로부터 벗어나 있었으나 지금은 정식 상점들과 마찬가지로 규제의 대상이다. 볼룬타리우스 다 파트리아라는 지역적 배경에서 가족 내력은 곧바로 공식성으로 연결되며, 이 공식성은 다시 품질에 대한 보증이 된다. 청바지 매장을 운영하고 있는 35세의 아미르는 이렇게 말한다.

카멜로드로모의 전직 노점상들이 청바지를 파는 건 정말 웃기는 일입니다. 불가능해요! 그들은 최소한의 종류와 사이즈를 구비해놓을 만큼의 자금도 없어요. 뚱뚱한 여자도 있고 마른 여자도 있어요. 몸에 딱 맞는 옷을 좋아하는 사람도 있고, 그 반대 취향을 가진 사람도 있죠. (……) 그들이 파는 물건은 하나같이 질이 떨어집니다. 노하우라는 게 없어요. 아무런 기준도 지식도 없이 그냥 빨리 팔고 사는 거예요. 체계라는 게 없죠. 매장은 변변찮고 거래 자체도 신뢰가 없습니다. 청바지는 시간을 두고 사야 하는 옷이에요. 여자들이 청바지 한 벌을 입어보는 데 20분 정도가 걸리죠. 그리고 바지를 입고 나서는 엉덩이가 예뻐 보이는지 백만 번쯤 확인합니다.

로사나 피네이루 마차도

세상에 어떤 여자가 카멜로드로모에서 그렇게 시간을 쓸 수 있겠어요?

청바지 매장을 운영하고 있는 40세의 사장 파리드는 이렇게 말한다.

우리 매장을 찾는 사람들이 전부 C나 D등급(최빈민층)만 있는 건 아닙니다. 상류층 중에 우리한테 사 간 청바지를 자신들이 쇼핑하는 고급 매장에 되파는 사람들도 꽤 있습니다. 우리 매장에는 모든 취향을 만족시킬 만한 다양한 제품이 사이즈별로 구비되어 있기 때문이죠. 가격대는 (진짜 브라질 사람들에게는) 19.90헤알부터 100.00헤알까지로 형성되어 있습니다. 카멜로드로모에서 이렇게 다양한 종류와 사이즈를 판매할 수 있다고 생각하세요? 어림없는 일입니다. 상당한 규모를 갖춘 상인들만 청바지를 팔 수 있어요. (……) 간단히 말해, 카멜로드로모에서는 우리처럼 좋은 제품을 판매할 수 있는 여건을 갖추고 있지 못하다는 겁니다.

이처럼 청바지에 대한 다양한 이야기를 들려준 제보자들이 청바지 시장에 오랫동안 몸담았던 것은 아니다. 이들은 예전부터 이 거리에서 상점을 운영하던 집안 출신으로 청바지 사업에 뛰어든 지는 5년 남짓 된다. 카멜로드로모의 전직 노점상들과 마찬가지로, 이들 역시 청바지 시장에서는 신생 사업자인 것이다. 청바지 소재만을 놓고 보았을 때, 우리는 정식 매장이나 카멜로드로모에서나 사실상 구별이 어려울 만큼 유사한 제품을 팔고 있다는 점을 알 수 있었다. 그러나 가업으로 상점을 경영해온 상인들이 지역에서 오랫동안 쌓아온 명망은 이들이 전직 노점상들보다 우월한 지위를 주장할 수 있는 든든한 배경이 된다. 상인들과의 인터뷰는 많은 부분에서 이들이 자신들이 판매하는 상품의 품질과 자신의 경제적, 공간적 배경을 모호하게 구분하고 있음을 보여준다. 상품의 품질, 경제적, 공간적 배경 등 각각의 요소에 대한 주장이 혼재되어 있는 것이다.

카멜로드로모에서의 명성와 진정성

마리아는 쇼핑몰이 들어서기 전인 구舊 카멜로드로모에서 30년간 모자와 의류 노점을 운영했다. 마리아는 소비자들이 충동적으로 물건을 구매한다고 생각했기 때문에 거리 노점 철거에 저항해왔다. 하지만 새로 오픈한 쇼핑몰의 마케팅 및 패션 전문가들의 조언을 듣고 몰 안에 넓은 점포 자리를 얻어, 인테리어를 하고 전화를 설치하는 등 새로운 지위를 획득하기 위한 만반의 준비를 갖췄다. 마리아의 대담한 투자는 주변 이웃들로부터 큰 반향을 불러일으켰다. 이웃들은 마리아가 가게를 단장하는 데 돈을 많이 썼기 때문에 지금 상당한 빚을 안고 있다고 알려주었다.

마리아는 새로운 사업에 딸인 마리안(30살)도 끌어들였다. 딸이 매장에 젊은 감각을 더해줄 거라 생각했기 때문이다. 사업을 시작하고 첫 주, 마리안은 상파울루로 가서 앞으로 거래할 업자를 찾아다녔다. 커다란 가방에 바리바리 물건을 싸 들고 오는 전형적인 보따리 장사들의 방식 대신, 마리안은 단출하게 작은 가방 두 개에 청바지만 구입해서 돌아왔다. 마리아는 이런 딸의 모습을 보고 절망했다. 청바지 몇 벌을 구입하는 데 자본금 1,000달러를 모두 써버렸다는 사실을 알게 되었기 때문이다. 마리안은 유명하고 패셔너블한 정품 브랜드 청바지만 골라 왔으니 히트를 치는 건 시간문제라며 엄마를 안심시켰다. 마리안이 구입한 종류의 브랜드 청바지는 현재 시장에서 250헤알 정도로 가격이 책정되어 있었지만, 마리아 모녀는 150헤알에 저렴하게 판매할 수 있었다. 그리고 예상대로만 된다면 모녀는 대단한 이윤을 남길 수 있을 것 같았다.

마리안은 청바지 판매를 신분상승에 대한 표현으로 간주했다. 따라서 마리안이 정품 브랜드 청바지를 구입한 것은 자신들의 새로운 신분에 합당한 사회적 지위를 인정받고자 하는 의도적 행위로도 해석될 수 있었다. 그러나 신분상승에 조급했던 마리안은 자본금이 충분히 모일 때까지 기다리지 못했고, 38과 40사이즈 청바지 스무 벌을 구입해서 돌아오는 수밖에 다른 도리가 없었다. 결국 모녀는 3개월 동안 단 한 벌의 청바지도 팔지 못했다. 마리안은 이렇게 설명한다.

우리 청바지를 맘에 들어 하던 손님들이 옷을 입어봤지만, 맞는 게 없었어요. 여성들은 항상 바지를 살 때 38사이즈부터 찾는데, 실제 구매하는 사이즈는 44에서 46 사이예요. 문제는 우리 매장이 인테리어는 좋지만, 다양한 사이즈를 구비해둘 만큼의 자본금은 없다는 거예요. 하지만 그보다 더 큰 문제는 손님들 대부분이 극빈층이라 이렇게 비싼 물건을 살 여력이 없다는 데 있어요.

마리아가 염려했던 대로 모녀의 새로운 투자는 (비록 많지는 않았지만) 고스란히 재고로 남았다. 마리아 모녀의 청바지가 비슷한 제품 중에서는 평균보다 낮은 가격이었음에도 불구하고 볼룬타리우스 다 파트리아를 찾는 소비자들에게는 여전히 고가였기 때문이다. 마리아 가게 주변에서, 이름 없는 청바지는 19.99헤알이면 살 수 있고 브랜드 카피 제품도 49.90헤알 정도면 구할 수 있다. 또 반대로 손님이 돈이 있을 때는 맞는 사이즈가 없었다.

이제 막 정부 규제가 시작된 싸구려 시장을 찾은 소비자들은 대개 싼 물건을 찾는 일에만 정신이 팔려 있다. 사람들에게 카멜로드로모는 여전히 짝퉁 시장으로 인식되고 있기 때문에, 이곳을 찾는 소비자들 역시 오리지널 브랜드의 이름값에 따라 약간 높은 가격이 책정된 카피 제품 위주로 찾는다. 저소득층 사람들은 고가의 상품을 구입할 때 자신들에게 소비자로서 또 시민으로서 지위와 격을 부여해주는 백화점 같은 대형 매장을 방문하는 식으로 구별되고자 한다. 카멜로드로모는 아무런 차별점도 만들어주지 못한다. 저소득층 소비자들에게 카멜로드로모는 결핍과 빈곤이라는 자신들의 위치를 재확인시켜 줄 뿐이다 (Leritão 2004, Pinheiro-Machado 작업 중). 저소득층의 고가품 소비는 보통 수차례의 할부와 (할부에 따른) 높은 이자의 부담으로 규정된다. 마리아는 "사람들은 150헤알짜리 청바지를 현금을 주고 구입하기보다 근처 백화점 우기니Ughini에서 400헤알짜리 청바지를 매달 50헤알씩 8개월 할부로 구매하는 편을 선호한다"고 말한다.

카멜로드로모에 새로 오픈한 쇼핑몰의 스타일리스트는 마리아의 새로운 청바지 사업을 찬양했다. 스타일리스트의 격려는 마리아의 상승 욕구를 대변하는 듯했다. 스타일리스트는 마리아의 브랜드 청바지가 더욱 주목받을 수 있도록 매장 디스플레이에 전문적인 도움을 주었다. 소비자들은 마리아의 청바지에 관심을 보였다. 매장 앞에 멈춰 서서 청바지를 유심히 살펴보고 가격을 물었지만 결론은 하나같이 "너무 비싸!"였다. 마리안은 손님들에게 청바지가 브랜드 진품이라고 설명했지만,

로사나 피네이루 마차도

150헤알의 가격은 더 이상의 흥정을 어렵게 만들었다. 처음 가격을 들은 소비자들의 얼굴에는 예외 없이 경멸의(마리아 모녀가 판매하는 청바지의 높은 가격은 비난받아 마땅하며, 모녀는 자신들의 지나친 욕심과 야망에 대해 죄책감을 느껴야 한다는 의미가 담긴 듯한) 표정이 떠올랐다. 마리아는 "더 나아지려고 노력하는 건 의미가 없다"고 푸념했고, 마리안은 "(이곳을 찾는) 소비자들은 품질이라는 개념이 없는 것 같아요. 우리 청바지는 몇 년씩 입을 수 있는 제품이라는 걸 생각하지 못해요. 거리에서 파는 다른 청바지들은 한 번만 빨면 모양이 망가지는데 말이죠."라고 덧붙였다.

볼룬타리우스 다 파트리아에 대한 사람들의 반응을 이해하기 위해, 나는 십 대 소녀 세 명을 조사에 참여시켰다. 소녀들은 모두 포르투알레그리에서 가장 큰 파벨라에 거주하는 저소득층 출신으로 주로 도심의 싸구려 시장에서 쇼핑을 하며, 청바지를 사는 데 평균 30헤알 정도를 썼다.

나는 먼저 현지 물가를 감안해 최대 60헤알까지 쓸 수 있는 여유가 있다면 어떤 청바지를 사고 싶은지 물어봤다. 우리는 카멜로드로모 쇼핑몰에서부터 공장이 있는 거리 끝까지 함께 걸으며 쇼핑을 했다. 나는 소녀들이 주어진 예산 안에서 가장 품질이 좋거나 가장 예쁜 청바지를 살 거라고 예상했다. 하지만 이들에게는 가격이 최우선이었다. "가장 질이 좋은 청바지" 한 벌을 구입하기보다는 30헤알짜리 청바지 두 벌을 사는 편을 택한 것이다.

쇼핑을 하면서, 마리아의 싱점에 들러 청바지를 입어보기도 했으나 150헤알의 가격은 소녀들의 사회경제적 현실과 소비 습관 둘 다를 초월하는 것이었다. 열일곱 살의 프리실라는 마리아의 청바지에 대해 이렇게 말했다.

이렇게 비싼 청바지 한 벌을 사서 의무감으로 계속 입는 것보다는 30헤알 짜리 청바지를 매달 한 벌씩 사는 편이 더 나아요. 그렇게 하면 항상 새로운 옷을 입을 수 있으니까요. (만약 마리아의 청바지를 산다면) 학교에서도 모두 내가 매일 똑같은 옷만 입고 다닌다고 생각할 거예요.

프리실라의 이야기는 마리아 모녀의 청바지 사업에 대한 사람들의 생각과 실패의 원인에 대해 어느 정도 답을 준다. 마리아 모녀가 처한 상황과는 상당히 대조적으로 카멜로드로모의 다른 상인들은 청바지를 파는 데 아무런 문제가 없다. 원래 면바지를 팔던 35세의 후아나는 카멜로드로모를 떠나 이제는 청년들과 십 대들을 상대로 청바지를 전문적으로 팔고 있다. 후아나의 청바지 가격대는 29.99헤알부터 59.90헤알까지이며 유명 브랜드인 카르민Carmin의 카피 제품은 59.90헤알에 판다. 장사가 잘되고 있어 후아나는 카멜로드로모를 떠나기로 했던 결정을 후회하지 않는다. 청바지 사업에 뛰어든 또 다른 상인 42세의 수잔나의 경우 역시 비슷하다. 수잔나는 전문적으로 카피 제품만을 취급한다.

후아나와 수잔나의 성공을 통해 카멜로드로모에서 판매되는 청바지에 대한 소비자들의 인식을 엿볼 수 있다. 소비자들에게 카멜로드로모는 여전히 싸구려 혹은 짝퉁을 파는 곳이기 때문에 둘의 사업은 성공을 거둘 수 있었던 것이다. 고가의 청바지를 판매하고자 했던 마리아의 시도는 주변 카피 제품의 위력에 밀려 실패했다. 카멜로드로모에서 마리아가 판매하는 상품은 적절하지 않았다. 마리아 가게 주변 상인들은 이렇게 이야기한다.

로사나 피네이루 마차도

마리아는 우리보다 앞서가려고 했지만, 지금 그 대가를 치르고 있는 중이죠. 마리아는 빚을 졌고, 마리아 가게의 청바지들도 고스란히 재고로 남았어요.

마리아 가게의 청바지들 역시 하나같이 가짜예요. 마리아는 정품 오스모제 청바지를 사서 판매할 수 있는 수단이 하나도 없어요. 게다가 상파울루에는 오스모제 청바지를 판매하는 도매상이 한 군데도 없죠. 결국 마리아의 청바지도 가짜라는 거예요. 마리아는 나와 내 고객들 모두를 속일 수 있다고 생각한 것 같아요.

마리아는 딸과 함께 여러 가지 변화를 시도했지만 실제 자신의 능력을 넘어서까지 돈을 썼어요. 그리고 지금 당신이 보고 있는 것이 그 결과고요.

이러한 소문은 눈에 보이지는 않지만 잔인하고 냉혹한 힘이 되어 어떠한 변화도 용납하지 않는 내부의 상징체계 속에 시장을 가두어놓는다. 변화의 시도는 두려움과 불신으로 비춰진다. 소문은 이들 집단의 정체성 및 사회사(Gluckman cited in Fonseca 2000)에 대해 알려주는 담론의 한 형태이다. 소문은 즉흥적 담론, 명예훼손, 규탄 등을 유발해 결과적으로 고도의 통제를 완성하는 잠재적 도덕률을 반영한다. 또 집단 및 구성원의 경계를 정하고, 개인의 명성과 명예(Fonseca 2000)를 담보로 집단 내에서 구성원 간의 관계를 대등하거나 낮아지게 혹은 높아지게 만든다. 카멜로드로모라는 특정 배경에서 나타나는 청바지에 대한 서사는 교훈적이다. 노점상들은 저가 혹은 카피 제품을 판매하는 일이 자신들의 소명임을 공공연히 밝히고 있다. 그리고 마리아처럼 카멜로드로모라는 세계 너머로 나가려고 시도하는 사람은 누구든지 응분의 대가를 치르게 될 것임을 주지시킨다.

진짜인가 가짜인가? 그것이 문제로다

청바지, 종교 유물, 예술 작품은 각 분야별(각각의 진위 여부를 식별할 수 있는 종교집단, 전문 감정가, 시장 및 국가가 공인한) 진정성의 범주에 따라 상이한 권위를 지니고 있다. 국제화된 자본주의 시장에서, 브랜드 마크(혹은 상표)는 지적재산권IPR을 갖는 제품에 부착된 독특한 상징이다. 브랜드 소유자는 시장과 정치의 지원을 받는 사회적 적법성을 갖는다. 1994년 세계무역기구WTO에 의해 조인된 무역 관련 지적재산권에 관한 협정TRIPs을 통해, 제조사들은 특정 국가에서 위조 상품에 대해 소송을 제기하고 정책적 지원을 요청할 법적 권리를 부여받았다. 이러한 상황에서 카피 제품은 부정적 가치의 총합이자, 형사상의 문제를 일으키는 불법 생산품으로 분류된다. 이러한 배경에서, 브랜드 소유자들은 첫번째 정품 샘플을 재생산(즉, 복제)할 수 있는 권한을 갖는다. "지적재산권법은 어떤 복제품이 진품으로 인가를 받고 어떤 복제품은 그렇지 못한지, 그래서 결과적으로 불법 카피 제품이 되는지를 결정한다"(Coombe, cited in Vann 2006). 그러나 이 합법성에 대한 사회적 인식은 자동적으로 이루어지는 것이 아니다. 반(Vann 2006)이 자신의 베트남 민족지에서 지적했듯이, 사람들은 위조품, 가짜 상품, 모조품, 불량품 등이 무엇을 의미하는지에 대해 상이한 개념을 가지고 있다.

이미 앞선 사례에서 명확히 드러났듯이 볼룬타리우스 다 파트리아의 소비자들은 상인들에게 각기 다른 직무를 부여한다. 거리의 정식 상점은 신생 카멜로드로모 쇼핑몰에서 장사하는 전직 노점상들에 비해 더 나은 명성을 누리는데, 이는 오래전부터 매장을 운영해온 상인들이 일반 시민들이 생각하는 합법적 세계(브라질과 같은 불평등한 사회에서 중요한 무언가)에 자리하고 있기 때문이다. 상표가 진품과 가품을 식별하는 일차적 기능을 하고 있음에도 불구하고, 일반 대중의 인지체계 안에서의 구분을 통해 다시 한 번 정교한 분류가 이루어진다. 아파두라이(Appadurai 1999)가 지적한 바와 같이, 유통되는 상품들은 유동적인 가치체계를 지니며 전 세계를 순환하면서 진정성을 획득하거나 상실한다. 카멜로드로모에서 판매되는 정품 브랜드 청바지는 많은 소비자들에게 진품으로 인정받지 못하는 반면, 정식 상점에서 판매되는 카피 제품은 그 자체로 인정받을 수 있다.

앞서 살펴보았듯이, 카멜로드로모의 소비자들은 마리아가 파는 청바지의 진정성을 믿지 않았다. 전직 노점상들은 여전히 짝퉁 제품을 취급하는 것으로 낙인 찍혀 있고, 상권 내에서 이들의 지위 역시 그런 이미지로 격하된다. 확실히 브라질에서 "비공식"(시장)과 "위조"(상품)는 밀접하게 연관되어 있다. 노로냐(Noronha 2002)가 언급했듯이 비공식 시장은 위법, 불법, 불공정 등의 사회적 속성들로 쉽게 일반화된다. 이로써 우리는 정식 상점에서 판매되는 29.90헤알짜리 짝퉁 청바지가 카멜로드로모에서 팔리는 브랜드 정품 청바지보다 더 합법적이고, 공정하고, 적법한 것으로 수용되는 이유를 이해할 수 있다.

정식 상점 한 곳에서, 나는 브라질 유명 브랜드 오스클랜Osklen을 연상시키는 오슬랜Oslen이라는 상표의 청바지를 발견했다. 이 제품에 대해 물었을 때, 가게 주인은 오슬랜이 합법적인 상표이고 오스클랜의 카피 제품이 아니라고 설명했다. 보다 구체적으로 분석한 다른 논문(Pinheiro-Machado 2008)에서 소개된 것처럼, 오슬랜과 같이 오히려 브랜드를 떳떳하게 드러내는 경우는 곧바로 위조품으로 간주할 수는 없기 때문에 경계가 모호하다.[6] 브랜드 이름에 변화를 주어 유명 상표를 모방하는 것을 새로운 브랜드의 창조로 볼 수 있는가? 이렇게 탄생한 새로운 브랜드는 용인될 수도 있으나 반대로 심각한 갈등을 야기할 수도 있다. 지역적, 국내외적 분쟁이 오슬랜 청바지가 합법적 상품인지 오스클랜 브랜드의 불법 모조품인지 여부를 결정할 것이다.[7]

그러나 이런 모호성은 상품이 판매되는 장소의 성격에 따라 즉각적으로 해소될 수도 있다. 앞서 언급했듯이, 제품에 더한 혹은 덜한 적법성을 부여하는 것은 다름 아닌 이러한 공간적 배경일 수 있다. 제품의 진정성에 대한 대중적 수용의 여부는 물질적, 지적 속성을 넘어서는 수많은 요소들의 영향을 받는다. 이러한 요소들 중 하나가 제품이 판매되는 장소와 관련된 전통이다. 이런 맥락에서 오슬랜 청바지는 카멜로드로모보다는 정식 매장에서 거래될 때 "적법"한 것으로 여겨진다. 그러나 다시 진품 오스클랜 청바지를 판매하는 쇼핑몰과 비교했을 때는 여전히 싸구려 카피 제품 중의 하나로 일반화된다. 권력의 상이한 위치는 실제 상품의 본질(Benjamin 1980)보다는 상품의 아우라가 결정한다. 이는 신앙, 사회적 구성물, 연금술(Bourdieu 1975, 1980; Eco 1984)과 유사하게 작동하며, 암묵적인 범주를 규정한다.

로사나 피네이루 마차도

결론

「청바지 선언문」의 핵심은 균질화, 그리고 어느 정도는 균등화를 절대적으로 강조하고자 하는 데 있다. 이러한 강조는 글로벌 데님 프로젝트를 하나의 전체로 놓고 보았을 때에도 전적으로 타당하며, 우리가 프로젝트의 국내 조사와 해외 조사의 균형을 잡기 위해 새로운 방법을 모색할 때에도 기본적인 요구사항이었다. 이는 전 세계적인 균질화 현상에 집중하는 것이 개별 지역에서 발견되는 새로운 차이들에 대한 인식을 방해하지 않는다는 점을 확실히 해야 함을 의미하는 것으로, 이 논문의 목적이기도 하다.

앞서 제시된 저가 청바지 사례는 상당히 독특해서, 거의 특수화된 상품으로 나타난다. 현지조사에서 내가 발견한 청바지는 구매 시 상당한 관심과 주의를 요하는 것이었다. 청바지는 최종 선택을 하기까지 상당히 긴 시간을 필요로 하는 상품이기 때문에, 매장들은 항상 많은 물량을 보유하고 있어야 한다. 또 청바지는 무엇이 특별하고 비범한 것으로 여겨지는지에 대한 본질로서, 이는 정확히 왜 노점상들이 항상 자신들이 공식 경제의 더 높은 지위에 "오르기" 전까지는 청바지를 판매하면 안 된다고 생각하는지 설명해주는 근거가 되기도 한다.

여기서 또 다른 핵심은 청바지가 이러한 경제적 지위의 공식적 전환을 돕는 데 괄목할 만한 역할을 하고 있다는 점이다. 정부가 노점상들을 버스터미널 근처의 쇼핑몰로 강제 이주시켰을 때, 이들에게 청바지를 팔기 위해서는 그에 상응하는 사회적 지위의 변화도 필요하다는 점까지는 알려주지 않았다. 본 연구에서 주장하는 바는 노점상들이 자신들이 판매하는 청바지를 통해 이러한 변화를 만들어갈 수밖에 없었다는 것이다. 그리고 이는 노점상들이 청바지의 물리적 특성이 아닌, 사회적, 지위적 차별화에 있어서 청바지의 구심성을 감지했기 때문이었다. 즉, 노점상들은 청바지를 팔지 않는 한 어떤 의미에서는 자신들이 획득한 새로운 지위와 조화를 이룰 수 없다고 생각했다. 본 논문이 보여주듯이, 이 과정은 변증법적일 뿐 아니라 (노점상들이 느끼는 것과는) 반대로 소비자들이 진품, 더 정확하게는 고가의 청바지를 판매하는 노점상들을 용납할 수 없다고 생각하는 모순을 만들어낸다.

그러므로 요점은 청바지를 객관화의 한 방식으로 봐야 한다는 것이다. 정부가 노점상들을 쇼핑몰이라는 부적절한 자리(다른 노점상들과는 공간적으로 대조된다는 점에서)로 이주시켜 상징적 연속을 와해시킴으로써 모순이 생겨났고, 우리는 이 모순에서부터 시작한다. 그러나 이 모순의 속성과 크기는 우리가 청바지 판매와 관련된 결과에 주목했을 때 더욱 분명하고 정교해졌다. 왜냐하면 청바지 자체가 오늘날 브라질 사회에서 강력하고 상직적인 지위를 점하고 있기 때문이다.

우리는 보통 상업인류학을 경제 행위자들이 소비자들을 희생시켜 이윤을 창출하기 위해 상품의 상징적 특성들을 조작하는 방식을 연구하는 학문으로 생각한다. 그러나 이 연구에서 볼 수 있듯이 상품을 선택하는 소비자와 이를 판매하는 노점상 어느 누구도 경제 행위자로서의 역할을 할 수 없는 것처럼 보인다. 분명히 경제학자가 하는 식의 이성적 계산이라는 측면에서는 아니었다. 그보다는 소비자와 판매자 둘 다 사물을 어떤 모순을 표현하기 위해 조작된 것으로 생각하기 때문이며, 그 모순은 그들에 의해 해소된 것이 아닌 그들을 통해 작동하는 것이다. 여기서 강력한 행위자의 역할을 하는 무언가가 있다면 그것은 바로 청바지이다. 청바지는 당신이 원하건 원하지 않건 스스로의 존재를

로사나 피네이루 마차도

판매해야만 하는 상품이며, 소비자들은 청바지로 인해 자신들이 만들어낸 모순에 혼란을 느낀다.

논문의 서두에서 밝혔듯, 본 연구의 목적은 청바지가 균질성과 같은 문화적 유형들을 상징화하는 방식보다는 청바지 소매라는 더 경제적인 측면에 초점을 맞출 것을 고집하면서 「청바지 선언문」에 도전하는 것이었다. 하지만 논문을 마치면서, 우리는 "경제적"이라고 칭할 수 있는 무언가가 결코 상징적 조작을 야기하는 자율적 힘일 수는 없다는 사실을 알게 되었다. 오히려 경제적인 것은 상품 자체에 내재된 보다 넓은 잠재력에 종속되며 또 이것에 의해 탄생한다. 또한 똑같은 청바지가 비싸 보이는 정식 상점보다 거리 노점에서 더 저렴한 가격에 팔리고 있다는 사실이 눈에 뻔히 보이는 때조차 청바지를 경제적 논리라는 관점에서 "보는 것"이 불가능하다는 것을 알았다. 결과적으로 본 논문은 소비자와 판매자 모두에게 청바지가 갖는 특정한 의미를 통해 경제관계를 통제하는 상품으로서 청바지의 힘을 검증해내고 있다.

미주

1. 포르투알레그리는 인구 약 400만 명의 대도시다.
2. 출처: 시市 공식 웹사이트.
3. 일전에 완전히 다른 연구에서 나는 내 박사논문에 글로벌 상품 사슬에 대한 이론과 방법론을 사용한 적이 있다. 당시 나는 중국에서부터 브라질까지 이어지는 상품 사슬을 추적했다.
4. 모든 정보제공자의 이름은 가명을 사용하거나 생략했다.

5. 볼룬타리우스 다 파트리아 시장에서 판매되는 대부분의 청바지는 브라질 청바지 산업의 메카인 시아노르치라는 도시에서 온다. 많은 거래상들은 상파울루에서도 옷을 가지고 온다.

6. 다른 시기의 내 연구에서 유사한 사례들을 발견할 수 있다. 그중 시계 브랜드를 예로 들면, 구치Gucci, 롤렉스Rolex, 보스Boss가 아닌 쿠치Cucci, 돌렉스Dolex, 코스Coss라고 하는 경우가 있었다.

7. TRIPs의 규칙에 따르면, WTO 가입국에 한해서 회사는 불법 카피 제품들에 대해 소송을 제기하고 처벌을 요구할 수 있다. 그러나 국가들마다 지적재산권에 대해 서로 다른 개념을 가지고 있으며 용인되는 수준 역시 상이하다. 따라서 국가 차원의 통제가 자동적인 조치는 아니다. 요약하면, (각국의) 배경에 따라 오슬랜은 오스클랜의 모방이 될 수도 있고 그렇지 않을 수도 있는 것이다.

참고 문헌

Appadurai, A. (1999), 'Introduction: Commodities and the Politics of Value', in A. Appadurai (ed.), *The Social Life of Things, Commodities in Cultural Perspective*, Cambridge: Cambridge University Press.

Benjamin, W. (1980), 'A obra de arte na época de suas técnicas de reprodução', in Benjamin, W., *Os Pensadores*, São Paulo: Abril Cultural, pp. 4–28.

Bestor, N. (2000), 'How Sushi Went Global', *Foreign Policy*, 121: 54–63.

Bourdieu, P. (with Yvette Delsaut) (1975), 'Le couturier et sa griffe: contribution à une théorie de la magie', *Actes de la Recherche en Sciences Sociales*, 1: 7–36.

Bourdieu, P. (1980), 'The Production of Belief: Contribution to an Economy of Symbolic Goods', *Media, Culture and Society*, 2: 261–93.

로사나 피네이루 마차도

Eco, H. (1984), *Viagem na irracionalidade Cotidiana*, Rio de Janeiro, Nova Fronteira.

Elias, N. (2000), *Os Estabelecidos e os Outsiders*, Rid de Janeiro: Jorge Zahar.

Fonseca, C. (2000), *Família, Fofoca e Honra. Etnografia de Relações de Gênero e Violência em Grupos Populares*. Porto Alegre: Ed. Universidade/UFRGS.

Foster, R. (2006), 'Tracking Globalization: Commodities and Value in Motion', in C. Tilley, W. Keane, S. Kuechler, M. Rowlands, P. Spyer (eds), *The Sage Handbook of Material Culture*, London: Sage, pp. 285–302.

Franco, S. (1998), *Porto Alegre*, Porto Alegre: Editora da Universidade.

Freidberg, S. (2004), *French Beans and Food Scares: Culture and Commerce in an Anxious Age*, New York: Oxford University Press.

Geertz, C. (1979), 'Suq: The Bazaar Economy in Sefrou', in C. Geertz, H. Geertz and L. Rosen (eds), *Meaning and Order in Moroccan Society, Cambridge*: Cambridge University Press.

Hughes, A. (2001), 'Global Commodity Networks, Ethical Trade and Governability', *Transactions of the Institute of British Geographers*, New Series, 26(4): 390–406.

Leitão, D. (2004), LEITÃO. *Roupa pronta é roupa boa: reflexão sobre gosto e hábitos de consumo de produtoras e consumidoras de uma cooperativa de costuras*. Paper presented at 24th Reunião Brasileira de Antropologia, Olinda, Brazil.

Leitão, D. (2006), Brasilidade à moda da casa, doctoral thesis presented at Federal University of Riu Grande do Sul, Porto Alegre, Brasil.

Miller, D. (2006), 'Consumption', in C. Tilley, W. Keane, S. Kuechler, M. Rowlands, P. Spyer (eds), *Handbook of Material Culture*, London: Sage.

Miller, D. and Woodward, S. (2007), 'Denim Manifesto', *Social Anthropology/*

Anthropologie Sociale, 15(3): 335-51.

Mizrahi, M. (2007), 'Indumentária funk: a confrontação da alteridade colocando em diálogo o local e o cosmopolita', *Horizontes Antropológicos*, 13(28): 231-62.

Noronha, E. G. (2003), 'Informal, ilegal, injusto: percepções do mercado de trabalho no Brasil', *Brazilian Review of Social Sciences*, 18(53): 111-29.

Pinheiro-Machado, R. (2008), 'China-Paraguai-Brasil: uma rota para pensar a economia informal', *Brazilian Review of Social Sciences*, 23(67): 117-33.

Vann, E. (2006), 'Limits of Authenticity in Vietnamese Consumer Markets', *American Anthropologist*, 108(2): 286-96.

Zieger, C. (2007), *Favored Flowers*, Durham, NC: Duke University Press.

로사나 피네이루 마차도

근대적 자아에 대한
문화인류학적 탐색으로서의 청바지

역자는 문화인류학자로서 주로 20세기까지 한국 물질문화의 특성을 규명하는 작업에 힘을 기울여왔다. 특히, 근대성에 대한 분명한 인식 위에서 전근대 사회의 특성이 더 명확히 드러날 수 있다고 생각하기 때문에, 오래전부터 현대 물질문화를 근대성과 연결해 분석해온 다니엘 밀러의 작업에 관심을 두어왔다.

  그러나 이 책을 공역자들과 함께 번역하게 된 것은 우연한 계기들 때문이었다. 5년 전 손승진 박사로부터 밀러의 청바지 프로젝트에 대해 우연히 듣게 되었고, 이후 국립민속박물관 업무회의에서 광범위하게 사용되고 있거나 사용되었던 물질에 대한 연구를 강화해야 한다는 취지에서 청바지 프로젝트를 소개하게 되었다. 이후 현대 물질문화 연구를 박물관에 도입하길 원했던 천진기 관장의 추진력에 힘입어, 연구·전시 대형 프로젝트까지 연결되었다. 이내 역자에게 세계 청바지 연구·전시 프로젝트를 맡았으면 좋겠다는 제안이 들어왔다.

  이는 매우 고마운 제안이자 매우 도전적이고 매력적인 프로젝트였지만, 필자로서는 당시 진행 중이던 연구 작업을 중단할 수 없어 결국 거절하고 말았다. 필자는 청바지 프로젝트를 맡지 않는 대신, 다음 연구팀을 위해 지금의 공역자들과 함께 「청바지 인류학」을 번역하게 되었다. 2012년 급하게 번역한 글을 출판을 위해 다시 보기 시작한 것은 2015년부터였고 결국 출판되기까지는 2년의 시간이 더 걸렸다.

이 책은 현대성이라고도 번역되는 근대성을 '근대적 자아'의 실천적인 측면에서 다루고 있다. (민속학을 포함한) 문화인류학은 역사학, 고고학과 밀접한 분야로 성장했고, 근대사회보다는 주로 비서구사회, 비문명사회, 서구의 농어촌 등의 전근대사회를 주요한 연구 대상으로 삼아왔다. 따라서 근대성에 대한 이론적 논의는 문화인류학보다는 근대사회로의 이행 경험을 이론화하고자 했던 사회학에서 주로 이루어졌다. 근대성을 마주하며 더 이론적 논의로 끌어올리려 했던 인류학자가 없었던 것은 아니다. 다만 주류 인류학은 주변부의 관점에서 인류 보편성이나 문화 다양성을 강조하며, 근대성의 핵심 개념인 "탈주술화"를 공격하는 입장을 유지했다고 생각한다.

아주 간단히 설명하면, 조나단 프리드먼에 따를 때, 근대성은 일반적으로 인격적 관계에서 개인을 해방시키고 개별 주체 간의 계약과 화폐로 매개되는 추상적인 관계로 재통합하는 운동이다. 근대적 주체는 자신의 사회적 역할과 자아를 구별하며, 따라서 항상 일시적이고 불안정한 정체성을 형성할 뿐이다. 근대성은 하버마스의 주장대로 한편으로 해석학적 이해에 근간하는 생활세계로부터 체계가 분리되어 체계가 다시 생활세계를 식민화하는 현상을 동반하기도 하며, 다른 한편으로 기든스의 주장대로 체계에서 분리된 생활세계의 다원화 가능성이라든가 성찰적 자아의 가능성을 낳기도 한다.

근대성 논의는 추상적인 법·시장경제와 유리된 불안정한 정체성과 관련되기 때문에, 개별 행위나 의미로부터 사회문화 일반을 다루기가 매우 어렵다. 즉, 국가 혹은 전 지구적 문화는 일상 차원을 떠나 매우 추상적인 논의로 흐르기가 쉽다. 이 책의 장점은 바로 일상에서부터 전 지구적 수준에서 마주하는 근대성을 실천적 측면에서 다루고 있다는 점이다. 즉 "어려운 추상적인 사상가의 철학이 아니라, 착용자가 말할 수 없는 것을 말해주는 사물로서 일상적인 실천에서 발견되는 철학"을 다루고 있다.

인류학자로서 밀러의 장점이자 이 책의 장점은 바로 근대성의 주변이 아니라 근대성의 중심, 즉 청바지의 편재성이자 일상성에서 출발한다는 점이다. 먼저, 청바지가 편재하는 원인을 미국화, 즉 문화전파론에 기댄 헤게모니 이론이 아니라, 근대적 자아의 불안정한 속성에서 찾는다. 바로 근대적 자아의 불안정성이 이 책을 관통하는 주제이다. 그러나 이 책에서는 근대적 자아를 철학적으로 다루지 않는다. 회사나 파티에 가기 위해 입을 옷을 고민하고, 몸매가 "핏"하게 보이는 옷을 구입하고, 남자 친구와의 관계를 고민하고, 물건을 버리면서 지구환경을 고민하는 우리의 일상을 만나게 된다.

데님의 편재성은 근대적 자아뿐 아니라, 데님의 물질성 자체, 즉 모호성과 유연성이 낳은 결과이기도 하다. 이러한 변화무쌍한 물질적 속성으로 인해, 데님은 모순적인 압력을 받고 있는 근대적 자아에게 실천적 공간을 만들어줄 수 있다. 따라서 편재할 수 있는 것이다. 데님은 아주 평범한 디자인과 디자이너의 고급 디자인이 동시에 적용될 수 있어 가격의 편차가 매우 큰 의상이다. 전 지구적 생산과 유통이 이루어지는 글로벌한 의상이면서, 동시에 내밀성을 극대화하는 디스트레싱 공법 등이 적용될 수 있는 의상이다. 심지어 입을 수 없게 되어버릴지라도 리사이클에 용이한 물질적 속성을 가지고 있다.

물론, 이 책은 우리가 일상에서 착용하는 청바지와 연결되어 있지만, 일상에서 경험할 수 없는 구조적으로 연결된 지역들과 사람들에 대해서도 논의하고 있다. 청바지가 밀려들어 오는 새로운 문화의 표상이 되어 저항의 대상이 되는 인도의 지방 도시, 청바지에 대한 전 지구적 소비 수요에 짓눌린 주변부와 사람들을 만날 수 있다.

물질문화 연구는 전근대사회뿐 아니라, 체계가 생활세계와 분리되고 생활세계가 점차 다원화되는 근대사회에도 적절한 연구방법론이 될 수 있다. 물질문화 연구는 인간에게 먼저 묻지 않고 물질로부터 사고하기 시작한다. 왜 어떤 물질은 편재하는가? 왜 어떤 물질은 소비되는가? 왜 어떤 물건은 그것과 관계된 인간들을 오히려 무겁게 짓누를 수 있는 힘을 가지게 되었을까? 지역과 전 지구적인 것은 어떻게 연결될 수 있을까? 이제 전파주의와 함께 문화인류학의 변방으로 밀려났던 물질문화 연구가 돌아오고 있다. 그리고 그 선두에 다니엘 밀러가 있다.

오창현

ㅎ

옮긴이 소개

오창현

서울대 인류학과에서 박사학위를 취득하고 현재 국립민속박물관 학예연구사로 재직하고 있다. 한국과 일본의 농어촌의 사회조직, 생산기술, 음식문화를 연구해왔다. 물고기와 어업기술 등을 통해 근대성, 식민지성, 민족주의 등에 접근하는 이론적 작업을 시도해왔다. 『증여의 수수께끼』, 『지구화 시대의 문화정체성』(공역)을 번역했다.

이하얀

중국 푸단대학 문화유산 및 박물관학과와 고고학과에서 석사학위를 취득하고 현재 서울대 인류학과 석사과정에 있다. 중국에서 한중 출토 고대 목간에 관해 연구했다. 국립민속박물관에서 국제교류 사업 및 국제저널 무형유산의 발간 업무를 담당했다. 동북아의 식물민속 및 전통지식 체계의 형성과 전승에 대해 연구하고 있다.

박다정

중앙대 문화재과학과에서 석사학위를 취득했다. 도자기 보존을 전공하고 보존처리 접착제에 관한 논문을 썼다. 국내 박물관에서의 전시, 해외한국실 설치, 국제교류 사업의 경험을 바탕으로 박물관 및 문화재 관련 연구를 진행하고 있다.

청바지
인류학

1판 1쇄 찍음 2017년 7월 14일
1판 1쇄 펴냄 2017년 7월 21일

지은이 다니엘 밀러 · 소피 우드워드
옮긴이 오창현 · 이하얀 · 박다정
펴낸이 정성원 · 심민규
펴낸곳 도서출판 눌민

출판등록 2013. 2. 28 제25100-2017-000028호
주소 서울시 마포구 월드컵로10길 37, 서진빌딩 401호 (04003)
전화 (02) 332-2486 **팩스** (02) 332-2487
이메일 nulminbooks@gmail.com

한국어판 ⓒ 도서출판 눌민 2017

Printed in Seoul, Korea

ISBN 979-11-87750-07-9 93300

이 도서의 국립중앙도서관 출판예정도서목록(CIP)은 서지정보유통지원시스템 홈페이지(http://seoji.nl.go.kr)와
국가자료공동목록시스템(http://www.nl.go.kr/kolisnet)에서 이용하실 수 있습니다. (CIP제어번호: CIP2017014176)